Heinz E. Studt

Das Motorradbuch Österreich

100 Tagestouren von der Donau
bis zu den höchsten Gipfeln

Inhalt

4	Tourenübersicht
5	Vorwort
8	**Lech oder Warth**
9	1 Das Gute liegt ganz nah
10	2 Kurvenreiche Grenzerfahrung
11	**Dornbirn**
12	3/4 Highlights im Doppelpack
13	5 Wir erklimmen die Höhen
14	6 Die Schweiz par excellence
15	7 Noch eine satte Portion Schweiz
16	**Bludenz**
17	8 Vorarlberger Warm-up
18	9 Ein erster Blick nach Tirol
19	10 Der Vorarlberger Höhepunkt

Links: Das Berggasthaus »Eggli«

Mitte: Das Tannheimer Tal zwischen Tirol und Bayern

Rechts: Straße im Defereggental

22	**Reutte**
23	11 Kommen wir zur Sache
24	12 Märchenkönigs Favoriten
25	13 Sprachlos in Namlos
26	14 Auf Märchenkönigs Spuren
27	15 Unterwegs im »Goldenen Landl«
28	**Jenbach am Inn**
29	16 Blick ins Karwendel
30	17 Von Bikertreff zu Bikertreff
31	**Wörgl**
32	18 Um den Wilden Kaiser
33	19 Den Hohen Tauern ganz nah
34	**Innsbruck**
35	20 Gemütlichkeit ist Trumpf
36	21 Eine satte Portion Pässe
37	22 Die Brennertäler
40	**Lienz**
41	23 Bikers Heaven liegt in Osttirol
42	24 Da gibt's noch viel mehr!
43	25 Genuss im Uhrzeigersinn
44	26 Zu Kärntens Kurven
45	27 Einmal ist kein Mal
46	28 Die Lienzer Dolomiten
47	29 Dolomiten-Achter

48	**Kötschach-Mauthen**
49	30 Die Karnischen Alpen intensiv
50	31 Abschied nehmen intensiv
51	32 Das Adieu am Plöckenpass
54	**Arnoldstein**
55	33 Die Julischen Alpen intensiv
56	34 Rund um den Dobratsch
57	**Villach**
58	35 Zu Seen und Bergen
59	36 Pflichttermin nicht nur für HOGs
60	**Radenthein**
61	37 Zweimal ganz hoch hinaus
62	38 Von Seen und Nock'n
63	**Feldkirchen**
64	39 Ungekröntes Bikerparadies
65	40 Kreuz und quer über die Berge
66	**Klagenfurt**
67	41 Das unbekannte Kärnten
68	42 Irgendwo bei Gallizien
69	43 Noch eine Portion Slowenien
72	**Gröbming**
73	44 Einmal ums Karree
74	45 Noch eine Portion Tauern
75	**Murau**
76	46 Berühmte Rennstrecken
77	47 Kurvenhatz auf Steirisch
78	48 Ganz im Westen

79 Liezen
80 49 Blick ins Eisenwurzenland
81 50 Zu Gesäuse und Erzberg

82 Leoben
83 51 Der Erzberg ruft uns
84 52 Die grüne Oststeiermark

85 Graz
86 53/54 Das Grazer Hinterland
87 55 Grenzlanderfahrung

90 Fürstenfeld
91 56 Beginn im Süden
92 57 Zwischen den Welten

93 Kirchschlag in der Buckligen Welt
94 58/59 Ab ins Steirische
95 60 Genuss im Nirgendwo

96 Neusiedl am See
97 61 Runde um den See
98 62 Gruseln am Neusiedler See
99 63 Der See und die Donau

102 Baden
103 64 Entlang der Thermenlinie
104 65 Der Wienerwald Teil 2

105 Hollabrunn
106 66 Das Weinviertel – Teil 1
107 67 Das Weinviertel – Teil 2

108 Waidhofen an der Thaya
109 68 Im Herzen des Waldviertels
110 69 Im Waldviertler Abseits

111 Purgstall an der Erlauf
112 70 Die Highlights der Wachau
113 71 Rund um Ötscher und Most

114 Mürzzuschlag
115 72 Ausflug in die Steiermark
116 73 Rund um den Semmering

117 Hollenstein an der Ybbs
118 74 Ins Herz der Eisenwurzen
119 75 Die Wiege Österreichs

122 Freistadt
123 76 Irgendwo zwischendrin
124 77 Das Mühlviertel ganz intensiv

125 Kirchberg ob der Donau
126 78 Besuch bei Altbekanntem
127 79 Die Donau intensiv

128 Ried im Innkreis
129 80 Zu Inn und Salzach
130 81 Weites Land und tiefe Wasser

131 Steyr
132 82 Land der »Schwarzen Grafen«
133 83 Zwischen Eisen und Wasser
134 84 Irgendwo zwischendrin

135 Bad Ischl
136 85 Runde um das »Tote Gebirge«
137 86 Das Salzkammergut satt
138 87 Tief ins »Tote Gebirge«
139 88 Echt steirische Grenzerfahrung

142 Salzburg
143 89/90 Blick über die Grenze
144 91 Fünf Seen und etwas Grusel
145 92 Hoch hinaus mit viel Geschichte

146 Sankt Gilgen
147 93 Mitten im Salzkammergut
148 94 Perfekte Kombi

149 Tamsweg
150 95 Drei Kurvenparadiese
151 96 Der Abschied fällt schwer

152 Bischofshofen
153 97 Dreifacher Sackgassen-Genuss
154 98 Visite in den Hohen Tauern

155 Saalfelden
156 99 Das Ende ist nah
157 100 Die Abschiedstour

158 Register

160 Impressum

Links: Der Faaker See als vielleicht berühmtester Bikertreff

Mitte: Rastplatz mit Karawanken-Blick

Rechts: Burg Güssing prägte den Namen des Landes.

Kurz & bündig: Die Tourenübersicht

Tour	Länge (km)	kann kombiniert werden mit Tour
1	230	2, 9, 10, 11, 12
2	170	1, 9, 10, 11, 20
3	170	1, 4, 5, 6, 7
4	140	1, 3, 5, 6, 7
5	140	3, 4, 6, 7, 8, 9
6	140	3, 4, 5, 7
7	160	3, 4, 5, 6, 8
8	165	5, 7, 9, 10
9	185	1, 2, 5, 8, 10
10	200	2, 8, 9, 11
11	290	1, 2, 10, 12, 13, 14, 15
12	175	1, 11, 13, 14, 15
13	160	1, 11, 12, 14, 15
14	140	11, 12, 13, 15
15	220	11, 12, 13, 14, 16
16	210	15, 17, 19, 20, 21, 22
17	220	16, 18, 19
18	155	17, 19, 99, 100
19	215	17, 18, 23, 99
20	165	2, 11, 15, 16, 21, 22
21	230	11, 16, 20, 22
22	220	16, 20, 21
23	200	19, 24, 25, 26, 27, 28, 29, 30, 31, 98, 99
24	220	23, 25, 26, 27, 28, 29, 30, 31
25	200	23, 24, 26, 27, 28, 29, 30, 31
26	145	23, 24, 25, 27, 28, 29, 30, 31
27	200	23, 24, 25, 26, 28, 29, 30, 31, 32, 33
28	210	23, 24, 25, 26, 27, 29, 30, 31, 32
29	220	23, 24, 25, 26, 27, 28, 30, 31, 32, 33
30	210	23, 24, 25, 26, 27, 28, 29, 31, 32
31	170	23, 24, 25, 26, 27, 28, 29, 30, 32
32	210	25, 27, 28, 29, 30, 31
33	185	34, 35
34	175	33, 35, 36
35	200	33, 34, 36, 41, 42, 43
36	145	34, 35, 38, 41, 42, 43
37	165	27, 28, 38, 39, 40, 95, 96
38	155	37, 39, 40, 48, 95, 96
39	170	36, 37, 38, 40, 95, 96
40	145	36, 37, 38, 39, 95, 96
41	240	35, 36, 42, 43, 55
42	160	35, 36, 41, 43
43	200	35, 36, 41, 42
44	210	45, 88, 95, 96
45	245	44, 88
46	195	47, 48, 51, 55, 95
47	175	46, 48, 95
48	175	37, 38, 39, 40, 46, 47, 95, 96
49	200	45, 50, 51, 75, 82, 84, 85
50	275	45, 49, 51, 52, 72, 74, 85
51	195	45, 46, 47, 50, 52, 74, 85
52	190	50, 51, 53, 58, 72, 73, 74
53	170	54, 55
54	195	53, 55, 56
55	260	41, 46, 53, 54
56	170	57
57	210	56, 58, 59
58	230	59, 60, 73
59	180	57, 58, 60
60	220	58, 59, 64, 73
61	230	60, 62, 63
62	230	61, 63
63	210	61, 62, 65
64	230	60, 65
65	220	63, 64, 70
66	220	65, 67
67	220	66, 68
68	170	67, 69
69	240	68, 7
70	200	65, 69, 71
71	180	50, 70, 72, 74
72	180	50, 52, 73, 74
73	185	58, 60, 72
74	230	50, 51, 52, 72, 73, 75
75	215	49, 74, 82, 84, 85
76	180	68, 69, 77
77	210	76, 78, 79, 83
78	220	77, 79
79	190	78
80	160	81, 9
81	180	80, 84, 85, 86
82	200	83, 84
83	170	49, 75, 82, 84, 85
84	240	82, 83
85	235	45, 49, 50, 75, 82, 86, 87, 88, 93
86	185	81, 85, 87, 88, 93
87	130	85, 86, 88, 93
88	230	44, 45, 85, 86, 87, 93
89	185	90, 91, 92
90	160	80, 89, 91, 92
91	145	86, 89, 90, 92
92	170	89, 90, 91, 100
93	145	85, 86, 87, 88, 91, 94
94	180	86, 91, 92, 93, 100
95	180	39, 40, 44, 46, 47, 48, 96
96	220	37, 39, 40, 44, 95
97	170	44, 98, 100
98	220	23, 97, 99, 100
99	180	18, 19, 23, 92, 98, 100
100	220	98, 99

Vorwort

Warum lieben wir den Urlaub in Österreich, warum fühlen wir uns dort besonders wohl? Weil die österreichische Gastfreundschaft sprichwörtlich ist? Weil das Land zu den schönsten und abwechslungsreichsten Regionen Europas gehört? Weil unsere Nachbarn uns das Genießen wieder beibringen können?

Nun ich glaube, es ist eine Mischung aus allen diesen Aspekten und noch viel mehr. Gerade auch für uns Motorradfahrer auf der ewigen Suche nach echtem Genuss auf und abseits der Piste. Seit nunmehr 20 Jahren bereise ich die Welt im Mopedsattel, habe Orte, Landschaften und auch Menschen gefunden, die mich begeistern, mich berühren, mich in Erstaunen versetzen. Doch so reizvoll das Fremde, das Andersartige auch sein mag: Wie daheim bei guten Freunden fühle ich mich eigentlich nur in Österreich, in jenem Land, dass mich Jahr für Jahr immer wieder magisch lockt.

Um Ihnen diese Magie des Motorradparadieses Österreich ganz nah zu bringen, um Ihnen die schier unendliche Vielfalt des Landes zu zeigen und Sie zu animieren, intensiv wie vielleicht noch nie zuvor auf Entdeckungsreise zu gehen, habe ich dieses Buch geschrieben. Ein Buch mit 100 fahrfertigen Tagestouren durch ganz Österreich.

Lassen Sie sich jetzt aber bitte von der Fülle der hier zusammengetragenen Details nicht »erschlagen«. Das gesamte Buch ist auf maximalen Nutzwert ausgerichtet. Alle 100 Touren lassen sich nicht nur in ihrem jeweiligen Zielgebiet perfekt miteinander kombinieren, auch der Wechsel zwischen den einzelnen Regionen Österreichs lässt sich mithilfe dieses Buches herrlich genüsslich gestalten. Und Freunden metergenauer GPS-Navigation sei unbedingt unser Daten-Download ans Bikerherz gelegt, unter: http://gps.bruckmann.de. Denn bei allem, was wir im Mopedsattel erleben, sollte eines stets im Vordergrund stehen: der unbeschwerte Genuss!

Heinz E. Studt

Region Vorarlberg

Ganz nah und urgemütlich

Das »Ländle«, wie Vorarlberg von den Einheimischen gerne genannt wird, ist das westlichste und nach Wien das kleinste Bundesland Österreichs. Gute 2600 qkm groß reicht sein landschaftliches Spektrum von den Weiten des Bodensees bis zu den hochalpinen Gebirgszügen der Silvretta und beschert uns direkt vor der Haustür bereits einen prächtigen Vorgeschmack auf das, was noch so alles auf uns wartet. Drei Standorte und zehn Tagestouren stehen zur Wahl, um Sie perfekt einzustimmen auf das Motorradparadies Österreich. Ach ja – und nicht zu vergessen: die ersten sechs Pässe dieses Buches. Auf geht's!

Lech oder Warth

2004 wurde Lech, unser erster Tourenstandort zum »schönsten Dorf Europas« gekürt. Auch für uns Biker Grund genug, diesem trotz des Ski-Rummels immer noch herrlich natürlich gebliebenen Bergdorf einen Besuch abzustatten. Eine traumhafte Natur, unendlich weite, ja hochalpine Horizonte und ein Flair, das seinesgleichen sucht, begeistern jeden Besucher Lechs. Und nach einem langen Tag im Sattel bietet der Ort auch außerhalb der weißen Saison alle Annehmlichkeiten, die sich Biker wünschen.

Nur wenige Kilometer weiter erwartet uns das romantische Walserdorf Warth. Gemütlichkeit ist hier Trumpf. Die prächtige Bergwelt wird garniert mit unzähligen Einkehrmöglichkeiten in bewirtschafteten Almhütten, auf Sonnenterrassen mit Aussicht, mit zauberhaften Bergseen und einer einzigartigen Alpenflora. All dies fernab des Massentourismus in Einklang mit der Natur. Lech oder Warth – Sie haben die Wahl zwischen zwei prächtigen Ausgangsorten für die nun anschließenden beiden Tages-Rundtouren.

HOTELEMPFEHLUNG
Hotel Fernsicht
6764 Lech am Arlberg
Tel.: +43 5583 2432
www.fernsicht-lech.at

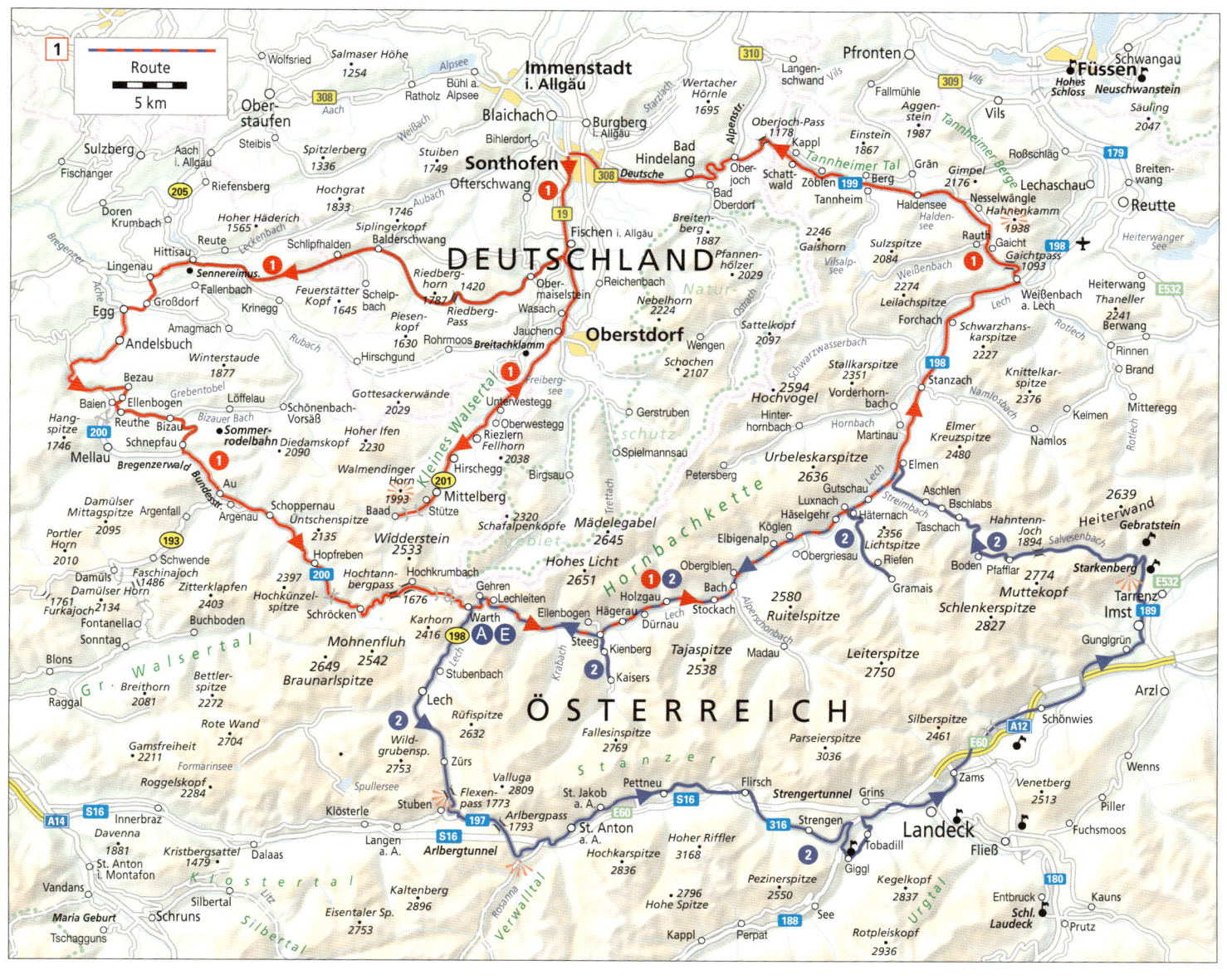

1 Das Gute liegt ganz nah
Tourenlänge: 230 km; reine Fahrzeit: 5–6 h

Vorarlberg in Kombination mit dem westlichen Tirol und dem bayerischen Allgäu – das verspricht einen Tourengenuss der ganz besonderen Art. Wir starten in Lech oder Warth und schwingen durch das geschichtenreiche Lechtal zügig Richtung Reutte. Nach wenigen Kurven bereits empfängt uns die traurige Geschichte der berühmten Geierwally, einer jungen Bäuerin, die von ihrem tyrannischen Vater gegen ihren Willen verheiratet werden soll. Aus Verzweiflung flieht sie gemeinsam mit einem jungen Adler in die Berge und führt dort allein auf sich gestellt ein gefährliches Leben als Almbäuerin. Interessiert Sie das Ende dieser Geschichte? Auf der Geierwally-Freilichtbühne von Elbigenalp, dem Geburtsort des resoluten Mädchens, können Sie diese und andere spannende Geschichten alljährlich hautnah miterleben.

Vor Reutte setzen wir den Blinker links ab Richtung Tannheimer Tal, einem malerischen Hochtal im Niemandsland zwischen Tirol und Allgäu. Die kurvenreiche Talstraße führt durch sehenswerte Dörfer inmitten weiter Almen, deren Horizont von Felsengipfeln geschmückt wird. Das Oberjoch auf 1150 m ist der wohl bekannteste Pass auf der Grenze zum Allgäu, der uns in zehn Kehren hinüber nach Bad Hindelang führt. Das Oberjoch ist zudem der Bikertreff der Region und begeistert trotz seiner moderaten Höhe mit echtem Schräglagenvergnügen sowie einigen schönen Applauskurven.

Über Sonthofen und Oberstdorf geht es dann kurvenreich zu einem Abstecher ins Kleinwalsertal auf Vorarlberger Territorium. Der nächste Pass dieser Tour liegt allerdings nochmals auf deutschem Boden: der Riedbergpass. Er gehört mit 1420 m zu den wenigen echten Pässen Deutschlands. Entlang der Schönberger Ache windet sich die Passstraße nach Westen und bietet auf weiter Strecke herrliche Ausblicke auf die umliegenden Allgäuer Alpen. Direkt am Scheitelpunkt der Strecke bei den wenigen Häusern von Grasgehren liegt der auch bei Bikern beliebte Boxenstopp »Grasgehren-Hütte«.

Über das Bergdorf Balderschwang queren wir die Grenze nach Österreich und pendeln durch den Bregenzer Wald gen Süden Richtung Au und Hochtannbergpass. Er verbindet das Lechtal bei Warth mit dem Tal der Bregenzer Ach bei Schoppernau und trennt die Allgäuer Alpen vom Quellengebirge des Lechs. Die Passstrecke beginnt im hübschen Örtchen Au im Bregenzer Wald, folgt dem allmählich schmal zulaufenden Tal und windet sich in abwechslungsreichen Rechts-Links-Kombinationen bergan zur Passhöhe inmitten einer horizontfüllenden, nahezu baumlosen Hochalm. Der Parkplatz ist ein beliebter Bikertreff, Richtung Osten geht es dann zügig bergab Richtung Warth und damit heim zu unserer Herberge.

Spannende Frauen-Power: Die Geschichte der Geierwally ist in Elbigenalp noch heute lebendig.

Lech oder Warth

2 Kurvenreiche Grenzerfahrung
Tourenlänge: 170 km; reine Fahrzeit: 4–5 h

Echte Berge gleich zum Einstieg: Blick in Richtung Silvretta-Massiv

Nochmals beginnend in Lech oder Warth führt diese kehrenreiche Rundtour durch die schönsten Landschaften im Grenzland zwischen Vorarlberg und Tirol. Wir blicken in das gewaltige obere Inntal und wedeln hinauf in die Lechtaler Alpen, pendeln dann genüsslich mit einigen Sackgassen-Abstechern mitten hinein in Geierwallys hochalpine Heimat.

Den Flexenpass können wir gleich früh am Morgen auf unserem Lebens-Roadbook als »erledigt« abhaken, sofern das bislang noch nicht geschehen war. Der Pass verbindet das obere Lechtal mit dem Klostertal, wie so oft folgt die Strecke über den 1784 m hohen Pass einem uralten Saumweg, der von den Menschen seit historischen Zeiten zum Waren- und Viehtransport unter beschwerlichsten Bedingungen benutzt wurde. Der alte Weg bestand aus ungezählten Kehren – den sogenannten Flexen – und verlief durch ein ständig von Lawinen und Muren bedrohtes Gelände. Die heutige Straße wurde zwischen 1897 und 1907 erbaut, seit 1936 wird sie ganzjährig befahrbar gehalten.

Beliebter Bikertreff: der Flexenpass inmitten eines weiten Hochtals

Der Arlbergpass, wenige Kilometer weiter, gehört zu den wohl unscheinbarsten Übergängen Österreichs, seine immerhin neun Spitzkehren führen hinauf zum höchsten Punkt auf 1793 m. Hier liegt die Grenze zwischen Vorarlberg und Tirol. Von seinem Namen leitet sich letztendlich auch der Name des Bundeslandes Vorarlberg ab. Weiter geht es über Sankt Anton auf der B197. Hier können wir dem Moped die »Zügel lang geben« und eine Runde schneller Kurvenhatz genießen. Von Landeck aus geht es hinauf nach Imst. Diesen Streckenabschnitt müssen wir uns tagein, tagaus mit unzähligen Pkws und Lastwagen teilen. Augen auf und durch, lautet daher die Devise.

Bergan zum Hahntennjoch lässt der Verkehr dann bereits wieder deutlich nach. Das Joch mit seinen 1894 Höhenmetern und immerhin 15 Kehren ist bei Tiroler und Allgäuer Bikern äußerst beliebt, erlaubt die gut ausgebaute Straße doch immer wieder recht flotte Kurvengeschwindigkeiten. Heutzutage säumen den »Hahntennen«, wie er unter Einheimischen genannt wird, zahlreiche Einkehrmöglichkeiten, die Reisende gerne verwöhnen.

Bei Elmen biegen wir wieder in das aus Tour 1 bekannte Lechtal ein und folgen dem Fluss diesmal in umgekehrter Richtung durch Geierwallys Heimat nach Elbigenalp und Warth. Haben Sie noch Zeit für ein oder zwei Abstecher? Dann setzen Sie in Haselgehr den Blinker links nach Gramais und etwas später in Steeg nochmals links Richtung Kaisers. Zwei Sackgassen voller landschaftlicher Überraschungen erwarten Sie.

Dornbirn

Dornbirn ist die bevölkerungsreichste Stadt Vorarlbergs und gleichzeitig dessen wirtschaftliches Zentrum. Das mag auf den ersten Blick nach Rushhour und Stauklingen, ist aber in der Regel nicht der Fall. Zu Füßen des 976 m hohen Hausbergs »Karren« drapiert sich das immer noch beschaulich gebliebene Dornbirn – das übrigens nicht aus dem Zusammenschluss vieler Vororte, sondern vollkommen »natürlich« entstanden ist – mit seiner sehenswerten Altstadt, mit seinen geschichtenreichen Bauwerken wie dem berühmten »Roten Haus« und der St. Martinskirche rund um den malerischen Marktplatz. Auch heute noch prägen die verschnörkelten Baustile des 19. und 20. Jahrhunderts das Stadtbild rund um den Marktplatz, der zugleich auch idealer Ausgangspunkt für die Erkundung zu Fuß ist. Und mit der »Karrenseilbahn«, einer Luftseilbahn nur für Schwindelfreie, kann man bequem auf den Hausberg gelangen, auf dessen Gipfel ein herrlich gelegenes Panoramarestaurant wartet, ein sehr beliebtes Ausflugsziel der gesamten Region. Auch dessen Entstehung ist reich an Geschichten ...

HOTELEMPFEHLUNG

Harry's Home
6850 Dornbirn
Tel.: +43 5572 20 80 00
www.harrys-home.com

Dornbirn

3/4 Highlights im Doppelpack
Tourenlänge: 170/140 km; reine Fahrzeit: 4–5/3 h

Auch Tiger mögen Käse: Der Bregenzer Wald ist die Genussregion Vorarlbergs.

Auf den folgenden beiden Touren verschmelzen die Pracht des Allgäus mit der Idylle des Vorarlberger Nordens zu einer herrlich gemütlichen, nicht minder kurvenreichen Melange, die wir uns sogar schon im frühen Frühling gönnen können. Denn der gewaltige Bodensee produziert sein ganz eigenes, mildes »Bikerklima«. Von Dornbirn aus beginnen wir echt lecker entlang der »Käsestraße«, die uns höchst kurven- und aussichtsreich hinüber zu einem der schönsten Abschnitte der »Deutschen Alpenstraße« führt. Und auf Tour 4 geht es noch tiefer in das Frischluftreservat Bregenzer Wald mit seinen unzähligen Schräglagengenüssen hinein.

Schon 10 000 Jahre vor unserer Zeitrechnung entdeckte der Mensch den Käse. Die Käsetradition des Bregenzer Waldes ist nicht ganz so alt, allerdings besitzt die Region die am besten erhaltene Alp- und Talsennerei-Struktur Österreichs. Über 45 Millionen Liter Milch werden jährlich zu rund 4500 t Käse verarbeitet. Die ausgeschilderte »Käsestraße« im Bregenzer Wald führt uns sehr anschaulich durch das »Erlebnis Käse«.

Ganz andere Genüsse bietet der Riedbergpass mit seinen 1420 m Höhe. Entlang der Schönberger Ache windet sich die Passstraße nach Osten hin und bietet Ausblicke auf die umliegenden Allgäuer Alpen. Direkt am Scheitelpunkt der Strecke bei den Häusern von Grasgehren liegt der bereits erwähnte, auch bei Bikern beliebte Boxenstopp »Grasgehren-Hütte«.

Ein nahezu ganzjähriges Bikerhighlight ist die »Deutsche Alpenstraße«, die uns mit ein paar Seitenschlenkern retour zum Ausgangpunkt führt. Die 450 Kilometer lange Strecke verbindet alle Highlights vom Schwäbischen Meer bis zu den Berchtesgadener Gipfeln.

Bregenz, die Landeshauptstadt Vorarlbergs, sowie der Bregenzer Wald begeistern uns dann auf Tour 4 einen ganzen Tag lang. Berühmt wurde Bregenz vor allem auch durch seine Festspiele, deren Bühne direkt im Bodensee verankert ist. Und vom 1064 m hohen Hausberg »Pfänder« hat man den schönsten Überblick über diese 2000 Jahre alte und quicklebendige Stadt bis hinüber zum Bregenzer Wald. Auf winzigen Landstraßen huschen wir durch diese einstmals gänzlich von Wald bedeckte Region. Die heutigen Sehenswürdigkeiten des Landes, in dem unser Bikertag spielt, sind neben unendlich viel Natur zum Beispiel auch die Bregenzer-Wald-Bahn, die im Volksmund auch »Wälderbähnle« genannte Schmalspur-Museumsbahn, die einstmals auf einer gut 35 km langen Strecke die Städte Bregenz mit Bezau im Bregenzer Wald verband. Auch wenn heutzutage nur noch ein 5 km langes Teilstück als Museumsbahn in Betrieb ist: Für Eisenbahnfans ist sie ein Pflichttermin.

5 Wir erklimmen die Höhen
Tourenlänge: 140 km; reine Fahrzeit: 3 h

Auf dieser Tour erklimmen wir so ganz allmählich die Höhen Vorarlbergs, wir »akklimatisieren« uns für die Gipfelregionen des Landes, die uns in den folgenden Tagen begeistern werden. Von Dornbirn aus geht es über landschaftlich schöne Strecken zunächst am Rhein entlang und sodann über das Furkajoch hinüber in die Ausläufer des Bregenzer Waldes. Ihren gelungenen Ausklang findet die Tour in der atemberaubenden Umgebung der Rappenlochschlucht.

Das Städtchen Rankweil war schon bei den Römern ein wichtiger Verkehrsknotenpunkt der Nordalpen, die heutige »Villa Rustica« in Rankweil zeigt drei römische Gebäude in einem wohl einzigartigen Freilichtmuseum. Damit nicht genug: In den zahlreichen Kirchen und Kapellen, im sehenswerten Küblereimuseum sowie in der fast vollkommen erhaltenen Triftanlage im Oberdorf ist Rankweils Geschichte auch heute noch lebendig.

Dann aber heißt es Knie an den Tank: Immerhin zehn Spitzkehren führen uns hinauf auf das Furkajoch mit seinen 1761 Höhenmetern. Das landschaftlich sehr schön gelegene Joch – übrigens die höchste befahrbare Strecke des Bregenzer Waldes – verbindet das Laternser Tal mit dem Tal der Bregenzer Ach. Beide Auffahrten führen durch herrliche voralpine Landschaften. Oben angekommen zieht sich die Strecke in weiten Kurven oberhalb der Baumgrenze dahin und bietet prächtige Ausblicke auf die umliegenden Alpengipfel.

So wie das nahe liegende Faschinajoch, das wir uns als Abstecher gönnen können. Im hübschen Örtchen Damüls führt der Weg rechts ab durch mächtige Lawinen-Schutztunnel hinauf zum Joch. Am Scheitelpunkt des Joches genießen Sie herrliche Ausblicke auf die Damülser Berge, insbesondere die bekannte Mittagspitze mit ihren knapp 2100 Höhenmetern. Beide Seiten des Jochs sind gut ausgebaut und erlauben einen satten Schluck aus dem Drehzahl-Reservoir. Für heute gönnen wir uns nochmals eine satte Portion Frischluft und Idylle im Bregenzer Wald, bevor wir den Tourentag mit einem Besuch in der Rappenlochschlucht ausklingen lassen. Hier hat die Natur in Jahrtausenden eine ganz besondere Pracht geschaffen: Mit den beiden Naturdenkmäler »Rappenloch« und »Alploch« können Sie die größten Schluchten der Ostalpen entdecken. Im Juli und August bietet der »Dornbirn Tourismus« jeden Donnerstag kostenlose geführte Wanderungen durch die Rappenlochschlucht an. Sie dauern ca. 1,5 Stunden, die Schlucht selbst ist von ca. Mitte April bis Ende Oktober zugänglich.

Zweirad-Alpinismus: Das Furkajoch bietet entspanntes Kurventraining.

Dornbirn

6 Die Schweiz par excellence
Tourenlänge: 140 km; reine Fahrzeit: 3 h

Blick ins Ländle: das gewaltige Rheintal nahe Dornbirn als Grenze zur Schweiz

Ein Abstecher von Vorarlberg hinein in die Schweiz ist ein Kontrastprogramm vom Feinsten. Wir schwingen kurvenreich durch die heile Welt rund um Sankt Gallen und dem Appenzell. Idyllische Dörfer, kleine Pässe, aussichtsreiche Höhenstraßen und viele andere Schweizer Schokoladenseiten begeistern jeden Reisenden.

Von Dornbirn aus geht es zunächst einmal hinüber zum Südufer des gewaltigen Bodensees. 536 qkm groß, geheimnisvolle 250 m tief, gut 63 km lang und maximal 14 km breit – die nackten Daten des Sees spiegeln dessen immense Vielfalt in keiner Weise wider. Über winzige Ortschaften immer in Sichtweite zum See schwingen wir dahin – hier nochmals mein Tipp für Navibesitzer: Laden Sie sich gerne meine metergenauen Wegpunkt-Datensätze auf Ihr System.

Sankt Gallen, das UNESCO-Weltkulturerbe, ist ein typisches Schweizer Großstädtchen, in dem es – wie eigentlich allerorten in der Schweiz – ausgesprochen gemütlich zugeht. Als historisches, kulturelles und wirtschaftliches Zentrum der Ostschweiz besitzt die Stadt einiges an Sehenswertem, allerdings hauptsächlich zu Fuß: Parken Sie das Bike in der Nähe des Marktplatzes und schlendern Sie gemütlich durch die ehemalige Geschäftsmeile der Textilkaufleute und über kleine Kunst- und Trödelmärkte. Es lohnt sich!

Dann geht es wieder ab in die Landschaft. Auch wenn er gerade einmal 1100 Höhenmeter misst, gehört der Sankt-Anton-Pass zu den fahrerischen Leckerbissen dieser Region. Und das liegt vor allem an der in Oberegg beginnenden und auf dem Ruppenpass endenden Höhenstraße, deren Scheitelpunkt der Sankt-Anton-Pass darstellt. Auf der Passhöhe steht eine kleine Kapelle, das eigentliche Highlight ist aber der Ausblick auf das Rheintal sowie das Appenzeller Vorland.

Auf dem nahe liegenden Ruppenpass endet (oder beginnt) die aussichtsreiche Höhenstraße zum Sankt-Anton-Pass und weiter nach Oberegg. Auch der Ruppenpass bietet herrliche Ausblicke auf die Rheinebene. Altstätten, die östlichste Stadt der Schweiz, liegt im Herzen des St. Galler Rheintals. Das Zentrum des historischen Marktortes besteht im Wesentlichen aus vier Straßenzügen, die bequem zu Fuß erkundet werden können: Obergasse, Marktgasse mit Laubengang, Engelgasse und Pfluggasse – hier kann jeder Stein eine Geschichte erzählen. Altstätten ist sehr sehenswert und ein idealer Boxenstopp, bevor wir über Hohenems und sein prächtiges Residenzschloss – heute im Privatbesitz der gräflichen Familie Waldburg-Zeil – genüsslich durch das Rheintal retour zu unserem Ausgangsort Dornbirn schwingen.

Region Vorarlberg

7 Noch eine satte Portion Schweiz

Tourenlänge: 160 km; reine Fahrzeit: 4 h

Einen ersten Eindruck des berühmten Schweizer Kantons Appenzell haben wir ja auf der vorhergehenden Runde bereits erhalten. Jetzt heißt es nochmals tief eintauchen in dieses legendäre Idyll. Und nachdem der Grenzübertritt für Biker in der Regel absolut problemlos ist, sollten wir auf dieser Tagestour das Land von Käse und Schokolade noch einmal richtig ausgiebig erkunden.

Über Altstätten schwingen wir dazu früh am Morgen nach Südwesten, folgen der Beschilderung nach Appenzell. Doch bevor wir uns dieses Schweizer »Sahneschnittchen« – oder sollte ich besser sagen »Schokostückchen«? – gönnen, gilt es erst einmal dem berühmten Töfftreff am Eggli die Aufwartung zu machen. 1200 Meter hoch im Herzen des Appenzell liegt der berühmteste Bikertreff der Region – das Berggasthaus »Eggli« von Astrid und Emil. Hier leben Mensch und Tier auf historischem Boden in urigem Ambiente garniert mit einer mehr als grandiosen Aussicht auf die ganze Pracht des Appenzeller Landes. So schön, dass man gar nicht wieder abreisen möchte.

Appenzell selbst ist der Hauptort des gleichnamigen Schweizer Kantons und ein beliebter Touristenort. Sein Ortsbild ist geprägt durch die Bauten aus der Zeit nach dem Brand von 1560. Bunt bemalte Holzhäuser mit ausladenden Giebeln verleihen ihm seinen besonderen, sehenswerten Charakter. Vor allem in der Hauptgasse gibt es viel vom ursprünglichen Appenzell zu entdecken.

Gleich im Süden schließt sich die Sackgasse zum Seealpsee an. Dessen idyllische Lage, das saubere Wasser sowie zwei Berggasthäuser machen den Seealpsee zu einem der beliebtesten Ausflugsziele im Alpsteingebiet. Der Ausblick über den See zum Säntis ist ein Postkartenidyll.

Okay, es gibt zweifelsohne höhere und fahrerisch deutlich anspruchsvollere Strecken in diesem Buch. Dennoch sind Chräzerenpass und die anschließende Schwägalp ein Erlebnis für den tourenden Genießer. Auf gut ausgebauter Straße geht es von Urnäsch aus in die ersten Kurven mit Blick auf den mächtigen Säntis, den Stolz der Appenzeller und höchsten Berg der Ostschweiz. Kurz vor der leicht zu übersehenden Passhöhe des Chräzerenpasses zweigt links die Piste zur Schwägalp ab. Hier unbedingt abbiegen. Oben auf der bewirtschafteten Alpe steht nicht nur die Talstation der berühmten Säntisbahn, sondern hier liegt auch ein weiterer sehr bekannter und beliebter Töfftreff der Schweiz gleich zu Füßen des mächtigen Säntis.

Schon 1846 baute ein gewisser Jakob Thörig eine gemauerte Schutzhütte oben auf dem Gipfel und nannte sie selbstbewusst »Grand Hotel Thörig«. Nun ja, bereits im ersten Jahr hatte er 600 Gäste dort oben. 1882 errichtete die Schweizerische Naturforschende Gesellschaft dort oben eine Wetterstation, heutzutage ist der Säntis einer der beliebtesten Ausflugsberge der Schweiz.

Pflichttermin mit Ausblick: das Berggasthaus »Eggli« hoch über Appenzell

Lust auf Farbenspiele? Appenzell ist wohl einzigartig in ganz Europa.

Bludenz

Flankiert von den Lechtaler Alpen, dem Schweizer Rätikon und der Verwallgruppe zählt die jahrhundertealte Stadt offiziell zu den schönsten Alpenstädten Europas. Hier bilden Tore und Mauern, ehrwürdige Bürgerhäuser, verwinkelte Gassen und romantische Laubengänge eine in sich geschlossene Einheit. Ganz besonders lohnend ist ein ausgiebiger Einkehrschwung in der verkehrsfreien Altstadt. Bummeln Sie gemütlich unter romantischen Altstadtlauben vorbei an prächtigen Bürgerhäusern, kehren Sie ein in Cafés, Kneipen und Bars oder genießen Sie einen herrlichen Überblick über all diese Pracht vom Bludenzer Hausberg aus, dem 1400 m hohen Muttersberg. Dessen Gipfel ist bequem erreichbar mit der Muttersbergbahn in Panoramakabinen und gerade einmal in acht Minuten Fahrzeit. Vom Gipfel an der Bergstation hat man an klaren Tagen einen herrlichen Blick über den gesamten Talkessel bis ins angrenzende Rätikon, ja selbst die Silvretta-Gruppe, die wir auf Tour 10 noch kennenlernen werden, liegt dann zum Greifen nahe.

> **HOTELEMPFEHLUNG**
> Gasthof Alfenz
> 6700 Stallehr
> bei Bludenz
> Tel.: +43 5552 624 82
> www.gasthofalfenz.at

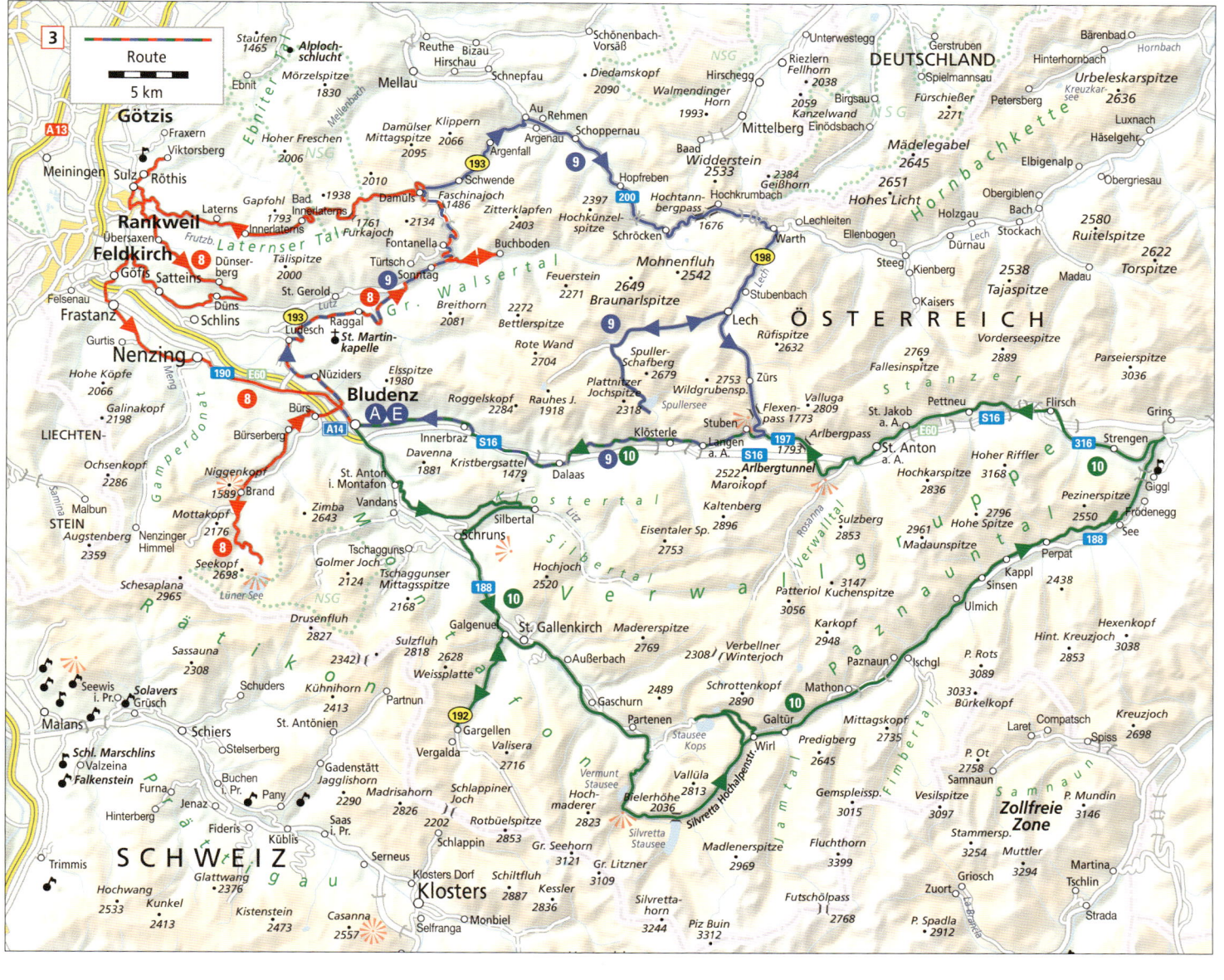

8 Vorarlberger Warm-up

Tourenlänge: 165 km; reine Fahrzeit: 4 h

Eine herrliche Rundtour über namhafte Pässe, durch mittelalterlich anmutende Ortschaften und vorbei an imposanten Burgen steht als nächstes Highlight auf unserem Roadbook. Und als abendliches Abschluss-Schmankerl wartet dann das Brandnertal mit dem Lünersee an seinem Ende auf uns – eine der schönsten Sackgassen Vorarlbergs. Der See ist bequem mit einer Seilbahn zu erreichen – oder aber zu Fuß. Bewegung soll ja gesund sein, heißt es.

Das Faschinajoch erwartet uns gleich nordöstlich von Bludenz, unserem Ausgangsort. Dazu huschen wir über Ludesch und Raggal hinauf nach Sonntag, einem hübschen Bergdorf. Dort zu leben muss einfach Spaß machen – schließlich ist hier eigentlich jeder Tag ein Sonntag. Am Scheitelpunkt des Joches genießen wir dann herrliche Ausblicke auf die Damülser Berge, insbesondere die bekannte Mittagspitze mit ihren knapp 2100 Höhenmetern, bevor wir uns hinab nach Damüls und erneut bergan zum Furkajoch begeben. 1761 Höhenmeter gilt es zu »erobern« – doch das ist eigentlich mehr Genuss als Arbeit. Oben angekommen genießen wir die weiten Kurven oberhalb der Baumgrenze mit ihren prächtigen Ausblicken auf die umliegenden Alpengipfel. Über waschechte Spitzkehren pendeln wir dann hinab nach Rankweil, dem wir ja in Tour 7 bereits eine erste Aufwartung machen konnten. Vorbei an der imposanten Schattenburg, dem ehemaligen Sitz der Grafen von Montfort und heutigem stolzen Wahrzeichen der Stadt Feldkirch, geht es weiter nach Frastanz. Oder gönnen Sie sich auf der Burg einen erholsamen Boxenstopp mit schönem Blick über Feldkirch. Die Burganlage besitzt eine einzigartige mittelalterliche Atmosphäre, eine Schlosswirtschaft lädt zur Einkehr ein und ein sehenswertes Museum beherbergt nicht nur eine einmalige Sammlung gotischer Kunst, sondern auch eine reichhaltige Waffensammlung aus vergangenen Zeiten.

Reich an Geschichte ist ja auch unser Ausgangsort Bludenz, dem wir uns allmählich wieder nähern. Doch bevor Sie jetzt Richtung Hotel abbiegen, gönnen Sie sich unbedingt noch den Abstecher hinauf in das malerische Brandnertal: Eine der schönsten Sackgassen der Alpen schließt gleich an die südliche Stadtgrenze von Bludenz an. Eine kurvenreiche Piste führt uns in hochalpine Welten auf immerhin 1565 m. Die Strecke ist fahrerisch abwechslungsreich, in Teilen sogar leicht anspruchsvoll und mit immerhin zwölf Kehren wahrlich nicht langweilig. Und die Ausblicke auf die umliegenden Berge des Rätikons und die Stadt Bludenz zählen zu den schönsten Panoramen Vorarlbergs.

Ganz oben, am Ende der Piste, erwartet uns einer der schönsten Bergseen Vorarlbergs, ja sogar einer der größten der Alpen. Er liegt malerisch direkt am Fuße der Schesaplana, dem mit 2964 m höchsten Berg im Rätikon direkt auf der österreichisch-schweizerischen Grenze. Zu erreichen ist er ganz bequem mit der Lünerseebahn in gerade einmal fünf Minuten Fahrzeit.

Tourenausklang vom Feinsten: Der Blick ins Brandnertal bleibt in Erinnerung.

Perle Vorarlbergs: Die Alpenstadt Bludenz hat auch abseits des Sattels viel zu bieten.

Bludenz

9 Ein erster Blick nach Tirol
Tourenlänge: 185 km; reine Fahrzeit: 4 h

Ganz gemütlich beginnt auch diese Rundtour. Sie steigt zunächst über das Örtchen Sonntag hinauf zum Faschinajoch. Wir werfen noch einmal einen Blick in den idyllischen Bregenzer Wald, wedeln in die bereits alpinen Regionen des Lechtales, erkunden dessen Quellgebiet – vielleicht sogar mit einer kleinen Wanderung – und pendeln anschließend durch das Gebiet rund um den Arlberg retour zu unserem Ausgangspunkt in Bludenz. Das ist Kontrastprogramm vom Feinsten und beschert uns einen ersten Vorgeschmack darauf, was uns im nächsten Kapitel erwartet.

»Gute Bekannte« sind für uns das Örtchen Sonntag und das angrenzende Faschinajoch, deshalb lassen Sie uns den Aufstieg zum Joch in allen Zügen genießen. Über Damüls geht es dann auf landschaftlich schöner Piste – Sie wissen schon: jener mit dem grünen Band – nach Au im Bregenzer Wald, einer einstmals von Alemannen gegründeten Siedlung. Noch heute gehört Au zu den beschaulichsten Orten Vorarlbergs, schauen Sie sich doch ein wenig um, bevor Sie den Aufstieg zum Hochtannbergpass in Angriff nehmen.

Beliebter Bikertreff: der Hochtannbergpass zwischen Warth und Bregenzer Wald

Der Pass verbindet das Lechtal bei Warth mit dem Tal der Bregenzer Ach bei Schoppernau und trennt die Allgäuer Alpen vom Quellgebirge des Lechs. Die Passstrecke folgt dem allmählich schmal zulaufenden Tal und windet sich in abwechslungsreichen Rechts-Links-Kombinationen bergan zur Passhöhe inmitten einer horizontfüllenden, nahezu baumlosen Hochalm. Der Parkplatz dort oben ist ein beliebter Bikertreff, nach Osten geht es dann zügig bergab Richtung Warth, dem Ausgangsort unserer ersten beiden Touren dieses Buches. Sie sehen, auch aus dieser Richtung lassen sich alle Routen perfekt miteinander kombinieren. In Warth wenden wir uns gen Süden nach Lech und setzen dort den Blinker rechts, hinauf zum malerischen Spullersee inmitten von Hochalmen auf gut 1800 m.

Man mag es bei seinem Anblick kaum glauben, dass nicht die Natur, sondern der Mensch ihn schuf. Die Österreichischen Bundesbahnen nutzen seine Wasserkraft zur Elektrifizierung der Arlbergbahn. Im Bergsommer ist er nicht nur ein beliebter Angelsee, in dem Forellen von bis zu 38 Zentimetern Länge kein Anglerlatein sein sollen, auch als Ausgangspunkt für Wanderungen sind er und der wenige Meter weiter liegende Formarinsee geradezu ideal.

Der Flexenpass wenige Kurven weiter, hoch droben auf 1784 m, spendiert uns dagegen ganz andere Genüsse – echtes Schräglagenfeeling eben. Wie bereits erzählt, folgt die Strecke einem uralten Saumweg, der von den Menschen zum Waren- und Viehtransport unter beschwerlichsten Bedingungen genutzt wurde. Für uns hingegen ist es ein Genuss, über den Pass hinab nach Stuben zu schwingen und dann westwärts zu unserem Ausgangsort heimzukehren. Haben Sie jetzt noch Lust auf ein Alpenhighlight, dann lautet mein Tipp »Brandnertal«: Schauen Sie mal bei Tour 8. Oder beenden Sie diesen Tag mit einem ausgiebigen Einkehrschwung in der Bludenzer Altstadt. Echt lecker ...

10 Der Vorarlberger Höhepunkt
Tourenlänge: 200 km; reine Fahrzeit: 4–5 h

Diese Rundtour gehört zum Biker-Pflichtprogramm bei jedem Besuch Vorarlbergs. Eine Tour, auf die wir uns ja in den vorangegangenen Tagen prächtig vorbereiten konnten. Aber dennoch bitte aufgepasst: Diese Runde führt uns in die hochalpinen Verhältnisse der Silvretta-Region, und die hat für Motorradfahrer zwischen Juni und Oktober »geöffnet« (Infos unter www.silvretta-bielerhoehe.at). Als Einstimmung geht es zunächst abseits der Hauptstraßen durch das prächtige Montafon, dem gut 40 km langen und wohl bekanntesten Tal Vorarlbergs. Im Norden begrenzt von der Verwallgruppe, im Süden vom Rätikon und der Silvretta ist dessen höchste Erhebung der 3312 m hohe Piz Buin – ja genau: Der Berg gab dem bekannten Sonnenschutz einst seinen Namen.

Mit genügend Zeit im Tankrucksack empfehle ich noch einen Abstecher über die ausgeschilderte Panoramastraße Bartholomäberg. Die ist immer noch ein fahrerischer Geheimtipp und führt über kurvenreiche Höhenlagen mit prächtigen Ausblicken auf das Montafon. Ihr Anstieg beginnt in St. Anton bei Bludenz, sie führt über das Örtchen Bartholomäberg weiter nach Innerberg und Silbertal, bevor sie in Schruns wieder ins Tal führt.

Und dann liegt sie vor uns, die Silvretta Hochalpenstraße. Ihr höchster Punkt liegt auf gut 2036 m, sie begeistert Biker mit 33 Kehren auf einer Länge von gut 26 km. Ihr Scheitelpunkt an der Silvretta-Bielerhöhe ist der höchste befahrbare Pass im Montafon direkt an der Flanke des berühmten Piz Buin, sie gehört zu den echten Traumstraßen der Alpen. Der größte Bikertreff Vorarlbergs liegt direkt an der Scheitelhöhe, Restaurants laden hier zum Einkehrschwung, das Silvrettahaus gerne auch zu einer Übernachtung. Und der imposante Silvrettasee bietet mit dem höchstgelegenen Motorbootverkehr Europas ein ganz besonderes Erlebnis.

Hinab geht es anschließend in das Paznauntal, einem idyllischen Hochtal umringt von der Verwall- und Silvrettagruppe. Immerhin neun Spitzkehren führen uns dann über den Arlbergpass mit seinem höchsten Punkt auf 1793 m. Fahrerisch nicht unbedingt anspruchsvoll hat er aber landschaftlich einiges zu bieten.

Noch Lust auf einen letzten Abstecher? Dann setzen Sie bei Stuben den Blinker rechts hinauf zum Flexenpass. Jene, die unsere bisherigen Touren bereits genossen haben, werden ihn als guten Bekannten begrüßen. Am Ende dieses Tourentages werden Sie feststellen, dass Ihr Gleichgewichtssinn bis spät in die Nacht hinein jubiliert.

Ansichtskarten-Ausblicke: Die Silvretta ist ein Paradies für alle Naturfreunde.

Der höchste Bikertreff Vorarlbergs: die Bielerhöhe an der Silvretta-Hochalpenstraße

Region Tirol

Himmelwärts und echt alpin

Einstmals eine der ganz großen und bedeutenden Regionen des Habsburger Vielvölkerstaates »Österreich-Ungarn« wurde Tirol nach dem Ende des Ersten Weltkriegs in vier Landesteile zerstückelt: Nord- (dieses Kapitel) und Osttirol (Kapitel 3 dieses Buches) sowie Südtirol und das Trentino im angrenzenden Italien. Das Gesicht des heutigen Tirol prägen die Alpen mit ihren nördlichen Ausläufern, die aber nicht minder hoch hinausstreben, wie der zentrale Alpenkamm. Der einstmals gewaltige Inn hat sich quer durch Tirol in Jahrmillionen von West nach Ost sein Tal gegraben und eines der schönsten – und für uns Deutsche naheliegendsten – Motorradreviere geschaffen, das ich kenne. Die nun folgenden zwölf Tagestouren führen uns von vier Standorten aus zu den schönsten Plätzen Tirols. Please start your engines ..

Reutte

Direkt an der wichtigen Handelsroute »Via Claudia Augusta« von Italien nach Deutschland gelegen, wurde Reutte bereits 1489 zum Markt erhoben. Das sehenswerte Zentrum des historischen Handelsortes begeistert mit üppiger, farbenfroher Fassadenmalerei. Sehenswert sind auch das Franziskanerkloster Reutte aus dem 17. Jahrhundert sowie die Ruine Ehrenberg außerhalb der Stadt. Reuttes ideale Ausgangslage an der Kreuzung wichtiger Alpenrouten ist auch heute noch ein großer Vorteil dieses Alpenstädtchens, den wir uns auf den folgenden fünf Tagestouren zunutze machen wollen. Wir starten fahrerisch durchaus anspruchsvoll, können uns auf den darauffolgenden Touren im aber auch der Gemütlichkeit und Lebensfreude widmen, denn die darf keinesfalls zu kurz kommen. Ach ja – und die Anreise aus Vorarlberg lässt sich ebenfalls genüsslich kombinieren mit den Touren 1 und 2 dieses Buches. Ich hatte Ihnen ja höchstmöglichen Nutzwert versprochen …

> **HOTELEMPFEHLUNG**
>
> Zum Schwanen
> Gasthof
> 6600 Reutte-Pflach
> Tel.: +43 5672 62014
> www.gasthof-schwanen.com

Region Tirol

11 Kommen wir zur Sache

Tourenlänge: 290 km; reine Fahrzeit: 5–6 h

Diese Tagestour widmen wir einer der schönsten und höchsten Panoramastraßen Tirols – der Kaunertaler Gletscherstraße. Hier bekommen wir für ein paar Euro Mautgebühr Kurvengenüsse der ganz besonderen Art inmitten wohl einzigartiger, hochalpiner Landschaften. Genießen Sie diese Tour am besten als Frühaufsteher bei echtem Kaiserwetter.

Über den bundesstraßengleichen Fernpass kurven wir zunächst gen Süden nach Imst, einer quicklebendigen Tiroler Alpenstadt mit einer Vielzahl an Attraktionen. Zum Beispiel die »Rosengartenschlucht«, das tief eingegrabene Bett des Schinderbaches von der »Blauen Grotte« bis hinunter zur Imster Johanneskirche. Das Schauspiel kann kostenlos besichtigt werden. Ebenso, wie die anschließende Sackgasse tief hinein in das südlich angrenzende Pitztal. Wie in vielen nun folgenden Alpentälern heißt es auch hier: Am Talschluss ist Schluss – auch für Enduristen. Zwar mögen einige Kiespisten noch weiter in die herrliche Bergwelt der Alpen führen, deren Befahren ist aber meistens verboten.

Genießen wir die Fahrt hinein ins Pitztal bis zu seinem Ende weit hinter St. Leonhard beim Örtchen Mandarfen, bestes Beispiel dafür, wie man eine herrlich gelegene Alm zu einer touristischen Perle Tirols ausbauen kann. Das gen Westen angrenzende Kaunertal ist das Hauptziel dieses Tourentages. Und dort vor allem der Talschluss mit seiner grandiosen Gletscherstraße. Diese Sackgasse mitten hinein ins Herz eines der bekanntesten Gletscher-Skigebiete begeistert Motorradfahrer vor allem von Juni bis Oktober. Dann gehört diese herrlich schräglagenreiche Panoramastraße den Wanderern, Ausflüglern und natürlich uns Bikern. Und diese Wochen sollten wir für einen Besuch der Kaunertaler Gletscherstraße unbedingt nutzen.

Die hochalpine Panoramastraße folgt in ihrer Trassenführung weitgehend dem Pilgerweg vom Wallfahrtsort Kaltenbrunn über das Weißseejoch (2960 m) nach Melagg im Langtauferer Tal. Um 1965 erbaute die Tirolerwasserkraft AG im Kaunertal mit dem Gepatsch-Stausee den höchsten Naturschüttdamm Europas mit satten 140 Millionen Litern Speichervolumen. Im Zuge dieses Staudammbaus wurde auch die Straße ausgebaut und asphaltiert – die Kaunertaler Gletscherstraße begann ihren Siegeszug im Tourismus.

Über Landeck schwingen wir spätnachmittags dann wieder retour nach Reutte. Und damit der Kurvengenuss nicht zu abrupt endet, gönnen wir uns noch den Abstecher über das Hahntennjoch auf gut 1900 m Höhe sowie den Heimweg durch das Lechtal.

Sie erfüllt Bikerträume: die Kaunertaler Gletscherstraße

Reutte

12 Märchenkönigs Favoriten
Tourenlänge: 175 km; reine Fahrzeit: 4 h

Der Plansee, das malerische Oberammergau und die gewaltige Zugspitze bilden die perfekte Mixtur für diese kurvenreiche Rundtour durch die Grenzregion zwischen Tirol und Bayern. Und bei all diesen Genüssen sind wir Europas einzigem echten Märchenkönig immer auf der Spur. Sie wissen schon: jenem König Ludwig II., dessen mysteriöser Tod im oberbayerischen Starnberger See bis heute nicht aufgeklärt wurde.

Der Plansee ist das erste Highlight dieser Runde. Seine gesamte Uferstraße ist im Grunde ein einziger Bikertreff. Der herrlich gelegene Bergsee gehört zum Pflichtprogramm aller Tiroler Biker, entlang der kurven- und aussichtsreichen Uferstraße pendeln wir sozusagen von einem Boxenstopp zum nächsten. Nur einen Katzensprung entfernt erhebt sich inmitten von blickdichtem Wald Schloss Linderhof als prächtiges Zeugnis längst vergangener Tage.

Von der Pest arg gebeutelt hatten die Einwohner von Oberammergau 1633 gelobt, regelmäßig ein Passionsspiel aufzuführen, falls sie die schreckliche Krankheit überleben würden. So wurde der Grundstein der weltberühmten Passionsspiele gelegt. Den sehenswerten historischen Kern des Ortes können Sie bei einem kurzen Abstecher gen Norden erkunden, parken Sie das Bike im Zentrum und schlendern Sie gemütlich vorbei an Cafés, Restaurants und Shopping-Möglichkeiten.

Zu Füßen der 2962 m hohen Zugspitze begrüßt uns dann der berühmte Olympiaort Garmisch-Partenkirchen inmitten des »Goldenen Landl's«, alljährlich im Juli Schauplatz der legendären BMW Motorrad Days. Ein Event, den jeder von uns einmal im Leben mitgemacht haben sollte. Nach einem Abstecher zum idyllisch gelegenen Eibsee – Vorsicht: Seine Wassertemperatur ist auch im Hochsommer nicht für Warmduscher geeignet! – wenden wir uns der »Tiroler Zugspitzarena« zu mit ihrem Hauptort Ehrwald direkt am Fuße des gewaltigen Wettersteingebirges. Hier gastierte bereits Ludwig Ganghofer, und auch heute bietet das sehenswerte »Tor zum Fernpass« alle Annehmlichkeiten, die man sich als Besucher wünschen kann.

Apropos Fernpass: Er ist berühmt seit historischen Tagen, er ist berüchtigt als eine der meistbefahrenen Tiroler Strecken. Aber ein Abstecher zu ihm hat auch viel Sehenswertes zu bieten: Ludwig II. war derart begeistert von Schloss Fernsteinsee und der Region, dass er sich von 1872 an ganzjährig zwei Zimmer reservieren ließ. Und die Schönheit der Landschaft, die bereits den Märchenkönig faszinierte, hat bis heute nichts von ihrer Anziehungskraft verloren.

Märchenkönigs Spielplatz: der Plansee bei Schloss Linderhof

Region Tirol

13 Sprachlos in Namlos

Tourenlänge: 160 km; reine Fahrzeit: 4 h

Bereits auf Tour 1 hatten wir uns einen kräftigen Schluck der Deutschen Alpenstraße gegönnt, auf dieser Tour genießen wir eine weitere Portion davon. Es geht in das prächtige Allgäu direkt an der Nordgrenze Tirols: weite Hügel, steile Felsen, schattige Wälder und liebliche Täler. Darin eingebettet malerische Ortschaften, die immer einen ausgiebigen Einkehrschwung lohnen. Und: Wir sind im Land der Allgäuer Küche. Eine echt leckere Tour also!

Füssen und seine Königsschlösser locken uns bereits nach wenigen Kilometern aus dem Sattel. Wie justament dem Mittelalter entsprungen präsentiert sich auch der historische Kern der alten Handelsstadt Füssen direkt unterhalb des Schlosses. Herrliche Illusions-Malereien an prächtig restauriertem Fachwerk stimmen uns perfekt ein auf das vor uns liegende Erbe von König Ludwig II. Sein Vater ließ die Ruine »Schwanstein« zur Sommerresidenz »Hohenschwangau« umbauen, gleich gegenüber auf zerklüftetem Fels ließ Ludwig 1868 sein »Neuschwanstein« entstehen – ein atemberaubender Anblick zu jeder Jahreszeit.

Immerhin 2000 Jahre hat Pfronten bereits auf dem Buckel – man sieht es ihm kaum an. Geprägt von einer günstigen Lage am Rande wichtiger Handelswege, kam es, dass die Pfrontner Fuhrwerker ihre Waren sogar bis hinunter nach Venedig lieferten. Heutzutage lebt das besinnliche Städtchen vom Tourismus und bietet dem Reisenden alles, was das Herz begehrt.

Sehenswertes Grenzland: das Tannheimer Tal zwischen Tirol und Bayern

Das Oberjoch wenige Kilometer weiter haben wir ja bereits auf Tour 1 gegrüßt, diesmal geht es in umgekehrter Richtung hinab in das malerische Tannheimer Tal, direkt auf der Grenze zwischen Tirol und dem Allgäu gelegen. Die kurvenreiche Talstraße führt uns durch sehenswerte Dörfer inmitten eines beinahe preußisch perfekt gepflegten Bauernlandes, dessen Horizont immer wieder von steilen Felsengipfeln geschmückt wird. Mein Tipp: Genießen Sie diese Pracht bei einem Drachen- oder Gleitschirmflug aus ganz anderer Perspektive.

Von Nesselwängle aus schwingen wir dann über den eher unscheinbaren Gaichtpass und gönnen uns zu guter Letzt noch den landschaftlichen Geheimtipp der Region – das Namlostal. Ein enges Tal, das sich erst langsam zu bewaldeten Berghöhen hin öffnet. Vorbei an weidenden Pferden und an winzigen Ortschaften windet sich eine herrliche Talstraße dahin. Im Örtchen Namlos kann man gemütlich einkehren und anschließend zu neuem Kurvenschwung aufbrechen. Hier waren die Straßenbauer ebenfalls Motorradfahrer, davon bin ich jedes Mal felsenfest überzeugt.

Königliches Einfamilienhaus: Wer kennt es nicht – Schloss Neuschwanstein!

Reutte

14 Auf Märchenkönigs Spuren
Tourenlänge: 140 km; reine Fahrzeit: 4 h

Die Natur im Farbenrausch: der Plansee im Spätherbst mit erstem Gruß des Winters

Bayerns Märchenkönig Ludwig II. – der »Kini«

Die Landschaften dieser Runde waren immer schon derart sehenswert, dass Deutschlands einziger Märchenkönig nicht mehr nach München zu seinen Regierungsgeschäften zurückkehren wollte. Sein Wunsch ging in Erfüllung ... Falls Sie also die Königsschlösser noch nicht besucht haben sollten, planen Sie unbedingt Zeit für ihre Besichtigung ein.

Anschließend pendeln wir durch eine mehr als beschauliche Hügellandschaft an Forggen- und Bannwaldsee entlang, grüßen den gewaltigen Lech und setzen kurz hinter Steingaden den Blinker rechts für ein weiteres Highlight dieser Tour: die berühmte Wieskirche. 1738 ereignete sich ein »Tränenwunder« an einer Heilandsfigur der Bäuerin Maria Lory vom Wieshof. Es sprach sich herum wie ein Lauffeuer und sorgte innerhalb weniger Jahre für eine europaweite Wallfahrt. Schnell entschloss man sich, eine dem Wunder angemessene Kirche zu erbauen. 1754 war sie fertiggestellt, heute ist sie nicht nur berühmt, sondern sogar UNESCO-Weltkulturerbe. Mächtig viel Gold und Prunk finden sich im sehenswerten Innenraum der Kirche, in deren schattigem Hof wir auch noch eine ausgiebige Pause einlegen können. Über Bad Bayersoien erreichen wir den berühmten Passionsspielort Oberammergau, ein außerhalb der Festspielzeit oftmals recht urtümliches Dorf mit höchst sehenswertem historischem Kern und fantastischen Lüftlmalereien. Und falls Ihnen der Magen knurrt, parken Sie das Bike irgendwo im Zentrum und schlendern Sie gemütlich zu Cafés und Restaurants, die Sie auf gut bayerisch und höchst lecker verwöhnen werden.

In Ettal mit seinem imposanten Kloster geht es auch außerhalb der Festspielzeit recht lebendig und selbstbewusst zu. Die gewaltige Klosteranlage und eine Reihe Einkehrmöglichkeiten empfehlen auch diesen Ort für einen ausgiebigen Boxenstopp mit Einkehrschwung, bevor es schräglagenreich hinein in den tiefen Wald geht. Rechts über die Gashand blinzelt irgendwann Schloss Linderhof aus dem dichten Laub, Ludwigs abgeschiedene Lieblingsresidenz, bevor uns die Uferstrecke des Plansees erneut begeistert. Entlang seiner kurven- und aussichtsreichen Uferstraße pendeln wir von einem Bikertreff zum nächsten, herrlich gelegene Cafés und Gasthäuser locken mit Ausblicken und Genuss für alle Sinne. Nehmen Sie sich Zeit und klappen Sie den Seitenständer aus, wann immer Ihnen danach ist. Den Heimweg nach Reutte findet unser Bike von ganz allein.

15 Unterwegs im »Goldenen Landl«
Tourenlänge: 220 km; reine Fahrzeit: 5 h

Auf dieser tagesfüllenden Runde erkunden wir das Grenzland zwischen Tirol und Bayern nochmals besonders intensiv, schwingen um das Zugspitzmassiv herum durch das »Goldene Landl«, folgen dem Ruf des geheimnisvollen Walchensees und pendeln über Geigenbauer-Heimat Mittenwald und das prächtige Mieminger Plateau retour zum Ausgangspunkt.

Wohl bekannt ist uns inzwischen die prächtige Uferstrecke entlang des Plansees. Über Ettal und Oberau erreichen wir dann Garmisch-Partenkirchen zu einem zweiten Frühstück, bevor wir tief eintauchen in das Werdenfelser Land. Warum es auch das »Goldene Landl« genannt wird, ist heutzutage durchaus strittig. Egal, genießen Sie die Kurvenhatz über den Barnsee und Krün hinüber zum Walchensee.

Sein spontaner Anblick reißt wohl jeden vor Begeisterung aus dem Sattel. Seine Uferstraße zählt zu den schönsten im Grenzland zwischen Tirol und Bayern. Der See selbst ist einer der tiefsten Bergseen Deutschlands. Bis in das 18. Jahrhundert hinein war es üblich, geweihte Goldmünzen im See zu versenken, um ihn und seine Seegeister gnädig zu stimmen. Ja, bis heute hält sich sogar hartnäckig das Gerücht, dass im April 1945 die Wehrmacht einen Teil der Reichsbank-Goldreserven im See versenkt haben soll. Über 300 Säcke mit Goldbarren sollen es gewesen sein, dazu viele Kisten mit Goldmünzen. Bis heute wurde dieser Schatz nicht entdeckt.

Ein echtes Goldstück ist auch Mittenwald mit der berühmtesten Geigenbau-Tradition Europas. Farbenprächtige Lüftlmalereien verzieren nahezu jedes Haus. Jeder Erker, jeder Stein könnte seine eigene Geschichte erzählen. Aus der historischen Lautenwerkstatt des Mathias Klotz entwickelte sich ab 1686 die weltweit berühmte Geigenbau-Tradition Mittenwalds. Gut zehn Geigenbauer existieren heute noch im Ort. Einigen von ihnen kann man sogar bei der Arbeit über die Schulter schauen.

Für eine satte Portion Schräglagengenuss sorgt anschließend der zweite Teil unserer Tour über das malerische Mieminger Plateau. Die Weite der Landschaft, ihre bunten Wiesen und fruchtbaren Äcker, die prächtigen Lärchenwälder mit einem dichten Netz an winzigen Landstraßen, all das macht das Mieminger Plateau zu einem der beliebtesten Naherholungsgebiete Tirols. Und der legendäre Fernpass krönt unsere Tour dann abschließend. Vorbei an Blind- und Fernsteinsee sowie dessen Schloss hoch droben über dem smaragdgrünen See huschen wir hinauf zum Pass mit seinem prächtigen Zugspitz-Panorama. Anhalten und die Seele baumeln lassen ausdrücklich erwünscht!

Die schönsten Zimmer bekam der König: Schloss-Hotel Fernsteinsee.

Jenbach am Inn

»Jenseits des Baches« soll der Ursprung des Namens Jenbach sein – nun ja, klingt logisch, wenn man sich die prächtige Lage des Ortes im Herzen des gewaltigen Inntales anschaut. Beschaulich geht es heutzutage zu in Jenbach, dessen Wurzeln immerhin bis in die Bronzezeit zurückreichen sollen. Vor allem seine zentrale Lage im Inntal macht ihn nicht nur für uns als Ausgangsort zweier prächtiger Touren zwischen Rofan und Karwendel so nützlich. Zugleich kann man vor allem von den Höhenlagen des Tales aus den Blick hervorragend schweifen lassen über den gewaltigen Inn, der sich hier in Jahrmillionen sein Bett gegraben hat. Mit gut 520 km Länge ist er immerhin einer der längsten und mächtigsten Flüsse der Alpen, der zeitweilig sogar mehr Wasser führt als die Donau, in die er in Passau mündet. Von der Schweizer Grenze bis Innsbruck gibt er sich als sogenanntes Oberinntal auch heutzutage noch immer wild und schluchtenreich, ab Innsbruck bis zur Grenze bei Kufstein präsentiert sich das Unterinntal mit weiten Horizonten, breiten und fruchtbaren Ebenen als einer der größten österreichischen Ballungsräume überhaupt.

> **HOTELEMPFEHLUNG**
> Hotel Gasthof Esterhammer
> 6220 Buch b. Jenbach
> Tel.: +43 5244 62212
> www.esterhammer.com

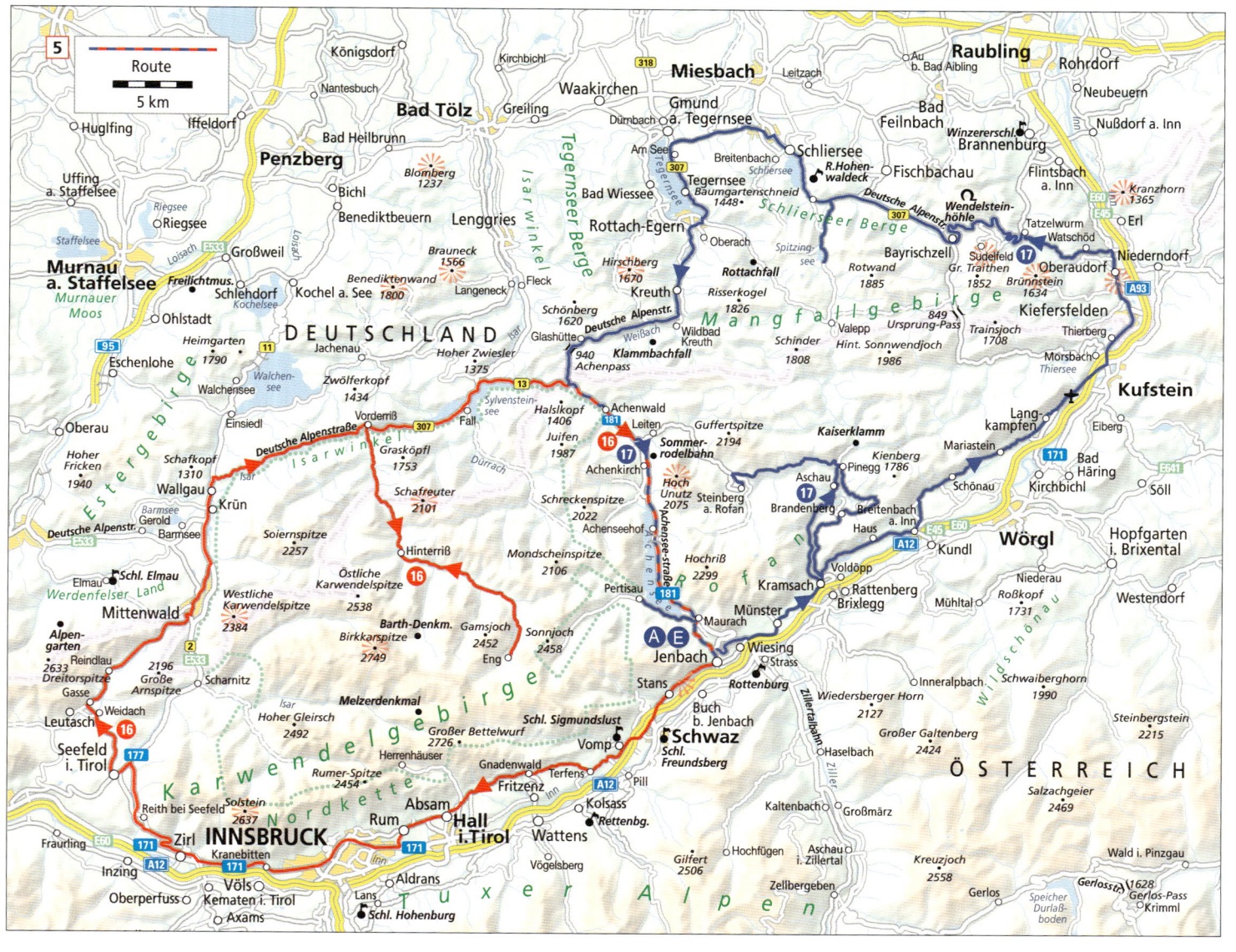

Region Tirol

16 Blick ins Karwendel
Tourenlänge: 210 km; reine Fahrzeit: 5 h

Diese Runde führt uns einmal um das prächtige Karwendelgebirge – natürlich mit einem Abstecher tief hinein in dessen hochalpines Herz. Wir beginnen gemütlich im mächtigen Inntal, huschen vorbei an Schloss Tratzberg, gönnen uns den berüchtigten Zirler Berg, besuchen die historische Heimat der Geigenbauer und schwingen hinein in eine der schönsten Sackgassen der Alpen. Und vom legendären Bikertreff am Sylvenstein geht es über den prächtigen Achensee am Rofan entlang retour zum Ausgangspunkt.

Für die Umfahrung der Innsbrucker Rushhour empfehle ich, den Nordrand des Inntales über Absam und Mühlau zu wählen. Wenige Kilometer westlich liegt er dann bereits vor uns, der Zirler Berg. Haben Sie jetzt einen Lkw vor sich, versuchen Sie, ihn noch im unteren Abschnitt des Passes sicher zu überholen. Denn spätestens nach der ersten Kehre wird dessen Tempo auf 5 bis 10 km/h sinken, da der Anstieg zum Seefelder Sattel eine erhebliche Steigung ohne Überholmöglichkeiten aufweist. Über Seefeld und Mittenwald erreichen wir Wallgau, ein malerisches Bergdorf mit sehenswertem Zentrum. Gleich hinter der Ortsgrenze gilt es, den Blinker rechts zu setzen, denn die Mautstrecke nach Vorderriss erwartet uns. Und dort zweigen wir dann erneut rechts ab in das atemberaubende Engtal: Nur 25 Kilometer lang, dafür von Frühling bis in den Herbst hinein als echter fahrerischer Leckerbissen vor allem für Motorradfahrer. In genüsslichen Rechts-Links-Kombinationen schwingen wir entlang der rauschenden Eng hinauf zu 500 Jahre alten Ahornbäumen, die ganz am Ende der Strecke auf einem weiten Hochplateau, dem Großen Ahornboden, vor allem im Herbst eine einzigartige Farbenpracht entfalten. Das Ganze garniert mit den 2600 m aufragenden Felswänden des Karwendel-Massivs. Am Ende der Strecke erwartet uns das Gasthaus in der Eng.

Gar nicht so eng: auf dem Weg zum Großen Ahornboden im Engtal

Da hat es der anschließende Sylvenstein-Speicher optisch schon etwas schwer. Für diesen fjordartigen See musste 1957 das alte Bauern- und Jägerdorf Fall von den Landkarten getilgt werden. Bei niedrigem Wasserpegel und günstigem Lichteinfall soll man die Ruinen am Grunde des Sylvensteinsees noch heute erkennen können.

Der im Osten anschließende Achensee ist immerhin der größte See Tirols. Er besitzt hervorragende Wasserqualität und wird gerne auch als »Tiroler Meer« bezeichnet. 1887 wurde das erste Dampfschiff auf dem See zu Wasser gelassen. 1919 erwarb die Stadt Innsbruck den See und baute bis heute die Flotte der Achensee-Ausflugsboote immer weiter aus. Vor allem die Ausblicke von der Seemitte auf die angrenzenden Berggipfel und das Alpenpanorama sind atemberaubend. Diesen Tourentag sollten wir in Pertisau am Achensee ausklingen lassen.

Jenbach am Inn

17 Von Bikertreff zu Bikertreff
Tourenlänge: 220 km; reine Fahrzeit: 5–6 h

Nicht sonderlich hoch, aber erlebenswert: der Spitzingsattel nahe dem Schliersee

Widmeten wir uns auf der vorangegangenen Runde den Kontrasten zwischen Karwendel und Rofan, so ist diese Tour gewürzt mit Spitzing-, Schlier-, Tegern- und Achensee, vier der schönsten Seen des Alpenvorlandes. Packen Sie doch einfach noch Badehose und Bikini ins Topcase!

Von Jenbach aus geht es zunächst gen Nordosten, entweder über die breiten Talstraßen rechter Hand der A12 oder aber – mein Tipp! – über die Pisten am Nordhang des Inntales. Über Münster, Kramsach, Aschau und Brandenberg gibt es zu ausgiebiger Kurvenhatz auch noch herrliche Ausblicke auf das Unterinntal. Kufstein, die berühmte »Perle Tirols«, liegt direkt an der Grenze zu Bayern. Dementsprechend »umkämpft« ist auch seine Geschichte. Das Wahrzeichen der Stadt ist die mächtige Festung, doch auch die historischen Gassen haben viel zu erzählen. Zum Beispiel von Karl Ganzer, dem Komponisten des weltberühmten Kufstein-Liedes.

In Kiefersfelden queren wir dann die Grenze und setzen bei Oberaudorf den Blinker links Richtung Sudelfeld, für uns Motorradfahrer der Inbegriff eines Bikertreffs! Der liegt übrigens direkt am Café Kotz in einer prächtigen Applauskurve. Ein Boxenstopp ist hier Pflicht, ebenso wie der Abstecher zur Speck- und Waller-Alm am ausgeschilderten Oberen Sudelfeld. Auch der Abstecher zum verträumten Spitzingsee kurz hinter Bayrischzell ist eigentlich Pflicht in dieser Region. Über den Spitzingsattel geht es hinab zum See mit seinen zahlreichen Einkehrmöglichkeiten. Über das sogleich anschließende Seen-Duo Schlier- und Tegernsee noch viele Worte zu verlieren, ist wohl überflüssig. Nur so viel: Der Schliersee ist das ruhige, beschauliche Pendant zum berühmten Tegernsee, seine Uferstraße kann man selbst an Hochsommertagen noch gemütlich genießen. Nur zum Promi-Watching sollten auch Sie hinüber zum Tegernsee schwingen.

Der unscheinbare Achenpass geleitet uns dann mit seinen gut 950 m Höhe wieder auf Tiroler Boden, und bevor wir uns dem Achensee widmen, lautet mein Tipp: Blinker links setzen zu einem Abstecher nach Steinberg am Rofan. Entlang der Steinberger Ache windet sich die gut ausgebaute Straße durch lichten Bergwald, der sich erst kurz vor Steinberg öffnet und den Blick freigibt auf ein stilles Hochtal mit weit verstreuten Gehöften, einer Kirche und herrlichen Pausenplätzchen inmitten der wohl niemals hektisch brummenden Bergwelt. Ein Abstecher, der zu jeder Jahreszeit einen echten Genuss darstellt!

Wörgl

Erinnern Sie sich noch an Schneidermeister Böck aus dem dritten Streich der bösen Buben Max und Moritz? Ja, genau jener, der nichtsahnend über die angesägte Brücke ging und unfreiwillig im Bach landete. Nun, diese Geschichte soll jenem Schneidermeister tatsächlich passiert sein, nämlich in Wörgl. An der Dorfgrenze Wörgls gab es eine Holzbrücke über den Wörgler Bach, an der sich vor allem die Jugend des Dorfes traf, um Neuigkeiten auszutauschen. Sie waren weithin bekannt als die »Wörgler Bruggenhocker« und ihre Streiche waren gefürchtet. »Begründete Vermutungen« lassen den Schluss zu, dass sich Wilhelm Busch für seine Max-&-Moritz-Geschichten von ebenjenen »Wörgler Bruggenhockern« inspirieren ließ. Vor allem der dritte Streich mit Schneidermeister Böck zeigt frappierende Ähnlichkeiten mit den Gegebenheiten vor Ort.

Am Kreuzungspunkt von vier Tiroler Tälern – dem Brixer-, Inn- und Söllrandl-Tal sowie der Wildschönau – ist Wörgl von Frühling bis in den Spätherbst hinein ein idealer Ausgangspunkt für Touren in die umliegenden Bergregionen.

HOTELEMPFEHLUNG

Tiroler Stuben
6300 Wörgl
Tel.: +43 5332 76035
www.tirolerstuben.info

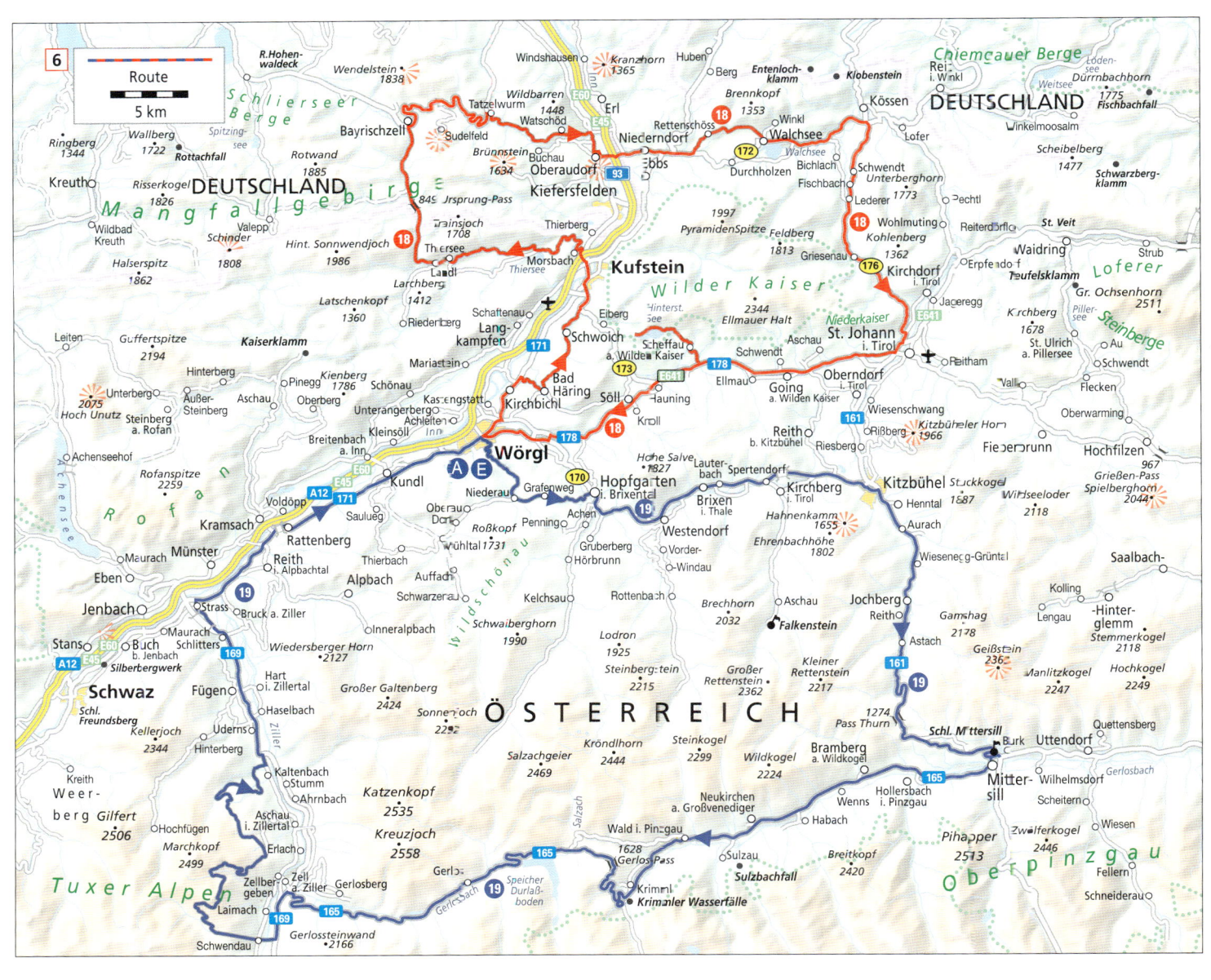

Wörgl

18 Um den Wilden Kaiser
Tourenlänge: 155 km; reine Fahrzeit: 4 h

Kann Terminpläne atomisieren: das Obere Sudelfeld mit seinen Almen

Auf historischen Schleichwegen huschen wir diesmal nach Bayrischzell am Wendelstein und sodann bergan zum berühmtesten Bikertreff der Region. Fernab aller Hektik umrunden wir daraufhin das Kaisergebirge, bevor wir den Tourentag im beschaulichen Wörgl ausklingen lassen können. Das ist Kontrastprogramm vom Feinsten – sowohl im als auch abseits des Mopedsattels.

Diesmal suchen wir uns rechter Hand der Autobahn A12 unseren Weg nach Kufstein, der »Perle Tirols«. Über Ostern- und Sonnendorf erreichen wir die Festungsstadt in imposanter Lage direkt am mächtigen Inn, queren diesmal allerdings die Grenze zu Deutschland nicht im nahe liegenden Kiefersfelden, sondern setzen noch vorher den Blinker links Richtung Thiersee und Landl. Auf kaum mehr als lenkerbreiter Piste wedeln wir hinauf zum Ursprungspass auf gut 850 Höhenmeter. Okay, da werden wir im weiteren Verlauf des Buches noch ganz andere Kandidaten erfahren. Dennoch: Genießen Sie das herrliche Almtal, das uns direkt nach Bayrischzell führt!

Beinahe 1000 Jahre alt sind die Wurzeln des sehenswerten heilklimatischen Luftkurortes Bayrischzell zu Füßen des imposanten Wendelsteins, heutzutage einer der beliebtesten Ferienorte dieser Region. Den 1838 m hohen und markanten Wendelstein kann man mit Seil- und Zahnradbahn erobern – oder natürlich auch zu Fuß. Oben auf dem Gipfel finden sich neben einer Kapelle und einer Stern- und Wetterwarte auch Einkehrmöglichkeiten mit grandioser Aussicht.

Wir erobern nun aber erst einmal das berühmte Sudelfeld, diesmal von Westen her. Wenige Kehren später liegt er bereits vor uns, der Inbegriff eines Bikertreffs, das legendäre Café Kotz in einer prächtigen Applauskurve. Dann geht es geschwind wie der Wind hinab in das gewaltige Inntal, wir queren den türkisfarbenen Fluss und setzen kurz hinter Niederndorf auf Tiroler Terrain den Blinker links hinauf nach Rettenschöss, einer prächtigen Hochebene mit grandiosen Ausblicken auf das Kaisergebirge.

Der Walchsee, nicht zu verwechseln mit dem Walchensee, ist das touristische Juwel der Ferienregion. Seine einzigartige Lage direkt zu Füßen des Kaisergebirges mit seiner imposanten Silhouette begeistert. Mitten in einem breiten Talkessel zwischen dem Gebirgsmassiv des Wilden Kaisers und dem Kitzbüheler Horn begrüßt uns wenig später Sankt Johann in Tirol, einer der beliebtesten Ferienorte der Alpen. Natürlich immer mit Blick auf das Kaisergebirge, die markanteste Gebirgsgruppe der Nördlichen Kalkalpen.

19 Den Hohen Tauern ganz nah
Tourenlänge: 215 km; reine Fahrzeit: 5 h

Mit Salzach-, Ziller- und Inntal erkunden wir drei der bekanntesten Täler im Herzen Tirols. Und ganz nebenbei einige der schönsten Pass- und Panoramastrecken, wie zum Beispiel die Zillertaler Höhenstraße – der Geheimtipp aller Tiroler Biker. Dazu gibt es grandiose Ausblicke auf die Hohen Tauern, die wir uns im Kapitel »Osttirol« noch intensiv gönnen werden. Soviel sei aber schon einmal bemerkt: Sie lassen sich mit dieser Runde perfekt kombinieren.

Ostwärts Richtung Brixental verlassen wir das gastliche Alpenstädtchen Wörgl und huschen zu Füßen der Hohen Salve, einem beliebten Flugberg für Drachen- und Gleitschirmpiloten nach Hopfgarten und Kitzbühel. Von Frühling bis Herbst hat der Liebling der europäischen High Society einiges zu bieten – nur alles etwas ruhiger, gelassener als im Winter.

So wie Pass Thurn. Er zählt mit seinen 1273 m nicht zu den schwierigsten Pässen der Alpen, doch lohnt die Runde über ihn allemal. Seine Passhöhe dominiert eine herrlich liegende, historische Herberge, deren »Tafern- und Schankrechte« immerhin aus dem 13. Jahrhundert überliefert sind. Gen Süden fällt die Passstraße zügig hinab ins Salzachtal, einem der schönsten Tiroler Alpentäler mit hübschen, historisch gewachsenen Orten zu Füßen der imposanten Großvenediger-Gruppe. Und über all dem wacht Schloss Mittersill auf strategisch wertvollem Hügel. Am Nordrand der Hohen Tauern schwingen wir sodann hinauf zu den Krimmler Wasserfällen, einem der prächtigsten Naturschauspiele im gesamten Alpenraum, ja 1845 sogar als »der schönste Wasserfall der Monarchie« betitelt. Fakt ist, dass die Krimmler Wasserfälle mit 400 Metern Fallhöhe die höchsten Europas sind, der Fußmarsch bis zum Rand der Fälle lohnt sich allemal.

Die anschließende Gerlos Alpenstraße zählt zu den mautpflichtigen Pass- und Panoramastraßen der Alpen, die Bikern enormen Gegenwert bieten. Gut ausgebaut bietet sie selbst an verkehrsreichen Sommerwochenenden viele Möglichkeiten zu satter Kurvenhatz und ordentlicher Schräglage. Die Pläne zu dieser Panoramastraße stammen übrigens von Franz Wallack, dem genialen Erbauer des Bikerparadieses »Großglockner Hochalpenstraße«.

Das vielleicht schönste Highlight des Tages liegt nun vor uns: die Zillertaler Höhenstraße. Sie ist ein Paradies für Motorradfahrer, Mountainbiker, Gleitschirmflieger und Wanderer, ja, sie zählt zu den schönsten Höhenstraßen Österreichs, gleichwohl sich dies noch nicht herumgesprochen hat. Und das sollten wir uns ausgiebig zunutze machen, genießen wir den Nachmittag hier oben in vollen Zügen.

Boxenstopp mit langer Geschichte: Pass Thurn mit historischer Herberge

Viel Gegenwert für wenig Maut: die gut ausgebaute Gerlos Alpenstraße

Innsbruck

Die Hauptstadt des Bundeslandes Tirol im Herzen des Inntals ist immerhin die fünftgrößte Stadt Österreichs und heutzutage eine Mixtur aus Moderne und den zahlreichen historischen Bauten aus der Zeit Kaiser Maximilians I. In Kombination mit der wohl einzigartigen Lage inmitten der Tiroler Bergwelt ist Innsbruck äußerst beliebt bei Touristen aus aller Welt. Die sehenswerte Altstadt mit dem weltbekannten Goldenen Dachl, mit dem mächtigen Dom, dem Helblinghaus und der Hofburg ist nahezu ganzjährig Schauplatz bekannter Veranstaltungen wie dem Tanzsommer, zahlreichen Festwochen und auch Konzerten. Auch wir sollten Innsbruck nicht nur als Sprungbrett in die umliegenden Kurvenparadiese sehen, sondern die folgenden drei Tourentage vielleicht in der erlebenswerten Innsbrucker Altstadt bei ausgiebigen Spaziergängen und Einkehrschwüngen beenden. Ein Genuss für alle unsere Sinne wartet auf uns – tagsüber im Sattel und abends in den Innsbrucker Altstadtgassen. Man gönnt sich ja sonst nix!

HOTELEMPFEHLUNG
Basic Hotel Innsbruck
6020 Innsbruck
Tel.: +43 512 586385
www.basic-hotel.at

20 Gemütlichkeit ist Trumpf

Tourenlänge: 165 km; reine Fahrzeit: 4 h

Diese Runde durch das Herz des Oberinntales geht nicht unbedingt hoch hinaus, ist nicht unbedingt spektakulär, führt uns dafür abseits aller Hektik und roter Ampeln durch die herrliche Welt des Kühtai. Wir besuchen Imst und Telfs und pendeln dann auf herrlicher Panoramastrecke am Nordrand des gewaltigen Inntales retour zum Ausgangspunkt in Innsbruck.

Der Genussfaktor des Kühtaisattels mit seinen immerhin gut 2000 Höhenmetern sowie des umliegenden Sellraintales gleich im Westen Innsbrucks liegt in den Landschaften rechts und links des Lenkers, für deren Betrachtung wir auch während der Fahrt genügend Muße haben. Dies umso mehr, als die Strecke fahrerisch nicht zu anspruchsvoll ist. Über Axams und Sankt Sigmund im Sellrain geht es kurvenreich Richtung Scheitelhöhe des Sattels. Die liegt nahe des Ortes Kühtai, der zum ausgiebigen Einkehrschwung einlädt. Und hinab Richtung Ötztal überrascht uns ein echtes Spitzkehren-Vergnügen. Vorbei am kleinen Speichersee Längenthal bietet sich uns ein optimales Trainingsgelände für die hohe Kunst des Pässefahrens.

Die quicklebendige Tiroler Alpenstadt Imst besitzt eine Vielzahl gänzlich anderer Attraktionen, wie die »Rosengartenschlucht«, das tief eingegrabene Bett des Schinderbaches von der »Blauen Grotte« bis hinunter zur Imster Johanneskirche. Auch kulturell hat das Städtchen viel zu bieten, vom Imster »Schemenlaufen«, einem der schönsten Fastnachtsbräuche der Alpen, bis hin zu traditionellen Open-Air-Konzerten während eines langen Alpensommers reicht das Angebot. Zugleich markiert Imst für heute unseren westlichsten Punkt, ab hier geht es nur noch heim Richtung Osten. Dazu erklimmen wir bei Nassereith das auf Tour 15 schon einmal erkundete Mieminger Plateau, diesmal aus entgegengesetzter Richtung. Mit genügend Zeit im Tankrucksack können wir uns aber auch noch einen Abstecher gen Norden hinauf zum ausgeschilderten Fernpass gönnen. Dessen Südrampe enthält trotz wohl nie ruhenden Verkehrs ein herrliches Kurvengemenge.

Über den eher unscheinbaren Holzleitensattel auf 1150 Höhenmetern erreichen wir dann besagtes Plateau und gönnen uns ausgiebige Kurvenhatz inmitten der intakten Bergwelt. Zwei Alternativen stehen für die letzten Kilometer retour nach Innsbruck zur Auswahl: Via Telfs direkt hinab in das Inntal und flussabwärts zum Ausgangsort. Oder, mit einem Abstecher über Leutasch und das Bergdorf Seefeld, den berühmten Zirler Berg – diesmal aus anderer Richtung. In der mächtigen Applauskurve im unteren Bereich genießen Sie die grandiose Aussicht auf das Inntal!

Dazu kommen wir gleich: das Alpengärtlein rund um die Ötztaler Gletscherstraße

Innsbruck

21 Eine satte Portion Pässe
Tourenlänge: 230 km; reine Fahrzeit: 5 h

Diese schräglagenreiche Runde ist eine der Lieblingsbeschäftigungen der Tiroler Biker, ja, so mancher von ihnen fährt sie sogar zweimal an einem Tag. Oder zweigt zwischendrin noch ab zu einem Exkurs hinauf zur Ötztaler Gletscherstraße.

Auf der alten Brennerstraße schwingen wir aus Innsbruck hinaus bergan zum berühmtesten – und wichtigsten – Pass der Alpen, dem Brennerpass. Seit 2500 Jahren ziehen Händler, Säumer, Viehhirten, Schmuggler, Abenteurer und natürlich Touristen über den mit 1371 m niedrigsten Pass der Alpen. Auf der Passhöhe erzählt das alte Dorf Brenner dazu die spannende Geschichte des Passes.

Bergab nach Sterzing geben wir dem Bike die »Zügel lang« und genießen die prächtige Welt der Südtiroler Berge, die uns empfängt. Machen Sie unbedingt auch einen Rundgang durch Sterzing und seine vom berühmten Zwölferturm dominierte Fußgängerzone mit ihren unzähligen Einkehr- und Shopping-Möglichkeiten. Der sehenswerte Ort bietet so einiges an historischer Substanz.

Und dann bitte erneut die Knie an den Tank: Der Anstieg zum Jaufenpass beginnt. Der Pass verbindet Sterzing im Eisacktal mit Sankt Leonhard im Passeiertal. Unterhalb der Passhöhe befindet sich ein Berggasthof, der vor allem an den Wochenenden viel besuchtes Zwischenziel der Motorradfahrer ist. Auf der Passhöhe liegt ein winziges Gasthaus mit freiem Blick auf das Passeier Tal. Das hübsche Bergdorf Sankt Leonhard besteht im Grunde auch aus einer Aneinanderreihung von lohnenden Boxenstopps. Dann erwartet uns die Südrampe des legendären Timmelsjochs. Es ist kein Trainingsgelände für Führerscheinneulinge. Da auf italienischer Seite für Kraftfahrzeuge über acht Tonnen sowie Gespanne und Busse gesperrt, gehört die kehrenreiche Passstraße uns Bikern und normalen Pkws. Und das ist einer der besonderen Reize des Timmelsjochs. Hinzu kommen herrliche Panoramaaussichten auf die umliegenden Nord- und Südtiroler Alpen.

Im Ötztal kann sich unser heftig schunkelnder Gleichgewichtssinn dann wieder beruhigen, über das Kühtai geht es retour nach Innsbruck. Oder zu dem erwähnten Abstecher hinauf auf die Ötztaler Gletscherstraße: Diese mautpflichtige Sackgasse führt uns auf hochalpine 2800 Höhenmeter in das Herz des Gletscherskigebietes rund um Rettenbachferner und Tiefenbachgletscher inmitten eines einzigartigen Naturpanoramas, dessen Anblick im Gedächtnis bleiben wird.

Training für die hohe Kunst: der Jaufenpass am Südende des Brenners

Region Tirol

22 Die Brennertäler
Tourenlänge: 220 km; reine Fahrzeit: 4–5 h

Ja, ich gebe es zu, es hat viele Brennerquerungen gedauert, bis ich endlich einmal auf die Idee kam, die Täler abseits der berühmten Passstraße zu erkunden. Was ich vorfand, war ein Idyll sondergleichen. Diese Tour zeigt Ihnen die ganze Schönheit der malerischen Täler bis hinauf zum Brenner.

Wir beginnen mit dem noch recht bekannten Stubaital, dem Kerntal der Stubaier Alpen und mit seinen gut 30 km Länge touristisch perfekt erschlossen. Am Talschluss liegt das bekannte Skigebiet des Stubaier Gletschers, nahe dem auch der berühmte Stubaier Höhenweg verläuft. Über die alte Brennerstraße schwingen wir dann zum nächsten Highlight – fernab von Tourismus und Ringelpiez – dem Gschnitztal: Bei Steinach am Brenner zweigt das idyllische Tal gen Westen ab. Den Taleingang dominiert die gut 700 m lange Gschnitztalbrücke der Brennerautobahn. Über Trins und Gschnitz führt eine kurvenreiche Talstraße entlang idyllischer Almen bis hinauf zum Talschluss nahe der Laponesalm auf gut 1500 Höhenmetern.

Auch das Obernbergtal wenige Kilometer weiter ist ein Geheimtipp bei Wanderern. Durch weitläufige Lärchenwälder schwingt die Strecke bergan, verziert mit bizarren Fels- und Steingebilden.

Nach einem kurzen aber herzlichen »Servus« zum Brenner geht es wieder Richtung Norden, diesmal auf der anderen Talseite. Denn da erwarten uns das Valser- und Schmirntal mit ihrer stillen und überraschenden Weitläufigkeit. Kurvenreich schwingt eine idyllisch gelegene Sackgassen-Piste hinauf in die Tuxer Alpen. Bergsteiger finden hier ein wahres Paradies an sportlichen Möglichkeiten – ebenso wie Biker mit Lust auf Natur pur. St. Jodok, Vals und Schmirn sowie all die anderen winzigen Dörfer und Weiler gleichen einer zufälligen Ansammlung von alten Bergbauernhöfen. Hier wird jeder neue Einwohner noch mit Stolz begrüßt, ebenso wie jeder Gast.

Das nicht minder beschauliche Navistal ist unser letztes Sackgassen-Schmankerl für heute und zweifelsohne eines der schönsten Hochtäler am Brenner. Durch eine atemberaubend einsame Bergbauern-Kultur führt die Landstraße hinauf in die Berge. Nach gut 15 Kilometern endet ihre Betondecke viel zu rasch, doch Enduristen finden hier noch die eine oder andere befahrbare Offroadpiste ein wenig weiter hinauf in die Tiroler Berge – von denen wir nun Abschied nehmen müssen. Aber im nächsten Kapitel geht es ähnlich grandios und hoch hinaus. Versprochen!

Seit 2500 Jahren wird er genutzt: Der Brennerpass hat eine lange Geschichte.

Region Osttirol

Medizin gegen Fernweh

Osttirol ist eine nur auf den ersten Blick unscheinbare Region an Österreichs südlicher Grenze. Ein überschaubarer, einladender Noch-immer-Geheimtipp mitten im Herzen Europas, der sich selbst gerne als das »Nepal von Österreich« bezeichnet und damit gar nicht so falsch liegt. Die erlebenswerte Weite seiner Pässe lädt ein zum Durchatmen, die quirligen Städte und Dörfer sowie ihre Menschen definieren den Begriff »Gastfreundschaft« neu. Doch das Beste: Osttirol liegt auch heute noch fernab vom Massentourismus, erwacht erst allmählich aus seinem Dornröschenschlaf. Von zwei Standorten aus erkunden wir dieses kurvenreiche Alpengärtlein nun auf insgesamt zehn Touren.

Lienz

HOTELEMPFEHLUNG

Moarhof Ferienhotel
9900 Lienz
Tel.: +43 4852 67567
www.hotel-moarhof.at

Lienz ist die Hauptstadt Osttirols, die »Perle der Dolomiten« und weist statistisch nicht nur die meisten Sonnenstunden Österreichs auf, in Kombination mit der nachweislich sauberen Luft scheint Lienz sogar lebensverlängernde Wirkung zu besitzen, liegt die Lebenserwartung der Einwohner doch deutlich über dem landesweiten Durchschnitt. Ein ganzjährig voller Veranstaltungskalender und die Gastfreundlichkeit machen die Stadt am Zusammenfluss von Isel und Drau zum optimalen Ausgangspunkt für Rundtouren jeglicher Länge. Und nach einem langen Tag im Mopedsattel können wir uns abends in das Nachtleben stürzen zu Genüssen der ganz anderen Art. Deshalb starten und enden auch sieben unserer zehn Osttiroler Touren in Lienz, ja selbst die Touren 30, 31 und 32 lassen sich bei Bedarf auf diese Stadt adaptieren.

23 Bikers Heaven liegt in Osttirol
Tourenlänge: 200 km; reine Fahrzeit: 4–5 h

Im August 1935 wurde eine der schönsten Panoramastraßen der Alpen eröffnet – die Großglockner-Hochalpenstraße auf der Grenze zwischen Osttirol und Kärnten. Heute das ungekrönte Motorradparadies Österreichs, modern ausgebaut und vor allem auch den speziellen Bedürfnissen der Motorradfahrer angepasst, mit »Bikers Point«, »Bikers Nest«, »Bikers Safes« und Kombitickets. Lassen Sie uns einen langen Tourentag rund um dieses Kurvenparadies verbringen.

Von Lienz aus starten wir früh am Morgen Richtung Nordosten aus der Stadt hinaus. Sofort geht es ab in die ersten Schräglagen hinauf zum Iselsbergpass auf gut 1200 Höhenmetern. Die perfekte Einstimmung auf unseren Tag in den Hohen Tauern. Dass das Gebiet rund um den Großglockner einst lebensgefährlich war und auch heute noch sein kann, davon berichten nicht nur Landschaftsbezeichnungen wie »Elendboden« oder »Beindlkar«, sondern auch aktuelle Schlagzeilen. Steinschlag, Lawinen, plötzliche Wintereinbrüche mitten im Hochsommer, all das sind Naturgegebenheiten, mit denen die Menschen hier umzugehen haben.

Im Bergdorf Heiligenblut im unteren Abschnitt der Großglockner Hochalpenstraße liegen all jene begraben, die den Großglockner als Bergsteiger bezwingen wollten und dabei gescheitert sind. Es waren ziemlich viele im Laufe der Jahrhunderte. Auch Kaiser Franz Joseph wanderte 1856 in den Hohen Tauern, sein Lieblingsplatz wird seither »Kaiser-Franz-Josefs-Höhe« genannt, ein Abzweig linker Hand, den wir uns unbedingt gönnen sollten. Hier stehen wir direkt vor Österreichs höchstem Berg, dem Großglockner (3798 m), mit Blick auf den längsten Gletscher der Ostalpen, die Pasterze. Murmeltiere tummeln sich in unmittelbarer Nähe, und im Besucherzentrum wird die Geschichte rund um den Großglockner wieder lebendig.

Historisches Gelände: die Piste zur Edelweißspitze am Großglockner

Die erwähnte Edelweißspitze zweigt dann einige Kehren später rechter Hand ab, historisches Kopfsteinpflaster führt uns hinauf auf 2571 m, den höchsten Punkt der Großglockner Hochalpenstraße – natürlich mit einem »Bikers Point« und atemberaubendem Blick auf die Hohen Tauern.

Vergleichsweise gemütlich geht es anschließend hinab nach Zell am See, einem bereits im Mittelalter wichtigen Handelsstädtchen. Heutzutage lädt die historische Altstadt zum Flanieren und Pausieren ein, bevor wir uns auf dem Heimweg noch die Felbertauernstraße gönnen. Auf der 36 km langen Panoramastrecke geht es selbst an Hochsommertagen beschaulich zu. Achtung Biker: Das Kombiticket der Großglockner Hochalpenstraße beinhaltet auch den Felbertauern.

24 Da gibt's noch viel mehr!

Tourenlänge: 220 km; reine Fahrzeit: 4–5 h

Wahrlich, Osttirol hat noch viel mehr zu bieten als »nur« das Bikerhighlight rund um den Großglockner. Auf dieser Tour widmen wir uns den Tälern Osttirols, den Kurvenparadiesen des Virgen- und Defereggentales. Und über die Kalser Großglocknerstraße erklimmen wir den höchsten Berg Österreichs ein Stück weit an seiner nicht minder spektakulären Südflanke.

Richtung Felbertauern verlassen wir Lienz und folgen der B108 bis zum ausgeschilderten Abzweig rechter Hand hinauf nach Kals. Prachtvolle Lärchenwälder säumen den Weg über eine gut ausgebaute Straße bergan. Erst nach gut zehn Kilometern öffnet sich der Wald und eine Handvoll wunderschöner Bergbauernhöfe drapiert sich malerisch in einem weiten Hochtal zu Füßen der Südflanke des Großglockner-Massivs. In Kals führt uns die mautpflichtige Kalser Glocknerstraße von Südwesten an Österreichs höchsten Berg heran. Am Ende der Straße wartet das legendäre Lucknerhaus mit Einkehrmöglichkeit und einem grandiosen Großglocknerblick auf uns. Da fällt der Abschied retour ins Iseltal gar nicht so leicht.

In perfekten Rechts-Links-Kombinationen schlängelt sich die Virgentalstraße ab Matrei linker Hand hinauf über sehenswerte Bergdörfer, wie Virgen und Prägraten, vorbei an mächtigen Gehöften auf einsamen Almen sowie den überwältigenden Charme einstmals grenzenloser Abgeschiedenheit. In Hinterbichl am Ende des Hochtales heißt es dann absteigen, sich ins Gras setzen und ein wenig die Seele baumeln lassen.

Auch die Strecke durch das herrliche, landschaftlich höchst imposante Defereggental ist ein Hochgenuss. Die Ortschaften rechts und links des Lenkers sind touristisch gut erschlossen, haben sich aber ihren ganz eigenen Charme bewahren können. Sehr hübsch und immer einen ausgiebigen Boxenstopp wert sind Hopfgarten, Sankt Veit und auch Sankt Jakob mit ihren historischen Zentren und zahlreichen Einkehrmöglichkeiten. Fahren Sie das Tal aber unbedingt bis zu dessen Höhenpunkt am Staller Sattel. Er verbindet Osttirol mit dem Pustertal, seine Scheitelhöhe liegt auf einem weiten Hochplateau auf gut 2050 m und bildet gleichzeitig die Grenze zwischen Österreich und Italien. Eine landschaftliche Perle dieses Plateaus ist der geheimnisvolle, weil bis heute wohl nicht vollständig ergründete Obersee, in dem vor einigen Jahren sogar der höchst gelegene Schiffsfund Europas gemacht wurde, der geheimnisvolle Einbaum aus dem Obersee. Gut acht Meter tief liegt er unter der Wasseroberfläche, drei Meter lang und mannsbreit, fragt sich die Wissenschaft bis heute, wie er hinauf auf über 2000 Höhenmeter kam.

Ihre Erbauer waren garantiert Biker: Straße im Defereggental

Region Osttirol

25 Genuss im Uhrzeigersinn
Tourenlänge: 200 km; reine Fahrzeit: 4 h

Die Fahrt durch das idyllische Hochpustertal, wahlweise durch historische Ortschaften am Talgrund oder aber über die ausgeschilderte Pustertaler Höhenstraße, füllt den ersten Teil dieser Rundtour mit äußerst sehenswerten Highlights aus Natur und Kultur. Der malerische Antholzer See eröffnet dann den Kurventanz hinauf zum Staller Sattel, und vom Obersee geht es diesmal in umgekehrter Richtung durch das prächtige Defereggental hinunter in das mächtige Iseltal.

Nach Westen schwingen wir aus Lienz hinaus und landen sogleich am Aufstieg zur Pustertaler Höhenstraße, einer der schönsten Panoramastraßen Osttirols bis auf eine Höhe von 1800 m. Auf einer natürlichen Sonnenterrasse gelegen, bietet sich dem Biker eine wahre Traumlandschaft abseits aller Hektik, verziert mit prächtigen Almen und Bergbauernhöfen, winzigen Dörfern und ungezählten Kurven. Und die Ausblicke auf das Hochpustertal zu unseren Füßen sind ein Gedicht.

Ein weiterer Abzweig hinauf in die Bergwelt bietet sich uns nahe Sillian an – das Villgratental. Die Bergregion Villgratental trägt das Tiroler »Bergwege-Gütesiegel« bereits zum fünften Mal als Auszeichnung für die besondere Naturschönheit einer Region und seiner Bergrouten. Außervillgraten als erstgelegener Ort des Hochtales war jahrhundertelang Ausgangspunkt für viele alpine Exkursionen, Innervillgraten zählt mit seinem bäuerlichen Charakter zu den urigsten und schönsten Bergdörfern Osttirols.

Der Antholzer See oder Lago di Anteselva ist ein malerisch gelegener Bergsee am Ende des Antholzer Tals am Fuße des Staller Sattels. Im Winter ein berühmtes Biathlon-Gebiet, begeistert der See von Frühling bis Herbst vor allem durch seine herrlichen Pausenplätze direkt am Ufer. Und ganz Wagemutige können in dem frischen Bergsee sogar baden gehen, bevor wir uns – diesmal von Süden kommend – dem Kurvenvergnügen des Staller Sattels widmen. Von Mitte Mai bis Ende Oktober in der Zeit von 5:30 bis 22:15 Uhr führt der Pass aus dem Antholzer Tal retour nach Osttirol und pendelt im Defereggental malerisch aus. Auf italienischer Seite besteht aufgrund der schmalen Piste eine Einbahnregelung sowie ein Verkehrsverbot für Wohnwagen und Busse. Die Fahrt vom Antholzer See hinauf in Richtung Österreich ist immer von der 30. bis zur 45. Minute jeder Stunde möglich, in umgekehrter Richtung jeweils von der 0. bis zur 15. Minute. Die Strecke ist ampelgeregelt, die Wartezeiten können wir uns mit intensivem Rundumschauen oder Benzingesprächen vertreiben, denn an Bikerkollegen mangelt es zumindest während der Sommermonate selten.

Zwischen zwei Seen: Die Rampe zum Staller Sattel bietet Sightseeing pur.

Lienz

26 Zu Kärntens Kurven
Tourenlänge: 145 km; reine Fahrzeit: 3–4 h

Fernab von allem Verkehr: Osttirols Pisten gehören dem tourenden Genießer.

Osttirol und Kärnten – auf dieser Rundtour verschmelzen beide Motorradparadiese zu einer Melange aus Kurvenhatz und Schräglagen-Genuss, aus Natur, Kultur und Sightseeing. Wir umrunden das gewaltige und bei Bergsteigern geliebte und gefürchtete Felsmassiv der Kreuzeck-Gruppe und schwenken durch das obere Drautal. Sehenswerte Dörfer und Ortschaften wollen uns dabei immer wieder vom »rechten Weg« abbringen – lassen wir es zu und gönnen uns den einen oder anderen intensiven Einkehrschwung.

Den Iselsbergpass kennen wir ja schon aus Tour 23 – ein herzliches »Servus« reicht an diesem Morgen, denn neue und nicht minder genüssliche Kurvenschwünge liegen noch vor uns. Über Winklern mit seinem mächtigen Mautturm aus dem 15. Jahrhundert huschen wir in das idyllische Mölltal, das seit dem Bau der Tauernautobahn nahezu komplett verkehrsbefreit und gelungen »renaturiert« wurde. Heutzutage präsentiert sich uns eine malerische Kulturlandschaft mit sehenswerten Bergdörfern und Ortschaften, in denen die Zeit oftmals stillzustehen scheint.

Am Fuß des gewaltigen Tauern-Hauptkammes begrüßt uns wenig später das traditionelle Bergbaudorf Obervellach und erinnert an die Zeiten, als die Gold- und Silberfunde in den Hohen Tauern noch reichlich ausfielen und den Wohlstand der gesamten Region förderten – mit eigenen Silbermünzen, einem angesehenen Münzmeister und mächtigem Einfluss im Herzen Europas. Vom Millstätter See, der uns bereits am Horizont begrüßt und mit seiner sonnenverwöhnten Silhouette in seinen Bann locken möchte, erzähle ich Ihnen ab Tour 37 noch viel mehr, für heute bleiben wir »on track« und folgen der Tour respektive unserem Navi über Sachsenburg und Steinfeld in das sehenswerte Drautal. Die bei Dobbiaco an der Grenze zu Südtirol entspringende Drau hat dereinst nicht nur das gewaltige Pustertal geprägt, an ihren Ufern entlang führen vor allem im oberen Drautal herrlich kurvenreiche Landstraßen über verträumte Dörfer und durch idyllische Landschaften. Da wird Motorradfahren zu einem Genuss für alle Sinne. Und im Süden locken die Lienzer Dolomiten und Gailtaler Alpen, ein ebenso prächtiges Kurvenparadies, dem wir uns ab der kommenden Tour noch ausführlich widmen werden.

Für den Rest unseres Tages genießen wir einfach die ausgiebige Kurvenhatz retour nach Osttirol, retour zu unserem Ausgangspunkt in Lienz. Und dort erwartet uns leckere Osttiroler Küche zur Stärkung.

27 Einmal ist kein Mal

Tourenlänge: 200 km; reine Fahrzeit: 4 h

Noch drei ausgiebige Tagestouren starten und enden in der erlebenswerten Osttiroler Hauptstadt Lienz, bevor wir unseren Tourenstandort dann einige Kilometer nach Südosten verlegen. Diese Runde ist eine perfekte Ergänzung von Tour Nr. 26, ja ihr erster Abschnitt gleicht im Grunde der vorhergehenden Fahrt über den Iselsbergpass, durch das Mölltal bis nach Obervellach sowie die anschließende Fahrt durch das obere Drautal.

In Greifenburg, dem zentralen Ort des oberen Drautales, heißt es diesmal allerdings bitte den Blinker links setzen Richtung Weissensee. Greifenberg selbst liegt in einem breiten Talbecken zwischen den mächtigen Schieferbergen der Kreuzeck-Gruppe und den schroffen Kalkwänden der Gailtaler Alpen auf 640 m Seehöhe. Mit seiner Bilderbuch-Landschaft ist Greifenburg zu einem der bekanntesten Gleitschirm- und Drachenfliegerzentren Österreichs avanciert. Die ansässigen Flugschulen bieten viele atemberaubend andersartige Möglichkeiten, die Schönheiten der Landschaft und der Gailtaler Alpen einmal aus der Vogelperspektive zu erkunden. Und so ein Tandemflug bleibt für immer in Erinnerung. Garantiert!

Aber zurück auf den Boden: Nach einem Blick auf den hübschen Weissensee, dem »Spielplatz der Natur«, der kürzlich erst mit dem Europäischen Preis für Umwelt und Touristik ausgezeichnet wurde, folgen wir den Wegweisern nach Hermagor am Pressegger See.

Bereits die Kelten und Römer siedelten in dieser von der Natur so reich gesegneten Region rund um Hermagor. Umgeben von einem weitläufigen Bergpanorama begeistert der beliebte Badesee nicht nur durch seine tadellose Trinkwasserqualität, er erwärmt sich im Hochsommer sogar bis auf angenehme 28°C Wohlfühl-Temperatur. Liebevoll als die »Badewanne des Gailtals« bezeichnet, soll das Wasser sogar eine heilende Wirkung besitzen, ja der See gilt bei Einheimischen als wahrer Jungbrunnen der Natur. Vielleicht testen Sie seine Wirkung mit einem Sprung ins erfrischende Nass, bevor wir genüsslich durch das Gailtal heimwärts schwingen. Und wenn Sie mögen, schauen Sie sich in Kötschach-Mauthen doch gleich noch nach einem schönen Tourenstandort um. Den werden Sie ab Tour 30 benötigen – nun ja, zumindest falls Ihnen meine Hotelempfehlung nicht zusagen sollte oder ausgebucht wäre.

Echt heilsam: Rund um den Pressegger See ist urlauben höchst gesund.

Lienz

28 Die Lienzer Dolomiten
Tourenlänge: 210 km; reine Fahrzeit: 4 h

Dass wir auch auf dieser Runde wieder ausgiebig bei Osttirols Nachbarn Kärnten herumräubern, liegt daran, dass das Kärntner Kernland – ab Tour 33 – derart reich an Möglichkeiten ist. Daher musste ich aus Platzgründen den westlichsten Zipfel Kärntens in die Region Osttirol »packen«. Die Kärntner Leser meines Buches werden mir hoffentlich verzeihen, ich werde Ihr Kurvenparadies auch im »korrekten« Kapitel dieses Buches mehr als ausführlich präsentieren.

Westwärts verlassen wir das gastliche Städtchen Lienz und schwingen zum perfekten Warm-up erst einmal durch das idyllische Pustertal Richtung Abfaltersbach. Falls Sie sich auf Tour 25 bereits die Pustertaler Höhenstraße am Nordhang des Tales gegönnt haben, empfehle ich diesmal die im Tal entlang der Drau verlaufende Bundesstraße. Schnell voranzukommen ist dort ebenso möglich, wie auch der Blick in die oftmals heimeligen Ortschaften am Talgrund. In Tassenbach heißt es dann, den Blinker links zu setzen. Das obere Lesachtal mit dem Kartitscher Sattel steht ganz oben auf unserem Roadbook. Jenes Lesachtal zählt zu den landschaftlich reizvollsten Tälern im gesamten Ostalpenraum, besonders im Frühling und Herbst beeindrucken die Ausblicke auf die schneebedeckten Häupter der Karnischen Alpen. Nicht zu vergessen die denkmalgeschützten Dörfer wie Obertilliach. In puncto Kartitscher Sattel müssen wir allerdings aufpassen, den eher unscheinbaren »Pass« (knapp 1530 m) nicht zu übersehen.

Nahtlos geht das Lesachtal dann in jenes Gailtal über, dessen östlichen Abschnitt wir auf der vorhergehenden Runde bereits besichtigt hatten. Heute wenden wir uns in Kötschach-Mauthen nach Norden, queren den Gailbergsattel auf knapp 1000 m und genießen den Blick auf die nahe liegenden Lienzer Dolomiten, denen wir auf den folgenden Touren noch öfters begegnen werden.

Bei Oberdrauburg mündet unser Weg in das Drautal, dem wir nun in umgekehrter Richtung hinauf nach Lurnfeld und weiter nach Obervellach folgen. Unseren Ausgangsort Lienz erreichen wir am späten Nachmittag über den Iselsbergpass, den wir diesmal ebenfalls in anderer Richtung als auf den vorhergehenden Touren queren.

Beschaulichkeit ist Trumpf: das Pustertal abseits der Hauptstrecken

29 Dolomiten-Achter

Tourenlänge: 220 km; reine Fahrzeit: 4–5 h

Hört man »Dolomiten«, so denkt man zunächst an Norditalien. Doch auch Österreich respektive Osttirol hat seine Dolomiten. Und so eine Tagesreise durch ebenjene Lienzer Dolomiten sowie Gailtaler Alpen bietet uns Motorradfahrern echten Genuss für alle Sinne. Ungezählte Kurven, ja sogar Spitzkehren, gemütliches Touren über kleinste Landstraßen abseits aller Hektik und durch sehenswerte Dörfer – all das würzt diesen fahrbaren »Lienzer Achter« ungemein. Nehmen Sie sich Zeit für diese Runde und schauen Sie sich ausgiebig um.

Drei Pässe und eine Panorama-Höhenstraße stehen heute auf unserem Roadbook, und mögen sie auch nicht ganz so spektakulär sein wie die Südtiroler Dolomiten, so sind sie dennoch ein echter fahrerischer Leckerbissen. Über Lavant und das obere Drautal wedeln wir aus Lienz hinaus nach Lengberg mit seiner imposanten Burg aus dem 12. Jahrhundert, errichtet von den Grafen von Lechsgemünd aus Bayern, den damaligen Herren über den Pinzgau sowie die Gerichte Matrei und Lengberg. In Oberdrauburg setzen wir den Blinker rechts und »schnappen« uns den Gailbergsattel. Kurz, dafür aber knackig kurvig präsentiert sich der gut 1000 m hohe Pass als recht verkehrsarme Verbindung zwischen dem Drautal und dem Plöckenpass, den wir uns auf Tour 30 gönnen werden. Satte 14 Spitzkehren sind auf der gut 14 km langen Verbindungsstrecke zwischen Oberdrauburg und Kötschach-Mauthen zu überwinden, das Ganze bei teilweise ordentlicher Steigung und höchst sehenswerten Landschaften.

In Kötschach-Mauthen wenden wir das Bike gen Osten und huschen auf Nebenstrecken Richtung Hermagor. Mein GPS-Download ist Ihnen hierbei gerne behilflich, meine Lieblingspisten leicht zu finden. Bedienen Sie sich gerne: gps.bruckmann.de. Und falls die Sonne richtig lacht, gönnen Sie sich doch einen Badestopp am herrlichen Pressegger See bei Hermagor. Sie erinnern sich: Beste Trinkwasserqualität, angenehme Wassertemperaturen und sogar eine verjüngende Wirkung des Wassers erwarten uns. Bei Greifenburg tauchen wir wieder ab in das Drautal, gönnen uns – eben typisch für einen gefahrenen »Achter« – bei Oberdrauburg ein zweites Mal den Gailbergpass und wedeln anschließend durch das herrliche Lesachtal hinauf zum Kartitscher Sattel, dessen Westrampe uns dann retour in das sehenswerte Pustertal führt. Und dort haben Sie die freie Wahl retour nach Lienz: Höchst kurvenreich über die Pustertaler Höhenstraße oder gemütlicher und deutlich flotter über die B100 am Talgrund. Ganz wie Sie mögen.

Geradeaus kann jeder: Diese Runde rassiert die Seitenflanken unserer Reifen.

Kötschach-Mauthen

Wandern, Klettern, Canyoning & Rafting, Mountainbiken, Golfen und Fliegenfischen – die Möglichkeiten, seine Urlaubstage rund um Kötschach-Mauthen außer mit Motorradfahren zusätzlich randvoll mit Programm zu füllen, sind selten vielfältiger, als hier im Grenzland zwischen Osttirol und Kärnten im Herzen der Gailtaler Alpen.

Die Gemeinde liegt 34 km westlich von Hermagor am Übergang des Gailtales ins Lesachtal und ist ein wichtiger zentraler Ausgangspunkt der Verbindungen nach Norden über den Gailbergsattel, nach Süden über den Plöckenpass, nach Westen ins Lesachtal über Maria Luggau bis Sillian und nach Osten über Hermagor bis hinunter nach Arnoldstein. *Gold, Silber, Blei und Erze bildeten im Mittelalter die Basis für den Wohlstand der Menschen in und um Mauthen, was natürlich immer wieder Überfälle und Brandschatzungen zur Folge hatte. Doch die Mauthener ließen sich nicht unterkriegen, ja viele Reisende berichteten begeistert vom »wunderschönen Ort Mauthen«, in dem sie Station gemacht hatten. 1958 erfolgten der Zusammenschluss von Kötschach und Mauthen sowie weitere Eingemeindungen zu einer heute quicklebendigen Stadt, in der es sich gut leben und gastieren lässt. Und das liegt nicht nur an den alljährlichen »Genussfestspielen«, die zwischen März und Oktober all unsere Sinne betören wollen.*

HOTELEMPFEHLUNG
Gasthof Edelweiß
9640 Kötschach-Mauthen
Tel.: +43 4715 284
www.gasthof-edelweiss.at

Region Osttirol

30 Die Karnischen Alpen intensiv
Tourenlänge: 210 km; reine Fahrzeit: 4–5 h

Ein langer Tourentag in den Karnischen Alpen steht für heute auf unserem Programm. Wir queren die Gailtaler Alpen, erobern das Kurvenparadies rund um den legendären Plöckenpass, pendeln zu einer Stippvisite tief in das Südtiroler Herz der Karnischen Alpen, gönnen uns dort die eher unbekannten Pässefreuden der östlichen Dolomiten und schwingen dann ganz gemütlich im Hochpustertal aus. Das alles summiert sich zu einer sehr abwechslungsreichen Fahrt.

Frisch und ausgeruht starten wir in den Tag – und genau das sollten wir auch sein. Denn es geht sogleich ab in die Schräglage. Und was für eine! Der Plöckenpass liegt nämlich vor unserem Windshield. Er und der Nassfeld-Pass – den gönnen wir uns ein wenig später noch! – sind die beiden einzigen Straßen über die Karnischen Alpen, der Plöcken führt von Kötschach-Mauthen im Kärntner Gailtal ins italienische Timau. Allein 19 waschechte Spitzkehren beschert uns dieser Pass, das Ganze auf gut ausgebauter Piste. Der Kurventanz beginnt nach dem Scheitelpunkt in knapp 1400 Metern Höhe auf italienischer Seite. Für einen deutlichen Adrenalinschub sorgen sodann einige spärlich oder gar nicht beleuchtete Tunnel – Hupen ausdrücklich erlaubt!

1809 zogen französische Truppen in den sogenannten Napoleonischen Kriegen über den Plöcken, 1866 besetzte Giuseppe Garibaldi den strategisch wichtigen Pass, im Mai 1915 wurde der Karnische Kamm Frontgebiet und der Plöckenpass zum Schwerpunkt der Kämpfe zwischen Österreich und Italien. Zahlreiche Relikte aus jenen Tagen ruhen in den Wäldern am Pass, das Freilichtmuseum Plöckenpass erzählt davon spannende Geschichten.

Ob der anschließende Sappadapass oder Cima Sappada nun ein echter Pass oder »nur« eine normale Alpenquerung ist, darüber mag man sich herzhaft streiten. Für mich ist die zwischen Comeglians und St. Stefano di Cadore verlaufende oftmals kaum mehr als lenkerbreite »Single-Track-Road« ein echtes fahrerisches und landschaftliches Highlight in dieser schönen, aber auch sehr abgelegenen Region. Auch hier sei lautes Warnhupen in den unbeleuchteten Felsentunneln ausdrücklich empfohlen. In San Candido auf italienischer Seite der Karnischen Alpen können wir unseren Blutdruck dann wieder auf normal reduzieren und noch einmal ganz genüsslich durch das Puster- und Drautal retour zum Ausgangspunkt in Kötschach-Mauthen schwingen. Ganz entspannt können wir den Abend beginnen.

Berühmt und berüchtigt: Der Plöckenpass war heiß umkämpft in vielen Kriegen.

Kötschach-Mauthen

31 Abschied nehmen intensiv

Tourenlänge: 170 km; reine Fahrzeit: 4 h

Diese Rundreise ist eine Variante der Tour 29, diesmal ausgehend vom sehenswerten Städtchen Kötschach-Mauthen am Nordrand der Lienzer Dolomiten. Sollten Sie Tour 29 bereits von Lienz aus intensiv erfahren haben, ist diese »Wiederholung« ein erneuter spielerischer Genuss, den wir mit viel Sightseeing abseits des Mopedsattels würzen können.

Beginnen wir in Kötschach-Mauthen, einer aufstrebenden Tourismusgemeinde im Grenzland zwischen Osttirol und Kärnten. Wandern, Klettern, Canyoning & Rafting, Mountainbiken, Golfen und Fliegenfischen – die Möglichkeiten, seine Urlaubstage rund um Kötschach-Mauthen randvoll mit Programm zu füllen, sind wohl selten vielfältiger als hier im Herzen der Gailtaler Alpen. Und kulinarisch gibt es mit den alljährlichen »Genussfestspielen« noch einen weiteren Grund für einen intensiven Besuch. Richtung Westen verlassen wir Stadt und geraten mitten in die Kombination aus Gail- und Lesachtal. Intakte Natur, weite Almen und schroffe Felsen prägen das Bild, dazwischen sortieren sich in loser Folge Weiler, Dörfer und sehenswerte Ortschaften frei von Hektik und Überholspuren. Lassen wir es genauso gemütlich angehen, wie es uns die Menschen hier vormachen. Selbst unsere Mopeduhr tickt umgehend eine deutliche Spur langsamer.

In Sillian im Pustertal bringt uns dann typisch italienische Quirligkeit wieder auf gewohnte Betriebstemperatur. Obwohl wir uns noch auf Osttiroler Terrain befinden, hat das nahe Italien auch das Pustertal geprägt. Genießen wir ein letztes Mal die Pustertaler Höhenstraße über Anras, Sankt Justina, Assling und Bannberg – man gönnt sich ja sonst kaum etwas. Dann heißt es auch von Lienz endgültig Abschied zu nehmen – vielleicht lassen auch Sie einen kleinen Seitenkoffer hier zurück. Ich zumindest kehre auch nach vier Besuchen immer wieder gerne nach Lienz zurück.

Auch dem Drautal und seinem Zentrum Oberdrauburg sagen wir »Good bye«, lassen uns von den zwölf Spitzkehren des Gailbergsattels den Abschiedsschmerz vertreiben, und falls der Tag noch eine oder zwei weitere Sonnenstunden spendiert, empfehle ich, über Gurina, Kirchbach, Schönboden sowie Weidenburg nochmals eine satte Portion Gailtaler Sightseeing in Ihre Tourenplanung einzubauen.

Alles noch intakt: Natur pur begleitet uns auf dieser erlebenswerten Rundfahrt.

32 Das Adieu am Plöckenpass
Tourenlänge: 210 km; reine Fahrzeit: 4–5 h

Mit dieser Runde endet unsere Reise durch Osttirol und das Grenzland zu Kärnten und Norditalien, durch die Lienzer Dolomiten und den Karnischen Hauptkamm. Nur auf die Hohen Tauern kommen wir im letzten Kapitel dieses Buches nochmals zu sprechen. Aber bis dahin liegt ja noch ein ganzes Stück Österreich, ein ganzes Stück Motorradgenuss vor unserem Vorderreifen. Eines ist allerdings jetzt schon gewiss: Im Bikerparadies Osttirol, dem »Nepal Österreichs«, haben wir jetzt jede lohnende und befahrbare Piste, Straße und Gasse erkundet – lassen Sie uns deshalb auf dieser letzten nochmals tagesfüllenden Rundreise Abschied nehmen. Zumindest für kurze Zeit, denn ich bin mir fast sicher: auch Sie werden bald wiederkommen!

Der Plöckenpass ist auf dieser letzten Osttiroler Tour das fahrerische Highlight und gleichzeitig auch die größte Herausforderung. Deshalb lassen Sie uns zu Beginn nochmals ordentlich warm fahren: Ein letztes Mal schwingen wir durch das prächtige Lesachtal gen Westen, gönnen uns den leicht zu übersehenden Kartitscher Sattel sowie eine abschließende Stippvisite im Pustertal. Die Grenze zu Italien ist in der Regel rasch gequert und sogleich bei San Candido setzen wir den Blinker links, verlassen die breite Bundesstraße und nehmen das Kurvenrevier Richtung Santo Stefano di Cadore zwischen unsere Lenkerenden.

Aber diesmal bitte nicht in Padola links abbiegen, sondern weiter gen Süden bis zum Lago di Santa Caterina schwingen. 16 waschechte Spitzkehren begeistern jeden Biker auf diesem Streckenabschnitt. Ach ja, nicht zu vergessen, auch ein Pass: der Passo San Antonio. Wie, noch nie davon gehört? Dann geht es Ihnen wie mir, was uns aber nicht davon abhalten muss, sein Passschild auf gut 1500 m Höhe zu fotografieren.

In Vigo di Cadore geht es erneut links ab, das Pässe-Duo Sella di Razzo und Forcella di Lavardet – beide auf ca. 1775 m – erwartet uns ebenso, wie einige befahrbare Offroad-Waldwegpisten für Enduristen. In ungezählten Kurven pendeln wir genüsslich nach Comeglians und weiter nach Ravascletto. Ein lohnender Abstecher hier lautet »Panoramica delle Vette«, eine größtenteils geschotterte Panoramastraße bis hinauf auf gut 2000 m.

Tja und in Sutrio beginnt dann unser Abschieds-Aufstieg zum Plöckenpass, nach wenigen Kilometern geht es bereits ab in die Schräglage, herrliche Rechts-Links-Kombinationen bringen unseren Gleichgewichtssinn zum Schunkeln und führen uns schließlich retour nach Kötschach-Mauthen.

Eine kleine Portion Paradies: Weiler in den Karnischen Alpen

Region Kärnten

Biker herzlich willkommen

Auf den letzten Touren hatten wir uns ja immer wieder eine erste Portion Kärnten gegönnt, hatten den Westen als Appetizer genossen. Jetzt heißt es »Kärnten satt«! Auf den folgenden Tagestouren erkunden wir eines der schönsten, abwechslungsreichsten und gastfreundlichsten Motorradparadiese Österreichs. Mein Tipp vorweg: Bauen Sie diese folgenden Touren zu einem Kärnten-Urlaub zusammen, spendieren Sie dem Bundesland Ihren Sommerurlaub, packen Sie unbedingt Badehose, Bikini und Sonnencreme ein, denn hier haben auch Biker die Chance, ihre nahtlose Blässe endlich wieder einmal loszuwerden. Elf fahrfertige Touren führen uns von Fünf Standorten aus durch all diese Pracht.

Arnoldstein

Nur einen Katzensprung entfernt von unserem letzten Tourenstandort liegt das beschauliche Städtchen Arnoldstein ganz im Süden Kärntens nahe der Grenze zu Italien und Slowenien. Und genau diese besondere Lage im Dreiländereck wollen wir uns zunutze machen und von hier aus zu zwei herrlich abwechslungsreichen Tagestouren in diesem Grenzland, diesem Niemandsland, aufbrechen. Aber nicht ohne einen Blick auf die imposante Burgruine Arnoldstein zu werfen, eine eindrucksvolle Ruine auf dem markanten Felsen hoch über dem Ort. Sie hat es vor allem ihrem »Revitalisierungsverein« zu verdanken, aus dem Dornröschenschlaf geweckt und teilweise wiederaufgebaut worden zu sein. Denn immerhin standen hier eine Burg, ein Kloster, ein Verwaltungsgebäude sowie eine gotische Kirche samt Kryptenraum. Eindrucksvolle Mauern und renovierte Tore bewahren die spannende Geschichte der Burg. Und der gastliche Ort zu Füßen der Mauern bewahrt uns abends davor, hungrig und gelangweilt den Tag zu beschließen.

> **HOTELEMPFEHLUNG**
> Gasthof/Pension
> Fertala
> 9601 Arnoldstein
> Tel.: +43 4255 3167
> www.pensionfertala.at

Region Kärnten

33 Die Julischen Alpen intensiv
Tourenlänge: 185 km; reine Fahrzeit: 4 h

Über den Wurzenpass huschen wir zu einer ersten Stippvisite hinunter nach Slowenien, queren die Grenze nach Italien, gönnen uns dort eine satte Portion Kurvenhatz durch das nördliche Friaul, bevor wir über den eindrucksvollen Nassfeldpass retour in unser Thema kurven. Und am sonnenverwöhnten, ja lebensverlängernden Pressegger See bei Hermagor können wir unsere bleichen Gräten am Nachmittag in die Sonne strecken und ihnen eine Portion Grundbräune angedeihen lassen. Auch wenn sie anderntags gleich wieder in der Mopedkluft verschwinden werden.

Sein höchster Punkt liegt zwar »nur« bei 1073 m, doch beide Rampen des eher unbekannten Wurzenpasses südlich unseres Ausgangsortes bieten satte Steigungen, die Nordrampe sogar eine gehörige Portion Kurven. Die Grenzstation zwischen Österreich und Slowenien liegt auf dem Pass, entlang der gesamten Strecke liegen umfangreiche Verteidigungsanlagen, die zu einem Museum umfunktioniert wurden. Das Bunkermuseum am Wurzenpass gewährt einen sehenswerten Einblick in längst vergangene, hoch brisante Tage – und unser Zeitplan erlaubt durchaus einen informativen Boxenstopp.

So auch im slowenischen Städtchen Kranjska Gora, das unweit der Südrampe des Wurzenpasses bei einem Abstecher gen Osten auf uns wartet. Ein vor allem im Winter bedeutender Touristenort, der aber auch im Sommer durch seine prächtige Landschaft und vielfältigen Freizeitmöglichkeiten überzeugen kann. Richtung Fusine im Val Canale erreichen wir anschließend wieder italienische Gefilde, folgen dann den Wegweisern nach Cave del Predil und dem Passo del Predil, dessen Wurzeln immerhin auf das Jahr 1319 zurückgehen. Links und rechts der Strecke liegen einige gut erhaltene Befestigungsanlagen aus längst vergangenen kriegerischen Tagen, die uns eine Portion Grusel spendieren.

Über den Neveasattel geht es anschließend in das Bergstädtchen Chiusaforta. Dort bitte den Blinker rechts setzen hinauf nach Pontebba und dem aussichtsreichen Nassfeldpass. Das Erste, was dem Biker oben am Pass auf gut 1500 Höhenmetern ins Auge sticht, ist der herrlich gelegene Nassfeldsee, ein klarer, schweinskalter Bergsee, in dem sich die umliegenden Berggipfel wunderbar spiegeln. Ein Hort der Ruhe, eine Oase der Stille inmitten hochalpiner Welten und ein optimales Plätzchen, um die soeben erfolgreich abgeschlossene Kurvenhatz noch einmal vor dem geistigen Auge Revue passieren zu lassen. Denn heim nach Arnoldstein ist es eigentlich nur noch ein Katzensprung über das bereits bei den Kelten und Römern beliebte Hermagor und den erwähnten Pressegger See, die »Badewanne des Gailtals«, dessen kalmushaltiges Wasser sogar eine heilende Wirkung besitzt, ja der See gilt bei Einheimischen als wahrer Jungbrunnen. Falls Sie keine Zeit mehr für ein Bad im See haben, keine Sorgen: Motorradeln hält ebenso jung und geistig frisch!

Einstmals Ostblock: Die Südrampe des Wurzenpasses führt uns nach Slowenien.

Eine irgendwie andere Welt: Slowenien ist auch heute noch eine Welt für sich.

Arnoldstein

34 Rund um den Dobratsch
Tourenlänge: 175 km; reine Fahrzeit: 4 h

Aussicht auf Ausblick: die Villacher Alpenstraße als Geheimtipp der Region

Einmal rund um den Dobratsch, einen der bekanntesten Berge Südkärntens, geht es auf dieser Tour. Dabei besuchen wir auch zum ersten Mal Villach, eine der schönsten Städte Kärntens und unser Ausgangsort der kommenden Runden. Zum Tagesausklang geht es auf zwei Alternativen nochmals hoch hinaus – aber davon gleich mehr.

Ein letztes Mal genießen wir zunächst eine satte Portion Kurvenhatz im Gailtal, wenn wir über Hohenthurn und Feistritz nach Sankt Stefan im Gailtal wedeln. Kurz vor dem Ort treiben sogar die ersten Spitzkehren unseren Blutdruck in noch vollkommen gesunde Höhen, bevor wir über Nikelsdorf in das angrenzende Drautal wechseln. Das wichtigste und weitreichendste Tal Kärntens – dessen Osttiroler Oberlauf übrigens Pustertal heißt – präsentiert sich auch heutzutage noch weitgehend natürlich und ist gespickt mit herrlich kurvenreichen Landstraßen, verträumten Dörfern und idyllischen Landschaften. Da wird Motorrad fahren erneut zu einem Genuss für alle Sinne.

Gänzlich andere Genüsse beschert uns bald darauf der Boxenstopp im sehenswerten Villach, zu dessen Flair ich gleich noch ein paar Worte verliere. Das Bikerhighlight Villachs liegt allerdings nicht inmitten der Stadtgrenzen, sondern gen Westen außerhalb des Ortes: die Villacher Alpenstraße. Elf Spitzkehren führen uns hinauf auf den höchsten Punkt dieser mehr als prächtigen und aussichtsreichen Panoramastraße. Deren höchster Punkt liegt bei gut 1730 m. Bis heute gehört die Panoramastraße zu den Geheimtipps der Kärntner Biker. Die gut ausgebaute Strecke führt auf den Villacher Hausberg, den Dobratsch. Entlang der Strecke bieten sich immer wieder fantastische Ausblicke auf die Stadt Villach, die Julischen Alpen und die markante Südseite des Dobratsch. Mehrere große Themen-Rastplätze laden zum Pausieren inmitten einer mehr als prächtigen Bergwelt ein.

Zwei Alternativen stehen hier und jetzt als Ausklang dieses Tourentages an: Bleiben Sie oben auf dem Dobratsch und genießen Sie einen wohl einmaligen Blick auf Kärnten – vielleicht sogar inklusive Sundowner. Haben Sie allerdings Lust auf eine weitere ordentliche Portion Schräglagen, dann schwingen Sie gen Süden aus Villach hinaus, queren den Wurzenpass zu einer weiteren Stippvisite in Slowenien und huschen dann via Tarviso retour nach Kärnten, nach Arnoldstein. Mein Favorit ist allerdings der Sundowner oben auf dem Dobratsch – dies umso mehr, als ich die Panoramastraße auf keiner der weiteren Touren »offiziell« im Programm habe.

Villach

Bereits in der Jungsteinzeit war die zweitgrößte Stadt Kärntens ein äußerst beliebter Siedlungsplatz. Nicht nur der Blick vom Dobratsch hinunter auf Villach, auch ein Gang durch die historischen Gassen zeigt, warum das bis heute so ist. Die strategisch bedeutende Stadt an der Drau im Dreiländereck Italien – Slowenien – Österreich besitzt nicht nur ein überaus sehenswertes Flair und Lebendigkeit, ihre Lage unmittelbar in der Nähe der schönsten Kärntner Seen – Ossiacher See und Wörthersee sind im Grunde nur einen Steinwurf entfernt – prägt ihren ganz besonderen Reiz zu jeder Jahreszeit. Mein Tipp: Im gastlichen Villach werden kostenlose Stadtführungen zu den historischen Plätzen angeboten – immer freitags beginnend bei der Tourismus-Info in der Bahnhofstraße. Und diese Führungen präsentieren uns nicht nur eine spannende Stadtgeschichte, sie geben uns auch wertvolle Tipps für die abendlichen Boxenstopps. Nicht unwichtig, wie ich finde …

HOTELEMPFEHLUNG
Romantik Hotel Post
9500 Villach
Tel.: +43 4242 26101
www.hotel-villach.at

Villach

35 Zu Seen und Bergen
Tourenlänge: 200 km; reine Fahrzeit: 4–5 h

Mächtig einsam: Der Loiblpass gehört uns Bikern fast allein.

Am herrlichen Südufer des Wörthersees entlang geht es zu einer ersten Stippvisite nach Klagenfurt und weiter über das malerische Drau- und Loibltal hinauf zum Loiblpass mit seinem eher gemütlichen Kurvengenuss. Dann pendeln wir zu einem Abstecher hinunter nach Slowenien mitten hinein in das Herz der Karawanken, weiter über das historische Städtchen Kranjska Gora hinauf zum Wurzenpass und sodann gemütlich ins Zentrum von Villach zurück.

Immer entlang der Drau wedeln wir frühmorgens nach Velden am Wörthersee, dem mit gut 160 qkm Fläche größten und wohl bekanntesten See Kärntens, der zugleich aufgrund seiner klimatischen Lage einer der wärmsten Seen des gesamten Alpenraumes ist. Wassertemperaturen bis deutlich über 25° C sind keine Seltenheit, ja im Uferbereich sogar die Regel. Vor allem seine Süduferstraße ist darüber hinaus aber auch bei Motorradfahrern sehr beliebt, nach unserem Kurvenschwung über Maria Wörth werden wir wissen, warum.

Auf Klagenfurth, die Landeshauptstadt Kärntens, gehen wir ab Tour 41 noch genauer ein, da wird es unser Tourenstandort sein. Heute streifen wir nur den Westrand und huschen über Keutschach am gleichnamigen See wieder retour in das Drautal sowie kurvenreich hinauf zum Loiblpass. Das Schönste an diesem gut 1370 m hohen Pass ist neben seinen neun Kehren inmitten idyllischer Landschaft vor allem auch die Tatsache, dass Motorradfahrer ihn nahezu für sich allein haben. Ein Lkw-Verbot sowie ein in der Nähe verlaufender Tunnel haben das Verkehrsaufkommen dieses einstmals wichtigsten Karawanken-Überganges drastisch reduziert. Und das ist auch gut so, wir sollten es ausgiebig genießen.

Über Trzic und Jesenice, zwei beschauliche slowenische Kleinstädte, erreichen wir Kranjska Gora, das wohl bekannteste Touristenzentrum der Karawanken inmitten einer prächtigen Alpenwelt. Über den bereits auf Tour 34 eroberten Wurzenpass geht es sodann retour nach Kärnten, zurück zu unserem Ausgangspunkt. Und ist nun der Nachmittag noch frisch, empfehle ich nochmals einen Abstecher hinauf auf die bereits erwähnte Villacher Alpenstraße zu einem Sundowner der Extraklasse.

Ausblick mit Erläuterung: der Karawanken-Blick nahe dem Wörthersee

Region Kärnten

36 Pflichttermin nicht nur für HOGs

Tourenlänge: 145 km; reine Fahrzeit: 4 h

Nicht nur zur berühmten »European Bike Week« gehört diese Tour zur Standardrunde, ja zum pflichtgemäßen Ritual Zigtausender Biker, die dann das umliegende Land erobern. Vom Faaker See aus schwingen wir weiter zum Wörthersee, einer der touristischen Perlen Kärntens, den wir diesmal nahezu komplett umrunden. Wir genießen dabei die herrliche Uferstraße, bevor wir uns als Kontrastprogramm hinauf in die Berge entlang des Nordufers des Sees begeben. Denn von dort aus sind die Ausblicke auf all diese Kärntner Pracht besonders atemberaubend, sodass der Tourentag trotz seiner überschaubaren Länge eigentlich niemals enden sollte.

Außerhalb der berühmten »European Bike Week« (Anfang September) ist der Faaker See ein beschaulicher, im Privatbesitz befindlicher See südöstlich von Villach mit glasklarem Wasser. Mit gut zwei Quadratkilometern Fläche und einer maximalen Tiefe von 30 Metern ist er der fünftgrößte See Kärntens. Weit über die Grenzen Österreichs hinaus bekannt geworden ist der Faaker See allerdings durch die alljährlich im September stattfindende »European Bike Week«, dem Motorrad-Höhepunkt des Kärntner Eventkalenders. Sechs Tage dauern die Feierlichkeiten, über 100 000 Motorrad-begeisterte Menschen auf mehr als 75 000 Maschinen folgen alljährlich dem Ruf der Veranstalter, wenn rund um den Faaker See Partytime ist.

Auch im etwas mondänen Velden am Wörthersee brabbeln dann die Harleys umeinander und scheuchen die hier kurenden echten VIPs und Möchtegern-Promis ordentlich durcheinander. Die Marktgemeinde ist einer der bekanntesten Fremdenverkehrsorte in Österreich, ihre Wurzeln reichen zurück bis in das Jahr 1150. 1853 begann die Linienschifffahrt auf dem Wörthersee mit dem Raddampfer »Maria-Wörth« und bald darauf, mit der Eröffnung der ersten Badeanstalt, auch die Geschichte des Kurortes Velden. Sehr sehenswert sind neben der historischen Altstadt vor allem auch die prächtigen Uferpromenaden entlang des Sees.

Vor allem das Südufer des Sees besitzt nahezu durchgängig das grüne Band besonderer landschaftlicher Schönheit. Genießen wir also die Fahrt und die herrlichen Ausblicke auf den See. Bei Krumpendorf am Nordufer verabschieden wir uns dann zu einer ausgiebigen Runde durch die Hügelwelten der Ossiacher Tauern, einem bewaldeten Höhenzug zwischen Ossiacher und Wörthersee. Die »Kleinen Tauern«, wie sie auch genannt werden, begeistern durch eine Vielzahl an höchst kurvenreichen Landstraßen, auf denen der Verkehr wohl niemals überhandnimmt. Es herrscht freie Fahrt für freie Biker, bevor uns das Südufer des Ossiacher Sees kurz vor Villach empfängt. Den Schönheiten des Sees widmen wir uns auf Tour Nr. 38 noch ausführlich. Für heute können wir den Tourentag entweder im sehenswerten Sankt Andrä am westlichen Seeufer oder aber in der Villacher Altstadt ausklingen lassen.

Kultige Idylle: der Faaker See als vielleicht berühmtester Bikertreff des Landes

Auch nicht schlecht: Blick auf den Ossiacher See und die Kärntner Berge

Radenthein

Dafür das beschauliche Städtchen Radenthein im Norden Kärntens als Ausgangsort zweier Tagestouren zu wählen, gibt es zwei gute Gründe: die Lage des Städtchens direkt zu Füßen der Nockberge und die Nähe zum Millstätter See. Bereits im 12. Jahrhundert wird »Villa Ratethim cum capella« erstmals urkundlich erwähnt. Im ausgehenden Mittelalter begann man, die Bodenschätze der Region – Eisenerze, Granatsteine und Magnesit – abzubauen. Der Ort wuchs zu einer der wichtigsten Erzverarbeitungsstätten Kärntens heran. Von überall her kamen die Menschen nach Radenthein auf der Suche nach Arbeit und Brot, das Dröhnen der Eisenhämmer, das Rauschen der Mühlen überzog das Land viele Jahrhunderte lang. Noch heute erinnert man sich in Radenthein und Umgebung gerne an diese Zeiten, wenngleich deren Lebensqualität so ganz und gar nicht unseren heutigen Vorstellungen entsprochen haben dürfte. Mit dem »Türkhaus«, dem »Granatium«, dem Magnesitwerk und zahlreichen historischen Bauernhäusern und anderen Bauwerken hat Radenthein auch abseits des Mopedsattels manche spannende Geschichte zu erzählen. Genug auf jeden Fall für einen abwechslungsreichen Abend nach einem ebensolchen Tourentag.

> **HOTELEMPFEHLUNG**
> Ferienhotel Trattnig
> 9873 Döbriach
> Tel.: +43 4246 7719
> www.hotel-trattnig.com

Region Kärnten

37 Zweimal ganz hoch hinaus

Tourenlänge: 165 km; reine Fahrzeit: 4–5 h

Von den sonnenverwöhnten Ufern des Millstätter Sees geht es vorbei an hoch aufragenden Burgen mit höchst interessanter Geschichte. Weiter in das prächtige Maltatal mit seiner Hochalmstraße, einer auf weiter Strecke atemberaubenden Piste, und hinein in hochalpines Gelände auf einer der schönsten Sackgassen Österreichs. Oben angekommen, geht es auf Wunsch ein wenig offroad weiter, bevor wir uns der Nockalm Panoramastraße widmen, dem ungekrönten Motorradparadies Kärntens. Wir wedeln durch hochalpines Gelände, über Nocken und Almen in ungezählten Kurven und Kehren von Bikertreff zu Bikertreff und abends ganz gemütlich zum Tagesausklang an den Millstätter See.

Dessen Norduferstraße gönnen wir uns gleich am frühen Morgen. Der See zählt zu den sonnenverwöhntesten ganz Österreichs, seine Uferstraße führt durch hübsche Orte wie Seeboden, Millstatt oder auch Dellach. Und mit Spittal an der Drau empfängt uns eine pulsierende Bezirkshauptstadt, deren Wurzeln auf ein »Spittl« zurückgehen, einem hier an der alten Handelsstraße von Venedig nach Augsburg errichteten Armenspital. Von Armut und Elend ist heutzutage keine Spur mehr zu entdecken. Im historischen Zentrum finden sich neben Einkaufsmöglichkeiten zahlreiche Cafés und Restaurants, die mit ihren Sonnenterrassen zum ausgiebigen Boxenstopp einladen.

Dann wenden wir uns nordwärts Richtung Gmünd und folgen dort den Wegweisern zum Maltatal mit seiner atemberaubenden Hochalmstraße. Das »Tal der Wasserfälle« wird das Maltatal gerne auch genannt, denn in keiner anderen Region Kärntens sind mehr Wasserfälle auf so engem Raum zu erleben. Die panoramareiche Hochalmstraße führt zu den schönsten Aussichtspunkten auf diese Urgewalten der Natur: auf Schleier- und Melnikfall, auf die »Hochbrücke« und von ewigen Wassern tief gegrabene Kolke und Tümpfe. Kühn geschwungen geht es anschließend durch sechs historische Natursteintunnels und neun Kehren gut 1200 Höhenmeter hinauf zur mächtigen Kölnbrein-Staumauer, dem Bikertreff der Region, direkt am kreisrunden Turm des hoch aufragenden Berghotels Malta. Und eine freigegebene Kiespiste führt noch weiter in die Gipfelwelten der Hohen Tauern hinein zur idyllischen Kölnbreinhütte mit Almwirtschaft und Jausenkarte. Der zweite Höhepunkt des heutigen Tages ist die Nockalm Panoramastraße, deren Kurven und Kehren uns dann in ungezählten Schräglagen und mit prächtigen Ausblicken auf die Nockberge retour zum Ausgangspunkt führen. So schön, dass wir auf jeden Fall nochmals wiederkommen werden – auf Tour 39!

Das Tal der Wasserfälle: Das Maltatal ist berühmt für seine Natur.

Die Nockberge sind ein Kurvenparadies der Extraklasse.

Radenthein

38 Von Seen und Nock'n
Tourenlänge: 155 km; reine Fahrzeit: 4 h

Geheimtipp der Kärntner Biker: das Almenland rund um den Hochrindl

Über Bad Kleinkirchheim geht es frühmorgens mitten hinein in die Nockberge, über Reichenau schwingen wir hinauf zur Hochrindl-Almenregion. Die sanften Gipfel der umliegenden Kärntner Nockberge bilden das Panorama für gemütliche Einkehrschwünge in den Berggasthöfen am Hochrindl, der von Greenpeace sogar mit dem Klimaschutzpreis ausgezeichnet wurde. Feldkirchen wird unser kommender Tourenstandort sein, also können wir die Stadt heute rasch durchqueren und Richtung Ossiacher See schwingen. Idyllisch eingebettet zwischen den bewaldeten Steilabfällen der Gerlitzen im Norden und den westlichen Ausläufern der Ossiacher Tauern im Süden ist der See selbst zur Sommerzeit kaum jemals überlaufen.

So wie die Gerlitzen-Alpenstraße: In durchaus herausfordernden Kehren schraubt sich die Alpenstraße bis hinauf zu ihrem höchsten Punkt auf 1765 m. 28 km lang ist der Abstecher auf einen der schönsten Aussichtsberge Mittelkärntens. Nach gut fünf Kilometern kommt die Mautstelle mit Kassenautomat, ähnlich einem Parkhaus, die Bezahlung des Tickets erfolgt auf dem Rückweg. Auf dem Scheitelpunkt liegen Berghütten und Gasthöfe in einer weiten Hochalm-Landschaft, die sich sowohl für eine Einkehr wie auch zur Übernachtung in einzigartiger Umgebung empfehlen. Denn nicht nur ein Sundowner auf der Gerlitzenalpe hat etwas, auch der Sonnenaufgang am Morgen ist wunderschön.

Gemütlicher, aber nicht minder kurvenreich geht es zu auf unserer Tour zum Ossiacher See, Kärntens drittgrößtem See. Doch zuvor erkunden wir ausgiebig jene »Nock'n«, die Nockberge und ihre Ausläufer zu vergnüglicher Kurvenhatz auf Wegen fernab jeglicher Hektik. Die Panoramastraße am Hochrindl braucht sich wahrlich nicht zu verstecken, erklimmen wir auf ihr doch eine stille Alpenwelt frei von Überholspuren und roten Ampeln. Und mit der Gerlitzen-Alpenstraße erwartet uns spätnachmittags noch ein fahrerisch recht anspruchsvolles Highlight am gipfelreichen Nordufer des Ossiacher Sees mit mehr als prächtigen Ausblicken auf das Motorradparadies Kärnten. Ideal, um den Tourentag ausklingen zu lassen – hier oben oder drunten am See: ganz wie Sie mögen.

Den Sternen ganz nah: Auf der Gerlitzen Alpe können wir auch übernachten.

Feldkirchen

Die Hauptstadt des gleichnamigen Bezirks zählt rund 14 000 Einwohner und ist vor allem durch zahlreiche Eingemeindungen Kärntens fünftgrößte Stadt. Ihre Wurzeln reichen beinahe 1000 Jahre zurück, das weitläufige Stadtgebiet war allerdings bereits zur Jungsteinzeit beliebter Siedlungsplatz. Kelten und Römer gaben sich die »Klinke« in die Hand, Germanen zogen plündernd durch das Land, und auch das Mittelalter hinterließ nicht nur mannigfaltige Spuren, sondern auch reiche Geschichten. Heutzutage schmücken unzählige Kirchenbauten sowie der Bamberger Amthof, die Burg Dietrichstein und das Schloss Lang die Palette der Sehenswürdigkeiten Feldkirchens. Und ganz nebenbei eine verkehrsberuhigte Altstadt, die dem tourenden Motorradfahrer nach einem langen Tag im Sattel alle Annehmlichkeiten bietet, die er sucht. Da macht nicht nur der Einkehrschwung Spaß, sondern in der Altstadt-Fußgängerzone auch der anschließende Verdauungsspaziergang. In Cafés und beim Italiener gibt es dazu den perfekten Espresso.

HOTELEMPFEHLUNG

Landhotel Nudelbacher
9560 Feldkirchen
Tel.: +43 4276 3275
www.nudelbacher.at

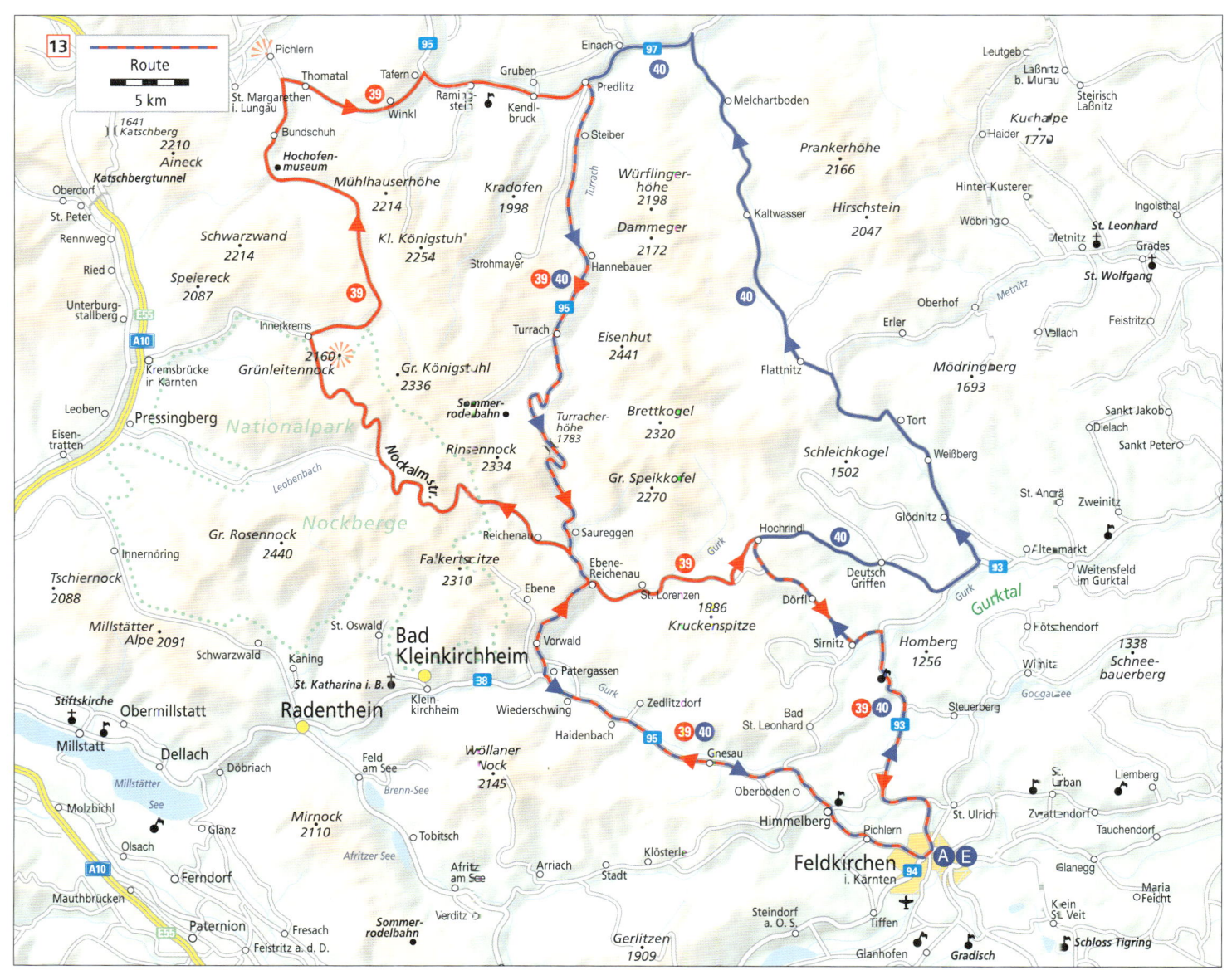

Feldkirchen

39 Ungekröntes Bikerparadies
Tourenlänge: 170 km; reine Fahrzeit: 4–5 h

Für Naturfreunde: Die Reise über die Turracher Höhe ist ein Erlebnis für sich.

Allein die Nockalm-Panoramastraße bietet uns Motorradfahrern im Grunde eine mehr als prächtige »Spielwiese« für einen ganzen langen Tourentag. Doch dem nicht genug: Anschließend düsen wir weiter auf landschaftlich schönen Strecken zu einer Stippvisite hinüber ins angrenzende Lungau im Salzburger Land, dem wir uns ab Tour 89 noch intensiv widmen werden. Genüsslich wedeln wir abschließend über die malerisch gelegene Turracher Höhe retour zum Ausgangspunkt. Dieser fahrerische Hochgenuss zählt zum sommerlichen Pflichtprogramm aller Kärntner Biker – und ihrer Gäste.

Über Himmelberg und Sankt Margarethen-Bergl erreichen wir rasch den Südeinstieg zur Nockalm-Panoramastraße. 1970 begannen die Arbeiten für diese Höhenstraße durch die menschenleere Gegend der Nockberge, zehn Jahre später feierte man ihre Eröffnung. Überall an zentralen Aussichtspunkten entlang der Strecke werden Biker durch reservierte Parkplätze und Info-Terminals zum Pausieren eingeladen, dazwischen führt die Straße in kurvigem Auf und Ab zwischen zahllosen Nock'n hindurch und erreicht mit der »Eisentalhöhe« auf immerhin 2042 m ihren höchsten Punkt, ebenfalls mit urigen Einkehrmöglichkeiten und echter Kärntner Kost. Nehmen Sie sich unbedingt Zeit für diesen fahrerischen Hochgenuss, erst auf Tour Nr. 96 kommen wir noch-mals hierauf zurück.

Via Ramingstein und Predlitz erreichen wir dann die Nordrampe der Passstraße über die Turracher Höhe. Ungezählte Kurven führen uns hinauf zum höchsten Punkt des Passes auf gut 1760 m inmitten eines alpinen Hochplateaus. Geschmückt mit drei unergründlichen Bergseen, umgeben von den größten zusammenhängenden Zirbenwäldergebieten Österreichs sowie umringt von den imposanten Nockbergen ist die Turracher Höhe ein Geheimtipp für Motorradfahrer. Die Straße quert die Gurktaler Alpen, sie ist in weiten Teilen gut ausgebaut und besitzt mit satten Steigungen auch ihre Herausforderungen. Schließlich zählt sie zu den steilsten Straßenpässen Österreichs.

In Reichenau wenden wir uns gen Osten und kurven über die Hochrindl Almenregion heimwärts. Oder lassen Sie den Tourentag hier oben ausklingen – der Sundowner vom Hochrindl bleibt in Erinnerung.

Abstecher inklusive: Bewirtschaftete Almen erwarten uns in den Nockbergen.

Region Kärnten

40 Kreuz und quer über die Berge
Tourenlänge: 145 km; reine Fahrzeit: 4 h

Gleich zweimal queren wir auf dieser kurvenreichen Rundtour die Nockberge, Kärntens vielleicht berühmteste und bereits deutlich alpine Landschaft im Norden. Über die Turracher Höhe mit ihren malerisch gelegenen Bergseen geht es hinunter in den Lungau, sodann aber gleich wieder bergan zur Flattnitzer Höhe. Deren weite Almlandschaften begleiten uns hinab ins Gurktal und zu unserem letzten Höhepunkt dieser Tour – dem kleinen Bergparadies rund um die Hochrindl Almenregion. Und dort gönnen wir uns diesmal beide Aufstiege. Diese Tour pendelt sozusagen von Höhepunkt zu Höhepunkt.

Auf der vorhergehenden Tour werden Sie es bereits bemerkt haben: Fahrerisch anspruchsvoller ist die Südrampe der Turracher Höhe. Deshalb gönnen wir uns heute diese Richtung bergan, pendeln durch fünf echte Spitzkehren sowie ungezählte Kurven hinauf zum höchsten Punkt des Passes. Nach einem Boxenstopp inmitten der herrlich gelegenen Bergseen der Turracher Höhe geht es hinab in den Lungau nach Stadl an der Mur. Und dort bitte sogleich wieder rechts ab und bergan – die Flattnitzer Höhe wartet auf uns. Sie ist mit gut 1450 Höhenmetern vor allem bei Kärntner Bikern sehr beliebt, da ihre von allen drei Zufahrten gut ausgebaute Straße es immer wieder erlaubt, mit ordentlichem Speed den Scheitelpunkt zu erklimmen. Die Passhöhe in Form einer weitläufigen Hochebene dominieren einige Hotels und Gasthöfe, die sich für eine spontane oder gerne auch ausgiebige Einkehr empfehlen.

Retour geht es hinab in das geschichtenreiche Gurktal, der einstigen Heimat der Gräfin Hemma von Gurk, die hier seit Jahrhunderten als »Heilige Hemma« verehrt wird. Sie ist als Landesmutter und Schutzfrau von Kärnten im Gurker Dom beerdigt. Der Legende nach forderte ein Bauarbeiter während des Dombaus von Hemma immer mehr Geld. Daraufhin hielt sie ihm ihren prall gefüllten Geldbeutel hin und forderte ihn auf, sich seinen Lohn selbst zu nehmen. Er griff natürlich mit vollen Händen zu, doch als er anschließend nachzählte, hatte er exakt jene Summe entnommen, die ihm ohnehin zustand.

Die Hochrindl Almenregion haben wir ja auf den vorhergehenden Touren bereits besichtigt, diesmal erklimmen wir sie von Lessnitz aus über das Dorf Deutsch-Griffen – ein echtes Schräglagenrevier. Lassen Sie sich Zeit und genießen Sie die herrlichen Rechts-Links-Kombinationen.

Kärntner Biker lieben sie: die Flattnitzer Höhe mit ihrer erholsamen Landschaft

Klagenfurt

Zwischen den Gipfeln der Karawanken und dem Wörthersee liegt die Landeshauptstadt Kärntens. Deren Anfänge gehen der Sage nach auf einen Lindwurm zurück, der im dortigen Sumpf hauste und sich von Menschen aus den umliegenden Ortschaften ernährte, die sich ihm unvorsichtigerweise näherten. Niemand konnte das Ungeheuer vertreiben, bis Klagenfurter Bürger eine List ersonnen. An der Spitze eines Turmes wurde ein ganzer Ochse als Köder angekettet und im Körper des Ochsen verbarg sich ein großer Haken. Als der Drache nächstens aus seinem Sumpf kam, um den Ochsen zu fressen, schluckte er auch den Haken und verfing sich derart an der Kette, dass er von vielen herbeieilenden Männern der Stadt endlich erschlagen werden konnte. Fortan war Klagenfurt mit seiner prächtigen Lage am Ostufer des Wörthersees ein sicherer und begehrter Ort zum Leben. Und an den berüchtigten Lindwurm erinnern heute noch das Wappen Klagenfurts.

HOTELEMPFEHLUNG
Hotel Liebetegger
9020 Klagenfurt
Tel.: +43 463 56935
www.liebetegger.com

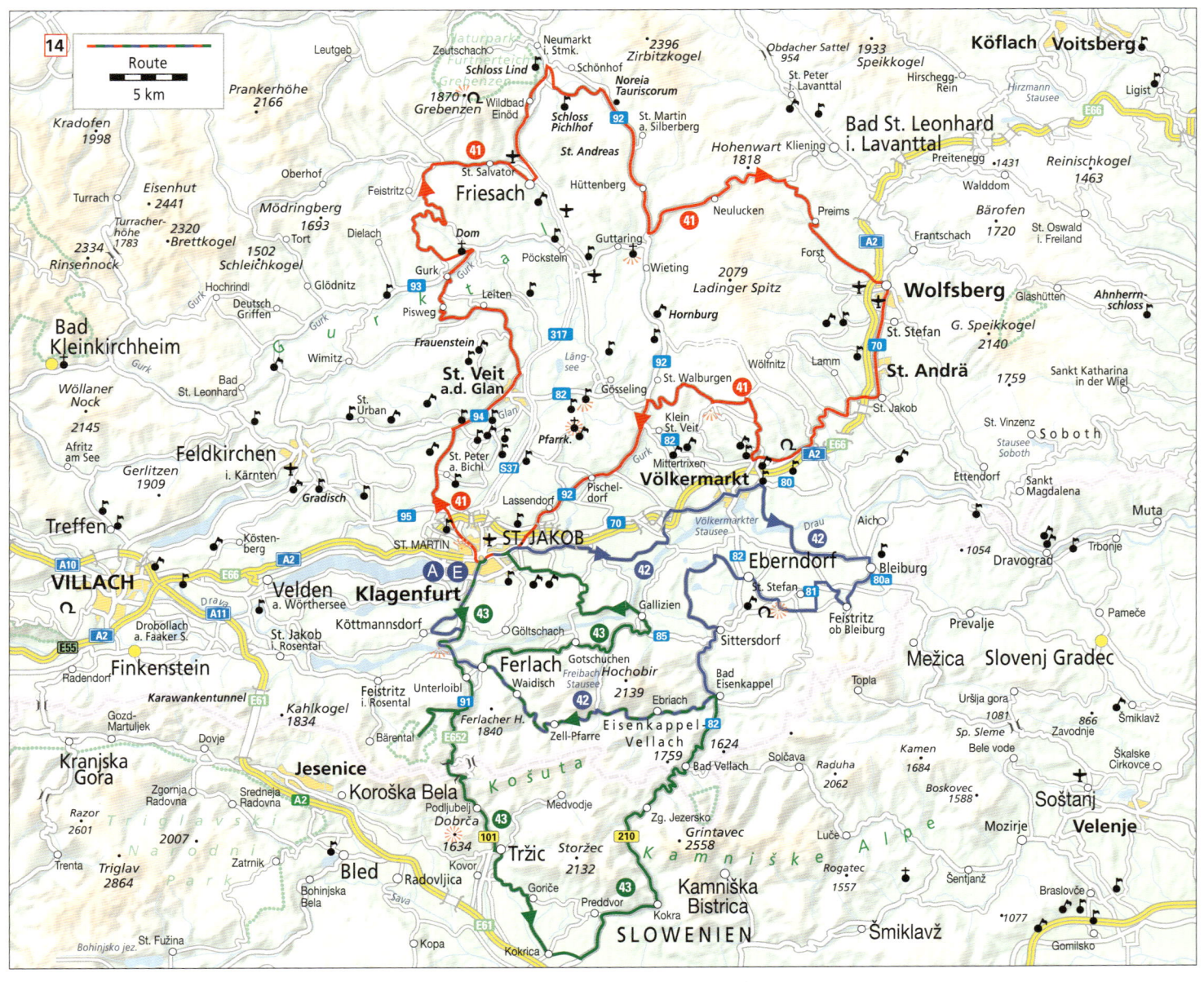

41 Das unbekannte Kärnten
Tourenlänge: 240 km; reine Fahrzeit: 5 h

Über kleinste und äußerst kurvenreiche Landstraßen führt diese Rundtour durch den eher unbekannten Osten Kärntens, durch die Ausläufer der Gurktaler Alpen mitten hinein in das idyllische Lavanttal mit seinen Burgen, Ruinen und Schlössern. Geschichtenreiche Städte bieten viel erlebenswerte Abwechslung auf dieser Runde und so manche schöne Möglichkeit zu einem genüsslichen Einkehrschwung, bevor wir dann am Nordrand des mächtigen Drautales entlang ganz gemütlich retour zum Ausgangspunkt schwingen.

Sankt Veit an der Glan ist der erste größere Boxenstopp an diesem Morgen, gleich nördlich von Klagenfurt. Über 900 Jahre pralle Geschichte bieten eine perfekte Basis für das heutige Sankt Veit, eine quirlig-lebendige Metropole im Herzen Kärntens. Schauen Sie sich unbedingt ein wenig um, zum Beispiel in der bunt-barocken Innenstadt mit ihrem reich verzierten Rathaus und vielen anderen Sehenswürdigkeiten. Dann aber geht es ab in die Landschaft des Gurktales. Gurk ist der Hauptort des Tales, seine bekannteste Sehenswürdigkeit ist der imposante Gurker Dom, gestiftet von der bereits erwähnten Gräfin Hemma von Gurk, der »Heiligen Hemma«. Bei Friesach queren wir zu einer kurzen Stippvisite die grüne Grenze zur Steiermark, der wir uns ab Tour Nr. 44 noch sehr intensiv widmen werden.

Mit dem Klippitztörl, einem beliebten Skigebiet, befahren wir bereits wieder Kärntner Boden, von Frühling bis Herbst ist die Region ein echtes Naturerlebnis mit klarwürziger Bergluft und viel Sonnenschein. Eine Vielzahl an Einkehrmöglichkeiten begeistern ebenso wie Kärntens wohl spektakulärste Sommerrodelbahn direkt am Sessellift Hochegger. Sie ist 1400 Meter lang und überwindet 260 Höhenmeter. Über Wolfsberg und das Lavanttal erreichen wir wieder die Drau. Jenes Lavanttal, das aufgrund seiner klimatischen Bedingungen seit Jahrhunderten als das »Paradies Kärntens« bezeichnet wird, werden wir uns auf Tour 55 noch einmal gönnen. Die Lavant, die »Weißglänzende«, gibt dem idyllischen Tal den Namen. Apropos Wolfsberg: Hoch über dem Ort erhebt sich das herrschaftliche Anwesen, dessen Wurzeln bis auf das Jahr 1178 zurückreichen. Das Schloss am Berg, wo einst die Wölfe hausten, ist heutzutage das Wahrzeichen der Bezirksstadt Wolfsberg und erhielt im 19. Jahrhundert sein charakteristisches Aussehen im neugotischen Tudorstil. Die herrschaftlichen Prunkräume erstrecken sich auf über 1000 Quadratmetern und stehen für Veranstaltungen, Feste, Bälle, Lesungen und Konzerte zur Verfügung. Falls Sie also ihre beste Sozia heiraten möchten – hier gäbe es das passende Ambiente …

Rasch abgehängt: Kärntens Motorradfahrerinnen sind hurtig unterwegs.

Klagenfurt

42 Irgendwo bei Gallizien
Tourenlänge: 160 km; reine Fahrzeit: 4 h

Immer im Angesicht der mächtigen Karawankengipfel führt diese Tour von Kärntens Landeshauptstadt aus durch das mächtige Drautal gen Osten. Wir queren den Fluss am idyllischen Völkermarkter Stausee und pendeln gemütlich durch die nördlichen Vorberge der Karawanken, streifen historisch »wertvolle« Kulthügel wie den Hemmaberg und werfen einen Blick in eine der schönsten Tropfsteinhöhlen Österreichs, bis uns die Landeshauptstadt nach einem ereignisreichen Tag im Sattel wieder empfängt.

Die bei Dobbiaco an der Grenze zu Südtirol entspringende Drau hat dereinst nicht nur das gewaltige Pustertal in Osttirol geprägt, ihrem gesamten Verlauf bis an die Ostgrenze Kärntens folgen herrlich kurvenreiche Landstraßen über verträumte Dörfer und durch idyllische Landschaften. Da wird Motorrad fahren zu einem Genuss für alle Sinne. Und auf dem Weg Richtung Völkermarkt zudem richtig aussichtsreich.

Hoch über dem Drau-Ufer nahe Völkermarkt erhebt sich übrigens Burg Neudenstein aus dem Jahr 1329. Sie wurde später in ein Schloss umgebaut, im 17. Jahrhundert barockisiert und mit einem Arkadenhof versehen. Wegen ihres dunklen Erscheinungsbildes spricht man gerne auch vom »Schwarzen Schlößl«. Das Schloss bietet herrliche Panoramaausblicke auf die Karawanken.

Am Völkermarkter Stausee, einer künstlichen Drau-Staustufe, queren wir das Flusstal, um das so andersartige Grenzland zu Slowenien zu erkunden. Über Bleiburg und Eberndorf erreichen wir den Klopeiner See, einen beliebten Badesee. Der See wird nur schwach durchströmt, nicht zuletzt deshalb ist er Europas wärmster Badesee mit bis zu 28° C im Sommer. Eine Runde über die Dörfer führt uns anschließend auch nach Gallizien sowie weiter nach Bad Eisenkappel mit seiner legendären Tropfsteinhöhle.

Mitarbeiter der Bleiberger Bergwerksunion hatten einstmals die zahlreichen Gänge des Tropfsteinhöhlensystems entdeckt. Und wenngleich durch die Bergbauarbeiten Teile der Höhle beschädigt wurden, zählt die Obir-Höhle zu den schönsten Höhlensystemen Österreichs, deren Gänge, Kammern und Verzweigungen immer noch nicht vollständig erforscht sind. Ein Unterwelt-Genuss der gänzlich anderen Art – und in Kombination mit dem idyllischen Schaidachsattel (1075 m) auf unserem restlichen Heimweg ein erlebenswertes Kontrastprogramm.

Rastplatz mit Karawanken-Blick: Es gibt viel zu sehen im Grenzland zu Slowenien.

Region Kärnten

43 Noch eine Portion Slowenien
Tourenlänge: 200 km; reine Fahrzeit: 4–5 h

Verträumte Täler, hochalpine Gipfelwelten, ein letzter intensiver Blick hinüber nach Slowenien sowie kurvenreiche Pässe bilden die Basis dieser Rundtour durch den Südosten Kärntens. Das idyllische Bodental als eine der schönsten Kärntner Sackgassen begeistert gleich zu Beginn, bevor wir via Loiblpass die Karawanken queren. Die sehenswerte Altstadt von Trzic lockt zu einem Rundgang, über den Seebergsattel geht es retour nach Kärnten.

Einfach gen Süden huschen wir aus Klagenfurt hinaus. Versteckt in den nördlichen Karawanken, ganz im südlichsten Zipfel von Kärnten liegt ein Kleinod, an dem man in unserer hektischen Zeit schnell einmal vorbeifährt: das Bodental. Urkundlich erstmals im Jahr 1330 erwähnt, war das Tal bis zu Beginn des 20. Jahrhunderts ein wichtiges Blei- und Eisenerz-Fördergebiet. Als sich die Stollen mehr und mehr mit Grubenwasser füllten, wurde der Erzabbau am Anfang des 20. Jahrhunderts endgültig eingestellt und das idyllische Tal renaturiert: perfekt, um die Bikerseele baumeln zu lassen!

Das Schönste am Loiblpass auf 1370 m ist, neben seinen neun Kehren, vor allem die Tatsache, dass wir Motorradfahrer ihn nahezu für uns allein haben. Auf mehr als einsamer Piste queren wir die Grenze zu Slowenien – meistens ohne großartige Kontrollen – und pendeln auf der Passsüdseite im auch heute noch mittelalterlich anmutenden Markt Trzic aus. Reich gesegnet mit klassizistischen Fassaden, deren sonderbare metallene Fensterläden und Türen nach einem verheerenden Brand im Jahr 1811 als Brandschutzmaßnahme angeordnet wurden, lohnt Trzic auf jeden Fall einen ausgiebigen Sightseeingstopp. Durch die Einsamkeit der Karawanken huschen wir dann nach Jezersko und hinauf zum Seebergsattel auf 1225 m. Kärnten liegt uns nun ein letztes Mal zu Füßen, über Bad Eisenkappel und den Schaidachsattel erreichen wir Ferlach. Lust auf einen Museumsabstecher? Das »Historama«-Museum in Ferlach zeigt die Welt des Straßenverkehrs von anno dazumal. Sei es mit einer »Knutschkugel« namens Isetta oder dem »Sambabus« von VW. Seit 30 Jahren tragen die Mitglieder des Historama-Vereins verkehrsgeschichtlich interessante Objekte wie Eisenbahn-, Tramway- und Nutzfahrzeuge zusammen, retten diese vor dem sprichwörtlichen Verfall. Die Restaurierung erfolgt fachgerecht in der vereinseigenen Museumswerkstätte. Heutzutage ist das »Historama« immerhin das zweitgrößte Verkehrsmuseum Österreichs mit über 2200 qm Ausstellungsfläche, ausgezeichnet mit dem österreichischen Museumsgütesiegel. Für Technikfans ein Muss!

Wohin des Weges? Das Bodental ist eine erlebenswerte Sackgasse.

Region Steiermark

Reich gesegnete Region

»Wer sich ein Bild machen will, braucht viele Bilder.« So lautet verheißungsvoll der Slogan des Steiermark-Tourismus. Es ist sogar ein satter Funken Wahrheit enthalten. Denn Österreichs flächenmäßig zweitgrößtes Bundesland hat an Abwechslung viel zu bieten. Aber eine Besonderheit darf ich vorweg erwähnen: Die Bewohner möchten bitte nicht »Steiermärker«, sondern Steirer genannt werden. Die steirische Landeshauptstadt Graz (unser Standort ab Tour 53) ist die zweitgrößte Stadt Österreichs. Die gesamte Region wird auch die »Grüne Mark« oder das »Grüne Herz Österreichs« genannt, ihr landschaftliches Spektrum reicht vom Dachstein bis zum Nationalpark Gesäuse und begründet damit auch die Eingliederung der Steiermark als durchaus alpines Bundesland. Mit zwölf Touren von fünf Standorten aus durchstreifen wir jeden Winkel dieses Naturgartens.

Gröbming

Bereits Slawen und Bajuwaren siedelten auf dem fruchtbaren Hochplateau im Ennstal, begrenzt von den Bergen rund um Kammspitze und Stoderzinken. Urkundlich erstmals erwähnt wurden die Gröbminger Höfe im 11. Jahrhundert, das Heimatmuseum zeigt stolz den weiten Weg der Siedlungs- und Kulturgeschichte der Region. Heutzutage ist die Marktgemeinde ein heilklimatischer Kurort und beliebt nicht nur bei Gästen aus dem europäischen Ausland. Die »Ennstal-Classic« ist eine der bekanntesten Oldtimer-Rallyes alljährlich im Sommer und die nahe liegende »Stoderzinken Alpenstraße« immerhin die höchste Panoramastrecke der Steiermark. Die wendeltreppenartige Piste gönnen wir uns auf Tour Nr. 45, insgesamt umfasst die erlebenswerte »Ennstal-Classic-Rallye« auch das Hochplateau der Postalm, den Sölkpass, die Nockalmstraße sowie Teile des »Gesäuses«. Alljährlich Mitte Juni steppt hier rund um Gröbming dann der »Oldtimer-Bär«, zumindest in jenen Tagen haben wir die schönsten Pisten der kommenden Touren wohl nicht für uns allein. Da heißt es abwägen und eventuell einen großen Bogen um Gröbming machen, je nach Gusto.

HOTELEMPFEHLUNG
Tunzendorfer Wirt
8962 Gröbming
Tel.: +43 3685 24444
www.tunzendorfer-wirt.at

Region Steiermark

44 Einmal ums Karree

Tourenlänge: 210 km; reine Fahrzeit: 5 h

Diese Runde »um den Block« zu fahren ist echter Genuss. Wir schwingen durch die Ausläufer von Dachstein, Radstädter und Schladminger Tauern abseits der Hauptverkehrsstraßen, huschen durch eine alpine Welt, die Wander- und Naturfreunde nicht weniger begeistert als uns Motorradfahrer. Und die Auswahl der Straßen auf dieser Tour erlaubt sogar so manchen kräftigen Schluck aus dem mitgeführten Drehmomentreservoir. Auf geht's!

Das imposante Dachstein-Massiv nehmen wir als erstes Ziel am Morgen zwischen unsere Lenkerenden. Gen Westen geht es aus Gröbming hinaus nach Ramsau am Dachstein. Seit dem 19. Jahrhundert ist das gesamte Dachstein-Massiv für Bergsteiger aus aller Welt ein heiß begehrtes Ziel. Berüchtigte Felswände und anspruchsvolle Gipfel locken Naturfreunde magisch an – und das umliegende Straßennetz ebenso viele Biker.

Über Filzemoos wenden wir uns nach Radstadt, dem nördlichen Einstieg zum berühmten Tauernpass. Er gehört mit seinen 1750 Höhenmetern zweifelsohne zum Pflichtprogramm auf dem Weg von Salzburg Richtung Süden. Die landschaftlich abwechslungsreiche und dazu mautfreie Alternative zur Tauernautobahn ist sehr gut ausgebaut und gewaltige Betongalerien schützen vor dem berüchtigten Steinschlag der Tauern. Am Scheitelpunkt des Passes ist der beschauliche Skiort Obertauern entstanden, dessen Hotels und Restaurants ab und an auch außerhalb der weißen Saison zu einem Einkehrschwung laden. Seine Südrampe pendelt im idyllischen Lungau aus. Der südlichste Gau des Bundeslandes Salzburg auf der Grenze zur Steiermark übt auf seine Besucher einen besonderen Reiz aus, gerade auch auf Motorradfahrer. Und die gesunden Höhenlagen des Lungau lassen sogar Allergiker aufatmen, da die Blütezeit für Gräserpollen enorm verkürzt ist und die Lungauer Bergwelt ab spätestens Juli als allergenfrei gilt.

Der zweite Pass dieses Tourentages, der Sölkpass auf gut 1800 m, führt uns dann retour zum Ausgangspunkt. Eingebettet zwischen Wölzer- und Schladminger Tauern verbindet er das Mur- mit dem Ennstal. Die bewaldete Passhöhe bietet zwar nur wenig Aussicht, die beiden Aufstiegsrampen hingegen besitzen einige schöne Aussichtsplätze, die auch zum Verweilen einladen. Bereits 1593 gab es Versuche, die Passquerung mit einem Karrenweg zu erleichtern, ab dem 16. Jahrhundert gab es einen wichtigen Saumweg, der im oberen Bereich des Passes noch erkennbar ist. Es ist also höchst geschichtsträchtiger Boden ...

Ganz gleich ob spontan oder geplant: Biken in der Steiermark ist ein Genuss.

Gröbming

45 Noch eine Portion Tauern
Tourenlänge: 245 km; reine Fahrzeit: 5–6 h

Frühlingsgefühle: Die Blütezeit in den Tauerntälern beginnt im April.

Diese zweite Runde von unserem Standort Gröbming aus führt durch die prächtigen Bergregionen rund um die bekannte Tauplitzalm und das malerische Sölktal. Und gleichwohl sie mit 245 km Länge einen ganzen Tourentag randvoll füllt, bieten sich immer wieder herrlich gelegene Möglichkeiten, einen ausgiebigen Boxenstopp inmitten prächtiger Naturlandschaften einzulegen. Ein fahrerischer wie landschaftlicher Hochgenuss erwartet uns.

Dazu gönnen wir uns als Warm-up am Morgen erst noch einmal den gestrigen Sölkpass, diesmal aus Richtung Norden. Reich gesegnet mit herrlichen Almen und Hochtälern ist der Naturpark Sölktäler ein wahres Paradies für Naturfreunde. Ganz besonders sehenswert sind unter anderem das Almdorf Tuchmoar in einem wunderschönen Seitental im Kleinen Sölktal, die Breitlahnalm mit Schwarzensee und die Putzentalalm in einem anmutigen Talkessel. Von Sankt Peter im Süden des Passes wedeln wir dann Richtung Osten und erforschen kleinste Landstraßen über Tratten nach Möderbrugg. Hier beginnt der Anstieg zu unserem zweiten und dritten Pass dieses Tages – den Hohen- und Triebener Tauern auf moderaten 1270 Höhenmetern. Von Trieben im Paltental werfen wir einen kurzen Blick hinüber nach Admont, bevor uns das Städtchen Liezen zu einem Rundgang einlädt. Liezen ist die größte und bedeutendste Stadt im steirischen Ennstal und Hauptstadt des gleichnamigen Bezirkes. Und gleichwohl von Liezens wechselvoller Geschichte heutzutage nicht mehr viel zu sehen ist, begeistert die lebendige Einkaufsstadt am Nordrand des Ennstales: Hier lohnt sich ein Boxenstopp mit Einkehrschwung.

Immer entlang der Enns geht es dann spätnachmittags retour nach Gröbming. Falls Sie noch Lust auf einen Abstecher haben, so lautet mein Tipp: die Tauplitzalm. Von gut 1600 auf bis zu 2000 Meter reicht das Hochplateau der Tauplitzalm in der Grenzregion zwischen Salzkammergut und dem steirischen Teil des Toten Gebirges. Die zehn Kilometer lange und kurvenreiche Tauplitzalm-Alpenstraße führt direkt hinauf in diese Almenidylle mit der wohl einzigartigen Landschaft des größten Seenhochplateaus Europas. Zahlreiche Gasthöfe sowie urige Hütten laden zur Rast ein, ungezählte Wanderungen führen in die umliegende Bergregion mit ihren sechs bildhübschen Bergseen. Ein ganz anderes Erlebnis ist es aber auch, die Tauplitzalm direkt vom Ort Tauplitz aus per Sesselbahn zu erkunden – zumindest für schwindelfreie Biker.

Murau

Seit dem 13. Jahrhundert besitzt unser Tourenstandort Murau die Stadtrechte, seine Siedlungsgeschichte beginnt aber bereits in der Bronzezeit. Viele steirische Adelsfamilien, darunter die derer von Liechtenstein, beherrschen die Region im Mittelalter. Am Ende des Zweiten Weltkrieges konnten die Murauer mit einem Trick verhindern, sowjetische Besatzungszone zu werden: Sie befreiten die von der deutschen Wehrmacht hier internierten britischen Gefangenen eigenhändig und verteilten diese als freie Bürger über die ganze Stadt. Die Russen zogen ohne weitere Fragen wieder ab. Den Anblick der heute beliebten Büro- und Geschäftsstadt dominiert das mächtige Schloss Obermurau. Hoch auf dem Murauer Schlossberg steht die sehenswerte Schlossanlage, deren Wurzeln bis auf den Minnesänger Ulrich von Liechtenstein und das Jahr 1232 zurückreichen. Das Schloss Obermurau – oder wie es heutzutage bevorzugt genannt wird: das Schloss Murau – ist im Besitz des Hauses Schwarzenberg und ist im Rahmen von Führungen zu besichtigen.

HOTELEMPFEHLUNG

Hotel Lercher
8850 Murau
Tel.: +43 3532 2431
www.lercher.com

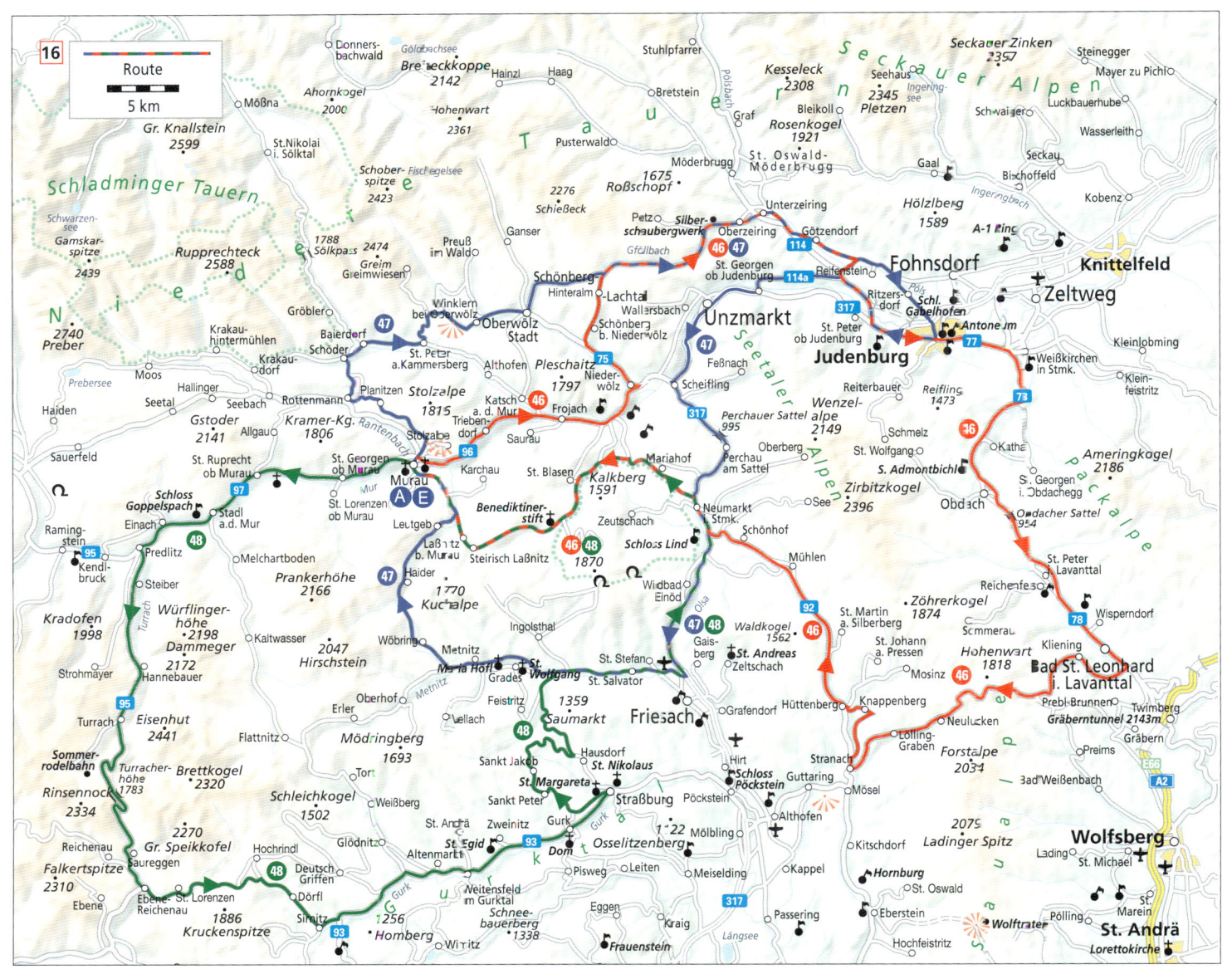

Murau

46 Berühmte Rennstrecken
Tourenlänge: 195 km; reine Fahrzeit: 4–5 h

Steiermarks einstmals berühmteste Rennstrecke darf als Sightseeing-Abstecher auf dieser Tour ebenso wenig fehlen wie ein Blick in das Puch-Museum in Judenburg. Nehmen Sie sich unbedingt genügend Zeit für diese Runde, die zudem mit 195 Kilometern Länge ansonsten weitgehend gemütlich gefahren werden kann.

Über Sankt-Oswald-Möderbrugg und Sankt Peter ob Judenburg erreichen wir die Stadt Judenburg.

Jüdische Händler gründeten diese im Jahr 1074 als wichtigen Handelsposten. Judenburg besitzt das älteste Stapelrecht Österreichs, eine Art »Wegezoll«. Aus dieser Zeit als Hauptstadt der Obersteiermark stammt auch die sehenswerte, weil sehr gut erhaltene, historische Altstadt mit dem Wahrzeichen Judenburgs, dem 76 m hohen Stadtturm, der einen wunderbaren Rundblick über das Aichfeld erlaubt. Ursprünglich als Glockenturm gebaut, diente er in der Folgezeit auch als Feuer-Wachturm gegen die zahlreichen Brände, die sowohl die Stadt als auch den Turm heimsuchten. Heute befindet sich im Turm eines der modernsten Planetarien Europas.

Für eine weitere »Geschichtsstunde« können Sie von Judenburg aus einen Abstecher in das nahe liegende Spielberg machen. Dort liegt der legendäre »A1-Ring«, auch »Österreichring« genannt, die wohl bekannteste Rennstrecke der Steiermark. 1969 mit einer Länge von rund 6 km gebaut und bis 1987 unter anderem für die Formel-1-Rennen des »Großen Preises von Österreich« genutzt, war der alte Österreichring ein echter Hochgeschwindigkeitskurs und galt eine Zeit lang sogar als schnellste Strecke der Formel 1. Nach umfassenden Modernisierungsarbeiten wird der Betrieb 2011 wieder aufgenommen. Die Strecke heißt nun Red-Bull-Ring.

Ein echter Pflichttermin auch für Biker ist das Puch-Museum in Judenburg. Puch 500, das Puch Maxi oder auch der Puch G haben die Marke weltberühmt gemacht. Das Museum widmet sich sowohl der Marke als auch den Menschen, die hinter deren Entwicklung standen und versetzt jeden Besucher zurück in die 50er- und 60er-Jahre. Sehr sehenswert!

Ebenso wie das Lavanttal mit seinem Minipass Obdacher Sattel (1000 m), das uns im Süden der Stadt zu unbeschwerter Kurvenhatz empfängt, das »Paradies Kärntens«. Ja, Sie erinnern sich richtig: Auf Tour 41 hatten wir es bereits kurz gestreift. Mais und Getreide, weitläufige Streuobstwiesen, aber auch ausgedehnte Spargelfelder, ja, sogar Weingärten bilden das sehenswerte Kontrastprogramm des Tales, dem der Fluss Lavant, die »Weißglänzende«, seinen Namen gab.

Über das Naturparadies Klippitztörl, Sankt Martin am Silberberg und Neumarkt in der Steiermark geht es im Abendsonnenschein retour nach Murau.

Echtes Genussbiken: Wer es schneller mag, darf den A1-Ring buchen.

Region Steiermark

47 Kurvenhatz auf Steirisch

Tourenlänge: 175 km; reine Fahrzeit: 4 h

Eine gemütliche Runde liegt vor uns, die uns durch landschaftlich und historisch wertvolle Regionen im Grenzland zwischen Steiermark und Kärnten führt. Die Straßen erlauben sowohl ausgiebigen Schräglagen-Genuss wie auch ordentliche Hatz – natürlich unter Beachtung der Tempolimits, versteht sich. Und in den Städten und Dörfern entlang unseres Weges gibt es Einkehrmöglichkeiten zuhauf. Nach Norden verlassen wir Murau und huschen über Sankt Peter am Kammersberg nochmals nach Möderbrugg sowie zu einem Boxenstopp nach Judenburg. Wer dem legendären Red-Bull-/A1-/Österreichring noch keine Aufwartung gemacht hat – hier ist die nächste Gelegenheit: einfach einige Kilometer nach Osten, nach Knittelfeld fahren und dort den Wegweisern folgen. Oder in Judenburg dem erwähnten Puch-Museum einen Besuch abstatten – Sie haben die freie Wahl und aufgrund der moderaten Tourenplanung Zeit genug.

Danach allerdings folgen wir dem Flüsschen Mur nach Nordwesten aus der Stadt hinaus, schwingen über Sankt Georgen nach Frauenburg. Hoch über dem Ort thront die Ruine Frauenburg, angeblich der Lieblings-Landsitz des Minnesängers Ulrich von Liechtenstein, der auch Schloss Murau erbauen ließ. Insgeheim liebte er es wohl ruhiger, beschaulicher und einfacher, wie man an der frei zugänglichen Ruine Frauenburg sehen kann.

Okay, der Perchauer Sattel – unser einziger Pass dieses Tages – ist mit seinen knapp 1000 m leicht zu übersehen. Er ist dennoch ein sanft geschwungener, landschaftlich sehenswerter Übergang zwischen dem Mur- und Olsatal. Seine Bedeutung vor allem für die mittelalterlichen Handelswege der Eisen- und Salzstraße beweisen mehrere Burgen entlang der Strecke. Ja, aus dem Jahre 888 ist sogar eine rekordverdächtig schnelle Reise des deutschen Königs Arnulf bekannt, der für den 250 Kilometer langen Weg von Karnburg über den Perchauer Sattel und den Pyhrnpass nach St. Florian nachweislich gerade einmal zwölf Tage benötigte. 250 km in 12 Tagen – wie sich doch die Zeiten ändern …

Bei Dürnstein queren wir die grüne Grenze zu Kärnten, wedeln gen Westen über winzige Landstraßen nach Metnitz, bevor uns der Wegweiser nach Murau wieder zum Ausgangspunkt auf steirischem Terrain führt.

»Lenkerbreit« neu definiert: Bundesstraßen sind weitgehend tabu auf unseren Touren.

Murau

48 Ganz im Westen
Tourenlänge: 175 km; reine Fahrzeit: 4 h

Aufstieg zum Hochrindl: Da wird auch der Blick in den Rückspiegel zum Genuss.

Wir verlassen Murau und fahren immer am Fluss Mur entlang nach Westen, nach Sankt Georgen ob Murau und Sankt Ruprecht. Und hier heißt es, eine Entscheidung zu treffen: Schwingen wir in Stadl an der Mur über die auf Tour 40 bereits befahrene Flattnitzer Höhe hinab ins Gurktal oder gönnen wir uns bei Predlitz-Turrach die Passstrecke über die Turracher Höhe? Mein Tipp lautet: Turracher Höhe. Gemütlich kurvt die Straße hinauf zum höchsten Punkt des Passes auf 1760 m inmitten eines alpinen Hochplateaus. Umringt von den imposanten Nockbergen ist die Turracher Höhe ein echter Geheimtipp für Motorradfahrer, ja, sie ist in weiten Teilen gut ausgebaut, zählt aber mit satten Steigungen zu den steilsten Straßenpässen Österreichs.

Die Alternative Flattnitzer Höhe ist ca. 300 Höhenmeter niedriger und weniger kehrenreich, sie ist dennoch bei Kärntner Bikern sehr beliebt, da ihre gut ausgebaute Straße es immer wieder erlaubt, mit ordentlich Speed den Scheitelpunkt zu erklimmen. Dann liegt sie vor uns, die Hochrindl Almenregion. Gut 1600 Höhenmeter über aller Hektik empfängt uns das Bergparadies rund um den Hochrindl, ein echtes Kärntner Almenland. Über Deutsch-Griffen huschen wir anschließend hinab in das bekannte Gurktal mit Gurk als seinem Hauptort. Werfen Sie einen Blick auf den imposanten Gurker Dom, gestiftet von der »Heiligen Hemma«, der Schutzpatronin Kärntens.

Bevor wir uns auf den Weg in das steirische Herzstück machen, pendeln wir noch einmal einen ganzen Tag lang und intensiv in der Grenzregion zwischen Steiermark und Kärnten auf »landschaftlich wertvollen« Strecken – Sie wissen schon: jenen mit dem grünen Band. Und die tragen dieses Gütezeichen hier allesamt vollkommen zu Recht, wie auch Sie am Ende dieses Tages bestätigen werden. Mit Turracher Höhe und dem Hochrindl geht es sogar richtig hoch hinaus: für einen mehr als erinnerungswürdigen Rundumblick.

Bevor wir uns nun wieder heimwärts in die Steiermark begeben, wollen wir noch einmal ausgiebig Schräglage zelebrieren. Dazu biegen wir im Kärntner Örtchen Strassburg links ab und folgen dem Kurvengemenge über Mitterdorfer oder auch Hausdorf und Winklern nach Norden. Beide Pisten sind echter fahrerischer Genuss. In Marienheim folgen wir der Wegweisung nach Friesach, und in Dürnstein sind wir bereits wieder auf steirischem Boden.

Liezen

Sie ist die bedeutendste Stadt im steirischen Ennstal und Hauptstadt des gleichnamigen Bezirkes. Die beliebte Einkaufsstadt, deren Name übrigens »nasse Wiese« bedeuten soll, war einstmals letzte Rast- und Pferde-Umspannstation vor dem Pyhrnpass. Liezen besitzt eine lange und spannende Geschichte. So soll in der nahe liegenden »Roten Wand«, einer mächtigen Felswand am sogenannten Brunnfeld, einstmals ein Drache gehaust haben. Der Gockel eines Bauerngehöfts soll sich in die Höhle des Drachen verirrt haben und wurde von diesem – erwartungsgemäß – verspeist. So auf den Geschmack von fangfrischen österreichischen Hendln gekommen, soll der Drache derart randaliert haben, dass ein mächtiger Felssturz das Land verwüstete. Bei diesem Felssturz wurde nicht nur eine uralte römische Siedlung, eine der ältesten ganz Österreichs, zerstört, sondern der Drache kam auch frei. Über sein weiteres Schicksal ist aber nichts bekannt, außer dass er später auch im Wappen von Liezen verewigt wurde. Ach ja: Auf einer kleinen Alm nördlich von Liezen befindet sich der geografische Schwerpunkt Österreichs – nicht zu verwechseln mit dem Mittelpunkt. Zu dem kommen wir noch auf Tour 87. Fragen Sie mich bitte nicht, wie der Schwerpunkt Österreichs berechnet wurde.

HOTELEMPFEHLUNG

Der Liezenerhof
8940 Liezen
Tel.: +43 3612 25222
www.liezenerhof.at

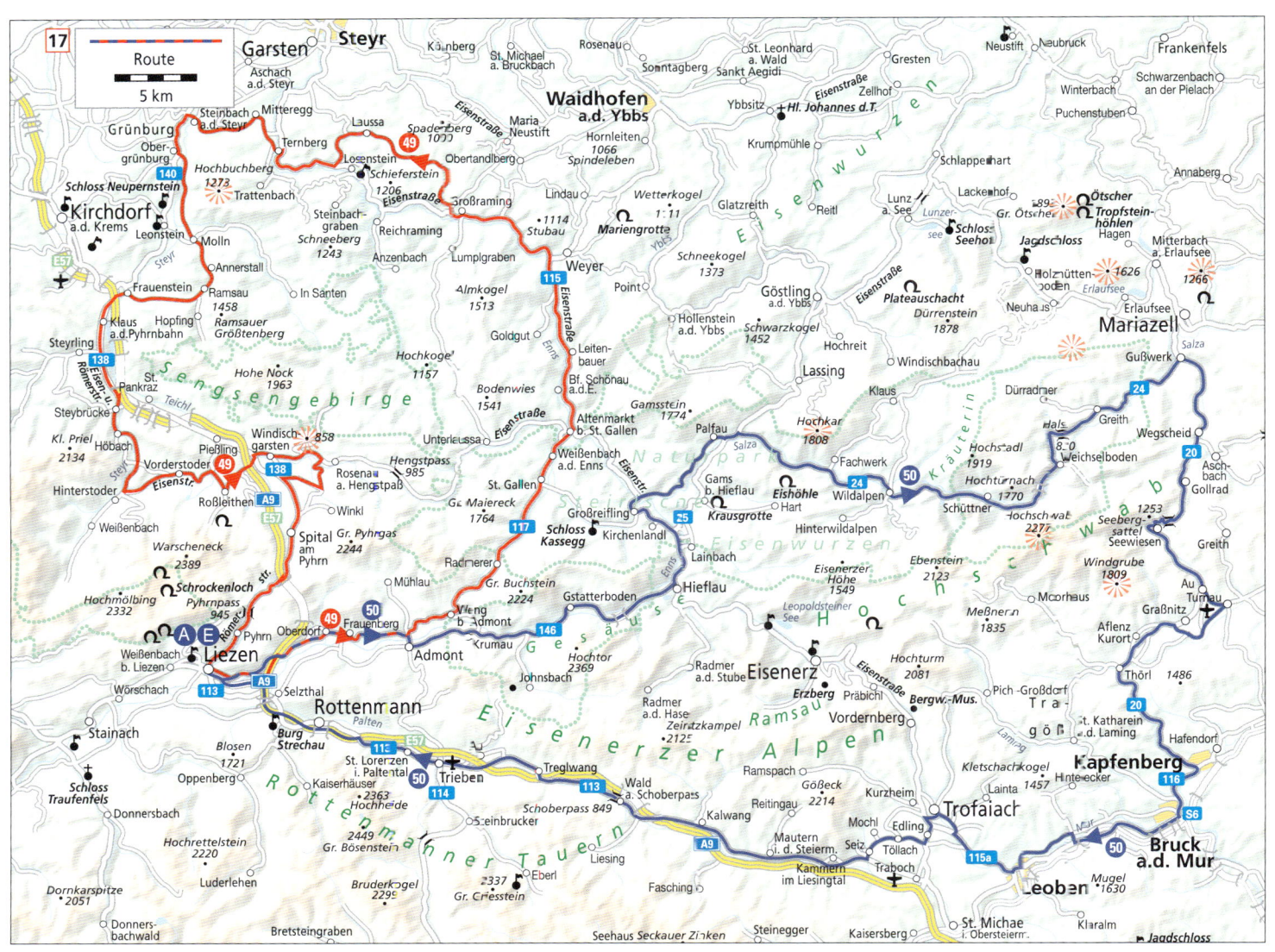

49 Blick ins Eisenwurzenland

Tourenlänge: 200 km; reine Fahrzeit: 4–5 h

Das Land der Eisenwurzen – der Eisenschmieden und -hämmer – ist so reich an Geschichten, wie kaum eine Region Österreichs. Und dieses Land in der Grenzregion zwischen Steiermark und Oberösterreich liegt von Liezen aus nur einen Katzensprung entfernt vor unseren Reifen. Genießen Sie auf dieser Runde nicht nur die andersartige Landschaft, sondern auch die vielen Möglichkeiten, tief in die Geschichte der »Schwarzen Grafen« einzutauchen.

Nach Osten Richtung Admont verlassen wir unseren gastlichen Ausgangsort zu einer Stippvisite im bekannten Nationalpark Gesäuse. Erst 2002 gegründet, erstreckt er sich als einer der jüngsten Nationalparks Österreichs über die Gemeinden Admont, Johnsbach, Weng, Hieflau, Landl und St. Gallen. Das gut 115 qkm große Gebiet gehört größtenteils zum Eigentum der Steiermärkischen Landesforste, die diese geschützte Region auch pflegen und bewirtschaften. Charakteristisch sind die steilen Berge mit ihren markanten Felsformationen sowie die schluchtenartigen Talstrecken. Das Gesäuse erstreckt sich über eine Höhenlage zwischen 500 und 2400 Meter und ist eine echte landschaftliche Perle.

Über Sankt Gallen und Altenmarkt erreichen wir dann Oberösterreicher Gebiet und kurven auf den folgenden Kilometern um den gewaltigen Stock des Sengsengebirges herum. Wir folgen der Enns nach Weyer und Grossraming sowie über Pechgraben und Laussa nach Ternberg. Dort bitte den Blinker links setzen und in das liebliche Tal des Flüsschens Steyr wechseln. Dem folgen wir, bis uns kurz hinter Klaus an der Pyhrnbahn der Wegweiser nach Hinterstoder rechts ab von der Hauptstrecke lotst.

Unerwartet, hinter einer Kuppe, breitet es sich vor dem Reisenden aus: das malerische Plateau von Hinterstoder. Vor allem im Frühling und Bergsommer ein landschaftlicher Genuss. Überall summt und brummt es, Dorfhähne krähen allerorten und zwei Sackgassen führen uns noch tiefer in dieses Idyll: die Einbahnstrecke nach Dietlgut inmitten eines herrlichen Hochtales mit idyllisch gelegenem Gasthaus, an deren Ende die »Hutterer Höss-Bergstraße«, eine gut 10 km lange Mautstrecke zu den »Hutterer Böden« mit ihrem imposanten Panorama der Bergwelt des Stodertales und Toten Gebirges liegt.

Über Windischgarsten geht es dann zu guter Letzt retour nach Lienz. Mit genügend Zeit kann hier auch noch ein Abstecher hinauf zum Hengstpass eingebaut werden. Der gut 1000 m hohe Gebirgspass liegt auf der Grenze zur Steiermark. Seine Kurvengenüsse werden wir uns aber auch auf Tour 75 noch genauer anschauen.

Reich gesegnet: Das Land der Eisenwurzen kann viele Geschichten erzählen.

Region Steiermark

50 Zu Gesäuse und Erzberg
Tourenlänge: 275 km; reine Fahrzeit: 5–6 h

Natur und Kultur bilden auf dieser Rundreise eine erlebenswerte Mixtur. Über das »Gesäuse« umrunden wir den legendären Erzberg und werfen einen intensiven Blick in das Murtal, schwingen über Kapfenberg mit seiner reichen Geschichte nach Leoben sozusagen einmal quer durch das Herz der Steiermark. In Admont östlich unseres Tourenstandortes wählen wir diesmal das Ennstal und folgen dem Fluss nach Hieflau und Landl. Begleitet von einer Mixtur aus dichtem Wald und idyllischen Lichtungen huschen wir durch den Nationalpark Gesäuse, einen der jüngsten Nationalparks Österreichs. Seinen Charakter prägen im Norden steile Berge, markante Felsformationen sowie schluchtenartige Talstrecken, in die selbst im Hochsommer kaum ein Sonnenstrahl dringt.

Im Dörflein Palfau geht es rechts ab, der erste Pass des Tages erwartet uns: der Halspass. Der Scheitelpunkt auf 835 Höhenmetern ist leicht zu übersehen. Wenn das Ortsschild von Gusswerk vor Ihnen auftaucht, haben Sie den Pass schon lange hinter sich. In Gusswerk selbst lohnt ein Abstecher nach Norden, nach Mariazell mit seiner Basilika. Mariazell ist der wichtigste Wallfahrtsort Österreichs und darüber hinaus für viele Katholiken weltweit von Bedeutung. Der Legende nach geht die Gründung auf den Dezember 1157 zurück. Urkundlich erstmals erwähnt wird er 1243. Ein erster Marienaltar wurde 1266 eingeweiht, und bereits in dieser Zeit sollen Pilger aus allen Himmelsrichtungen den Weg zum Marienheiligtum gegangen sein.

Dass man auch profane Bundesstraßen als herrliche Kurvenreviere bauen kann, beweist die B20, auf der wir uns über Turnau und Aflenz Richtung Kapfenberg begeben. Es geht von einer Schräglage in die nächste, der Gleichgewichtssinn jubiliert dazu. Kapfenberg ist die drittgrößte Stadt der Steiermark und liegt malerisch im Mürztal. Bereits 1145 erstmals urkundlich erwähnt, profitierte die Stadt vor allem von der Nähe zum steirischen Erzberg sowie von dem reichen Maß an natürlicher Wasserkraft, die für die Erz verarbeitenden Eisenhämmer von existenzieller Bedeutung ist. Oberhalb der Stadt thront die imposante Burg Oberkapfenberg, auf der alljährlich Ende Juni ein großes (und vielleicht das schönste) Ritterfest Österreichs stattfindet.

Von Bruck geht es sodann nach Leoben, übrigens unserem kommenden Tourenstandort zu Füßen des legendären Erzberg. Dazu mehr auf Tour 51.

Berühmt und beliebt: Mariazell als bedeutender Wallfahrtsort Österreichs

Nein keine Sorge: Hier steht »totes Weib« – NICHT Sozia ...

Leoben

Leoben ist die zweitgrößte Stadt der Steiermark sowie das wirtschaftliche und kulturelle Zentrum der Obersteiermark. Leoben liegt im mittleren Murtal. Der historische Stadtkern wurde in einer gewaltigen Murschleife gegründet. König Ludwig IV., genannt »das Kind« (er wurde mit sechs Jahren zum König proklamiert), verschenkte die Region und ihre Siedlungen im Jahr 904 an ein ortsansässiges Grafengeschlecht. 1173 wird Leoben als »Forum Liuben« erstmals eigenständig erwähnt. Eine mehr als pralle Geschichte mit Türkensturm und Reformation, mit Napoleons Friedensbemühungen und vielem mehr macht die Vergangenheit der Stadt zu einem spannenden Spektakel. Eisenerz und andere Bodenschätze machten die Stadt und ihre Menschen wohlhabend, der Vogel Strauß, als der Legende nach ein Eisen fressender Vogel, prägt das Stadtwappen. Heute erstreckt sich die beliebte Wohn- und Geschäftsstadt auf beiden Seiten des Flusses Mur bis hinauf an die Flanken von Hochschwab und Eisenerzer Alpen. Rund um den sehenswerten Hauptplatz gruppieren sich zahlreiche historische Bauten wie das alte Rathaus, das Hacklhaus aus dem 16. Jahrhundert mit reich verzierter Fassade, die als Pestsäule bekannte Dreifaltigkeitssäule und der Bergmannsbrunnen.

HOTELEMPFEHLUNG
Gasthof-Hotel
Brücklwirt
8712 Niklasdorf/Leoben
Tel.: +43 3842 81727
www.bruecklwirt.at

Region Steiermark

51 Der Erzberg ruft uns
Tourenlänge: 195 km; reine Fahrzeit: 4–5 h

Das Erzberg-Rodeo – die härteste Offroadveranstaltung der Welt – ist weltberühmt. Auf dieser Tour erkunden wir die Geschichte hinter diesem Event und das hügelreiche Land drum herum. Dass dabei auch unser eigener Schräglagengenuss nicht zu kurz kommt, ist selbstverständlich.

Über Trofaiach und Vordernberg geht es direkt hinauf nach Eisenerz am legendären Erzberg. Der »Steirische Brotlaib« wird er genannt und ist seit dem 11. Jahrhundert eine reiche Fundstätte für ebenjenes Erz. Und das bis heute; stellt jener Bodenschatz doch die wichtigste wirtschaftliche Grundlage der ansonsten recht strukturschwachen Region dar. Jahr für Jahr werden gut 2 Millionen Tonnen Erz abgebaut und in alle Welt exportiert. Und mag man es dem verschlafenen Nest Eisenerz selbst auch nicht ansehen, einmal im Jahr ist es der Nabel der Motorrad fahrenden Welt, denn dann findet das legendäre Erzberg-Rodeo statt, das härteste Enduro-Rennen der Welt. Dabei versammelt sich die Weltelite der Enduristen gemeinsam mit Massen an Privatfahrern, um den Berg stehend auf den Fußrasten zu bezwingen. Gut 1500 Fahrer aus über 30 Nationen starten zunächst zum »Prolog«, der dann im »Red Bull Hare Scramble« seinen Höhepunkt findet, bei dem von gut 500 Startern meistens weniger als 50 überhaupt das Ziel erreichen.

Deutlich unspektakulärer, aber nicht minder erlebenswert verläuft unser weiterer Weg durch den Nationalpark Gesäuse. Über Hieflau und Sankt Gallen pendeln wir nach Admont, wenden das Bike Richtung Süden und nehmen die Triebener Tauern ins Visier. Über Trieben geht es hinauf nach Hohentauern – wenn Sie mögen mit einem Abstecher ins ausgeschilderte Triebental – und dann konstant gen Süden hinab nach Judenburg und Knittelfeld mit ihren Sehenswürdigkeiten, denen wir auf Tour 47 schon unsere Aufwartung gemacht haben.

Schlaues Kerlchen: Mit »Eisenerz für immer« erkaufte er sich seine Freiheit.

Sie erinnern sich an den nahe liegenden Red-Bull-Ring, auch unter dem Namen A-1- oder Österreichring bekannt, ist er die wohl bekannteste Rennstrecke der Steiermark. Vielleicht lockt sie bei Ihrem Besuch bereits wieder mit dem Dröhnen der Motoren, mit dem Geruch nach Benzin und Reifengummi. Dessen unbenommen geht diese Runde höchst geruhsam zu Ende: Gemütlich schwingen wir durch das obere Murtal mit seinen beschaulichen Dörfern und Städten zurück nach Leoben.

52 Die grüne Oststeiermark
Tourenlänge: 190 km; reine Fahrzeit: 4–5 h

Grüne Hügel, grüne Strecken: Die Oststeiermark ist für Biker modelliert.

Ein Blick auf die Landkarte zeigt, dass auch das Herz der Steiermark uns Bikern fast ausschließlich landschaftlich »wertvolle« Pisten bietet, also gönnen wir uns nach dem Sightseeingprogramm der letzten Touren doch einmal einen ganzen Tag im Grünen. Mit intensivem Genuss der Landschaft, mit ordentlicher Kurvenhatz durch Wälder und Täler sowie Orte, in denen das Leben noch niemals übermäßig laut brummte.

Dazu schwingen wir frühmorgens aus Leoben hinüber nach Kapfenberg, der drittgrößten Stadt der Steiermark mitten im malerischen Mürztal. Bereits 1145 erstmals urkundlich erwähnt, wird die Stadt seit vielen Jahrhunderten von der imposanten Burg Oberkapfenberg bewacht, auf der alljährlich eines der größten Ritterfeste Österreichs stattfindet: Mit Schwertkämpfen, Gaukler-Spectaculum, Musik von Spielleuten, Märchen, Puppenspiel und Zauberei. Infos unter www.ritterfest.at

Bei Kindberg, übrigens eine der Perlen des Mürztales, verlassen wir ebenjenes Tal und wenden uns der steirischen Natur zu. Dazu stimmt uns Kindberg perfekt ein, gehört der Ort doch zu den schönsten Blumenstätten der Steiermark. Seit 1982 besitzt Kindberg das Stadtrecht, sein Wappen geht auf eine Sage zurück, nach der ein Kind, das durch ein Hochwasser mitgerissen wurde, völlig unversehrt in Kindberg an Land gespült wurde. Seine Eltern fanden es dort auf einer Wiese sitzend und mit einer Blume spielend vor.

Durch das idyllische Mürztal und seine Ortschaften, wie Stanz und Fischbach, schwingen wir anschließend nach Birkfeld. Und hier heißt es einmal mehr: Bitte Knie an den Tank, der Kurventanz beginnt. Unsere Kartenansicht mag aus Platzgründen den wahren Genuss kaum widerspiegeln. Auch hier lautet meine Empfehlung: Laden Sie sich gerne meine GPS-Datensätze auf Ihr Navi und folgen Sie dem Track. Es lohnt sich!

Über Naintsch und Sankt Kathrein geht es nach Passail, über Fladnitz und Gasen zu einer weiteren Portion Schräglagengenuss durch dichten Wald, über sanfte Höhenrücken und durch frische Talgründe. Das ist Motorradtouren von seiner schönsten Seite. Erst in Pernegg treffen wir wieder auf »unseren« Fluss, auf die Mur, die uns zum Ausgangspunkt zurückleitet.

Graz

Die Landeshauptstadt der Steiermark und die zweitgrößte Stadt Österreichs ist ein quicklebendiger Universitäts- und Wirtschaftsstandort. 2003 immerhin zur Kulturhauptstadt Europas gekürt, ist sie zudem noch Trägerin des Europapreises. Und die Grazer Altstadt gehört zum UNESCO-Weltkulturerbe, sie ist eine der touristischen Hauptattraktionen der Stadt. In puncto Sightseeing also ein absolutes Muss eines jeden Besuches in der Steiermark. Ein praktischer Tipp vorab: Erkunden Sie das Grazer Herz zu Fuß, ziehen Sie bequeme Schuhe an und Kleidung, die nicht zu eng ist. Warum? In der historischen Altstadt mit ihren Gassen, Plätzen und Höfen gibt es viel zu erkunden und noch mehr zu genießen, denn in keiner anderen Stadt ist der »Feinkostladen Österreich« so präsent wie hier. Zahlreiche Bars, Kaffeehäuser, Vinotheken, Gastwirtschaften und Restaurants laden ebenso ein wie zwei große Bauernmärkte. Und im Sommer locken unzählige Biergärten.

HOTELEMPFEHLUNG
Mercure Hotel
Graz City
8020 Graz
Tel.: +43 31751405
www.mercure.com

Graz

53/54 Das Grazer Hinterland
Tourenlänge: 170/195 km; reine Fahrzeit: 4/4–5 h

Perle an der Mur: Fronleiten lohnt einen intensiven Sightseeing-Stopp.

Die Gegenden nördlich und südlich von Graz stehen auf den beiden folgenden Touren auf unserem Programm. Aus Platzgründen in diesem Buch auf einer Seite zusammengefasst, sollten Sie beiden Touren aber dennoch je einen ganzen Tag spendieren. Das Umland der Stadt begeistert mit herrlich kurvenreichen Pisten abseits des Verkehrs jeden Motorradfahrer. Beginnen wir mit Teil 1: Graz und der Norden.

Über Hitzen-, Bern- und Hausdorf huschen wir durch den Nordwesten des Grazer Umlandes und schwingen dann in einem weiten Bogen über Grosstübing hinab in das Murtal. Wir folgen dem Fluss in das malerische Fronleiten. Über 700 Jahre hat das Städtchen bereits »auf dem Buckel«, doch das sieht man dem sorgfältig restaurierten Zentrum nicht an. Mit historischem Markt, sehenswertem Fachwerk und einer eindrucksvollen Silhouette begeistert die Stadt. Erneut liegt dann eine Bundesstraße vor unserem Reifen, die garantiert von Motorradfahrern erbaut wurde: Die B64 geleitet uns nach Rechberg und Passail, bevor wir über winzige Landstraßen, über Stenzengreith und Gutenberg nach Weiz gelangen, dem Kopfbahnhof der legendären Feistritztalbahn, die seit 1911 mit schnaubenden Dampfzügen durch das Feistritztal nach Birkfeld rattert. Ab hier nehmen Sie einfach Graz als grobes Ziel ins Visier und folgen an jedem Abzweig dem schönsten Ausblick – Sie können in puncto Landstraße keine falsche Wahl treffen.

Nahtlos schließt Teil 2 an. Über Nestelbach im Osten der Stadt geht es hinunter ins Raabtal nach Sankt Margarethen. Wir folgen dem Fluss ein Stück weit nach Kirchberg und gönnen uns dann exzessiven Kurvengenuss auf den Landstraßen über Sankt Marein, Schwarzau und Mettersdorf nach St. Peter am Ottersbach. Nur 10 km nördlich der Grenze zu Slowenien liegt das fast 800 Jahre alte Städtchen inmitten sanfter Hügel und idyllischer Täler. Weithin bekannt ist der Ort vor allem für seine guten Weine, denen eine »Weinwarte« gewidmet wurde. Hoch oben auf dem Perbersdorfberg kann man ein herrliches Rundumpanorama genießen bis weit hinein nach Slowenien, in die Karawanken, ja, an manchen Tagen sogar bis in die ungarische Tiefebene.

In Leibnitz lohnt das gleichnamige Kloster einen Boxenstopp. Das älteste noch bestehende Kapuzinerkloster der Steiermark, gegründet 1639, ist das historische Highlight der Stadt. Stainz hingegen im Westen von Graz hat am späten Nachmittag dieses Tourentages noch ein ganz anderes Highlight zu bieten: Die Stainzerbahn, eine Schmalspurbahn, die als der sogenannte »Stainzer Flascherlzug« durch das Land zuckelt. Ihr Name stammt aus der Frühzeit der Bahn, als der als Stainzer Wunderdoktor bekannte Höllerhansl behauptete, aus dem bloßen Betrachten des Urins Krankheiten erkennen zu können. Deshalb reisten viele Kranke mit einem Flascherl Urin an – der Name der Bahn war geboren.

55 Grenzlanderfahrung

Tourenlänge: 260 km; reine Fahrzeit: 5–6 h

Diese tagesfüllende Runde führt uns tief hinein in das Grenzland zwischen Steiermark, Kärnten und Slowenien und bietet viel Abwechslung. Von der weiten Einsamkeit der Koralpe pendeln wir hinunter ins Lavanttal mit seinen sehenswerten Städten, um dann immer entlang der slowenischen Grenze retour zum Ausgangspunkt zu schwingen. Ein erinnerungswürdiges Kontrastprogramm erwartet uns.

Stainz hatten wir ja auf der vorangegangenen Runde bereits unsere Aufwartung gemacht, lassen Sie uns heute zügig weiterschwingen Richtung Deutschlandsberg mit seiner imposanten Burganlage. Die Burg beherbergt seit 1981 ein sehenswertes Museum, hier und in der Stadt finden alljährlich zahlreiche Feste statt, u. a. das Fest »Schilcherberg in Flammen«, eine weithin bekannte Tourismusattraktion mit großem Feuerwerk.

Über die Koralpe oder Koralm wechseln wir hinüber in das Lavanttal und nach Wolfsberg. Hoch über dem Ort erhebt sich das herrschaftliche Schloss, dessen Wurzeln bis auf das Jahr 1178 zurückreichen. Das Schloss am Berg, wo einst die Wölfe hausten, ist heutzutage das Wahrzeichen der Bezirksstadt Wolfsberg und erhielt im 19. Jahrhundert sein heutiges charakteristisches Aussehen. 1000 qm herrschaftliche Prunkräume stehen für Veranstaltungen, Feste, Bälle, Lesungen und Konzerte zur Verfügung.

Durch das Lavanttal fahren wir weiter nach Süden, direkt an die Grenze zu Slowenien, deren Verlauf wir anschließend Richtung Osten folgen, um dann den Soboth zu erklimmen. Die Passstraße an den südwestlichen Ausläufern der Koralpe liegt im Dreiländereck Kärnten–Steiermark–Slowenien, ihr höchster Punkt liegt am »Koglereck« auf ca. 1350 m. Sie ist eine bei Motorradfahrern sehr beliebte Bergstrecke mit zahlreichen Möglichkeiten zu Treffs und Benzingesprächen, ihre größte Steigung beträgt immerhin 15 Prozent. Östlich des Passes liegt der Stausee Soboth, der sich im Sommer bis auf 25°C erwärmt und eine beliebte Bademöglichkeit bietet. Oder einen völlig entspannten Tourenausklang, ganz wie Sie mögen. Und morgen geht es weiter ins Burgenland.

Genuss für alle Sinne: Burgen, Geschichten, Wein und Kurven warten nur auf uns.

Region Burgenland

Begehrtes Fleckchen Erde

Das Burgenland war immer schon fruchtbar, war immer schon schön und deshalb immer schon begehrt. Viele Völker Europas versuchten, sich diesen von Mutter Natur besonders gesegneten Flecken Erde einzuverleiben. Deshalb war es auch immer schon reich an wehrhaften Burgen und Schlössern, die ihm letztendlich wohl seinen Namen gaben. Es ist das östlichste und zugleich das kleinste Bundesland Österreichs. Einstmals gehörte das Territorium zum Königreich Ungarn. Nach dem Ersten Weltkrieg wurden weite Teile des Gebiets der neuen Republik Österreich zugesprochen. Gut 150 Kilometer lang und an seiner schmalsten Stelle gerade einmal vier Kilometer breit, ist es ein überschaubares, aber nicht minder prächtiges Motorradparadies. Auf acht Tagestouren erkunden wir von drei Standorten aus diese hochinteressante Grenzregion zum ehemaligen »Ostblock«.

Fürstenfeld

Die Bezirkshauptstadt liegt direkt auf der Grenze zum Burgenland. Mitte der 1980er-Jahre wurde der Ort durch den gleichnamigen Hit der österreichischen Band S.T.S. weltberühmt. Der Aufschrei »I wül ham noch Fürstenfeld« eines erfolglosen steirischen Musikers in der Großstadt Wien entwickelte sich zu einem wertvollen Werbeslogan, der heute noch gerne benutzt wird. Wasser spielte in und um Fürstenfeld immer schon eine bedeutende Rolle. Die nahe liegende Thermenregion rund um Loipersdorf bietet auch uns wohltuende Entspannung nach einem Tag im Sattel, zudem hat Fürstenfeld das größte Freibad Mitteleuropas – mit 23 000 qm Wasserfläche – mehr als drei Fußballfelder. Die historische Altstadt ist reich gesegnet mit Brunnen und Denkmälern, mit Cafés, Konditoreien und Restaurants, die auch das leibliche Wohl der Gäste bestens umsorgen. Sei es mit deftiger Hausmannskost oder prämierter Kochkunst, sei es auf dem Bauernmarkt oder in den Bauernläden, die den berühmten Treibstoff der Steirer anbieten: das höchst gesunde Kürbiskernöl.

HOTELEMPFEHLUNG
Sport Vital Hotel
Henndorf
8282 Loipersdorf
bei Fürstenfeld
Tel.: + 43 3329 46266
www.sportvital.at

56 Beginn im Süden
Tourenlänge: 170 km; reine Fahrzeit: 4 h

Das Burgenland »erarbeiten« wir uns von Süd nach Nord, von der Grenze zu Slowenien und Ungarn hinauf zum Neusiedler See. Ganz gemütlich, so wie es der Burgenländer mag, frei von Hektik und Überholspuren genießen wir eine der erlebenswertesten Regionen Mitteleuropas.

Über Bad Blumenau und Lindegg gönnen wir uns zunächst aber noch einen »Schluck« Steiermark, schwingen in das idyllische Feistritztal, schauen uns in Ilz, Ottendorf und Markt Hartmanndorf das Steirerleben nochmals an, bevor wir über Tafern nach Kirchberg an der Raab gelangen. Wir folgen dem Fluss in das vor uns liegende steirische Vulkanland. 79 Gemeinden bilden jene gut strukturierte Tourismusregion ganz im Südosten Österreichs. Eine ganz besondere Lebensqualität zeichnet diese einst von Vulkanen geformte Region aus. Essen und Trinken werden hier großgeschrieben, Buschenschenken, Winzer und erlesene Gastronomie laden zu Streifzügen ein, die jede Lederkombi sprengen können.

Immer in Sichtweite zur slowenisch-ungarischen Grenze schwingen wir sodann nach Jennersdorf bereits auf Burgenländer Territorium. Nur einen Katzensprung von der ungarischen Grenze entfernt gehörte der Ort – wie das gesamte Burgenland – bis 1921 noch zu Ungarn. Erst nach dem Ende des Ersten Weltkriegs wurde jenes »Deutsch-Westungarn« in den Verträgen von St. Germain und Trianon Österreich zugesprochen.

Hoch droben auf einem steilen Felskegel thront wenige Kilometer weiter Burg Güssing vor unserem

Hart umkämpft: Das Burgenland wollten sich viele Herrscher Europas »einverleiben«.

Windshield und startet somit den Reigen der Burgen und Schlösser. Mit ihrem Bau aus dem Jahr 1157 ist sie immerhin die älteste Burganlage des Burgenlandes und das markanteste Wahrzeichen der Region. Hier wurde Kaiser Friedrich III. zum König von Ungarn gewählt. Aus ihren umliegenden Hütten entwickelte sich die heutige Stadt Güssing. Die Hauptburg beheimatet heute ein sehenswertes Museum mit rund 5000 Exponaten, vom begehbaren Glockenturm hat man einen fantastischen Panoramablick bis in die Pannonische Tiefebene. Ach ja – und heiraten kann man in der Burgkapelle ebenso Zum Beispiel zum perfekten Ausklang dieses Tourentages. Oder gönnen Sie Ihrem vielleicht verspannten Rücken noch ein Bad in der Therme Loipersdorf. Aufgrund des ausgeglichenen, fast schon mediterranen Klimas gedeihen hier nicht nur kräftige, gehaltvolle Weine. Auch die zahlreichen heilenden Schwefel- und Thermalquellen wurden schon in der Römerzeit genutzt. Die Römer wussten ja wahrlich, wie man das Leben genießt.

Namensgebung: Auch Burg Güssing prägte wohl den Namen des Landes mit.

Fürstenfeld

57 Zwischen den Welten
Tourenlänge: 210 km; reine Fahrzeit: 5 h

Krieg ist out: In Stadtschlaining wird heutzutage der Frieden erforscht.

Entspanntes Grenzland-Wedeln: Hier ist die Zeit vor vielen Jahren stehengeblieben.

Noch einmal starten wir von Fürstenfeld aus, folgen dem natürlichen Grenzverlauf zwischen der Steiermark und dem Burgenland und wedeln dann durch das Grenzland zu Ungarn hin und damit durch eine landschaftlich und auch optisch gänzlich andere Welt.

Wir verlassen Fürstenfeld nach Norden, über Neudau und Wörterberg geht es entlang der steirisch-burgenländischen Grenze, dann rechts ab nach Oberwart und Stadtschlaining mit seiner imposanten Festungsanlage. 1271 erstmals urkundlich erwähnt, kam die Trutzburg im 16. Jahrhundert in den Besitz der Familie Batthyány, deren letzter Eigentümer erster ungarischer Ministerpräsident wurde. Nach seiner Hinrichtung 1849 ging die Burg zunächst an Ungarn, später an das Burgenland. Genutzt wird sie u.a. vom Österreichischen Studienzentrum für Frieden und Konfliktlösung, das hier das sehenswerte Europäische Friedensmuseum eingerichtet hat – gibt es eigentlich eine sinnvollere Nutzung für ein einstiges Mahnmal des Krieges?

Apropos Krieg: Gleichwohl heutzutage zwischen Österreich und Ungarn absolut friedliche Verhältnisse herrschen; ein wenig gezeichnet von den jahrhundertelangen Querelen ist die Grenzregion auch heute noch. Nicht nur die überwältigende Einsamkeit so mancher den Grenzverlauf metergenau nachzeichnenden Landstraße ist ein Indiz dafür, auch in den Dörfern entlang unserer Tour ticken die Uhren irgendwie anders, langsamer, bedächtiger. Schauen Sie sich intensiv um auf dem Weg über die Dörfer, über Dürnbach, Eisenberg, Kroatisch-Ehrensdorf und wie sie alle heißen.

Und für einen Abstecher hinüber nach Ungarn genügt der gültige Personalausweis – Europa sei Dank. Dort erwartet uns dann nochmals eine vollkommen andersartige Welt. Aber das ist ein gänzlich anderes Thema ...

Erst die Nähe zu Jennersdorf und dem umliegenden steirischen Thermenland holen uns am späten Nachmittag wieder zurück in die Gegenwart, in das Hier und Heute. Nach einer ganzen Reihe höchst kurvenreicher Geschichtsstunden, wie auch Sie dieser Tour attestieren werden. Und für den abendlichen Ausklang empfehle ich – nochmals – das Fürstenfelder Nachtleben, denn morgen reisen wir weiter nach Norden zu ganz anderen Genüssen.

Kirchschlag in der Buckligen Welt

Dort wo sich die Ostalpen zur ungarischen Tiefebene hinab verbeugen und zum Wiener Becken eine Landschaft mit breiten Tälern und runden Höhen bilden, da formen Dörfer, Wiesen, Felder und Wälder eine ganz eigene Welt, eben jene »Bucklige Welt« – das Land der 1000 Hügel. Das fruchtbare Gebiet war schon seit dem 3. Jahrtausend vor unserer Zeitrechnung besiedelt und als Ostgrenze Österreichs jahrhundertelang umkämpft. Unser Ausgangsort für die kommenden drei Tagestouren – das Örtchen Kirchschlag in der Buckligen Welt (welch ein Name!) – hat eine durchaus wechselvolle Geschichte. Als Bollwerk des Abendlandes gegen die von Osten anstürmender Feinde machte es sich als »Granitfestung« einen Namen, galt als nahezu uneinnehmbar. Heutzutage ein durch und durch friedvoller Ort auf der Grenze zwischen dem Burgenland und Niederösterreich bietet die Stadt im touristischen Dornröschenschlaf dennoch viel Sehens- und Erlebenswertes auch für einen längeren Aufenthalt.

HOTELEMPFEHLUNG

Hotel Post
2860 Kirchschlag
in der Buckligen Welt
Tel.: +43 2646 2216
www.hotel-post-hoenig.at

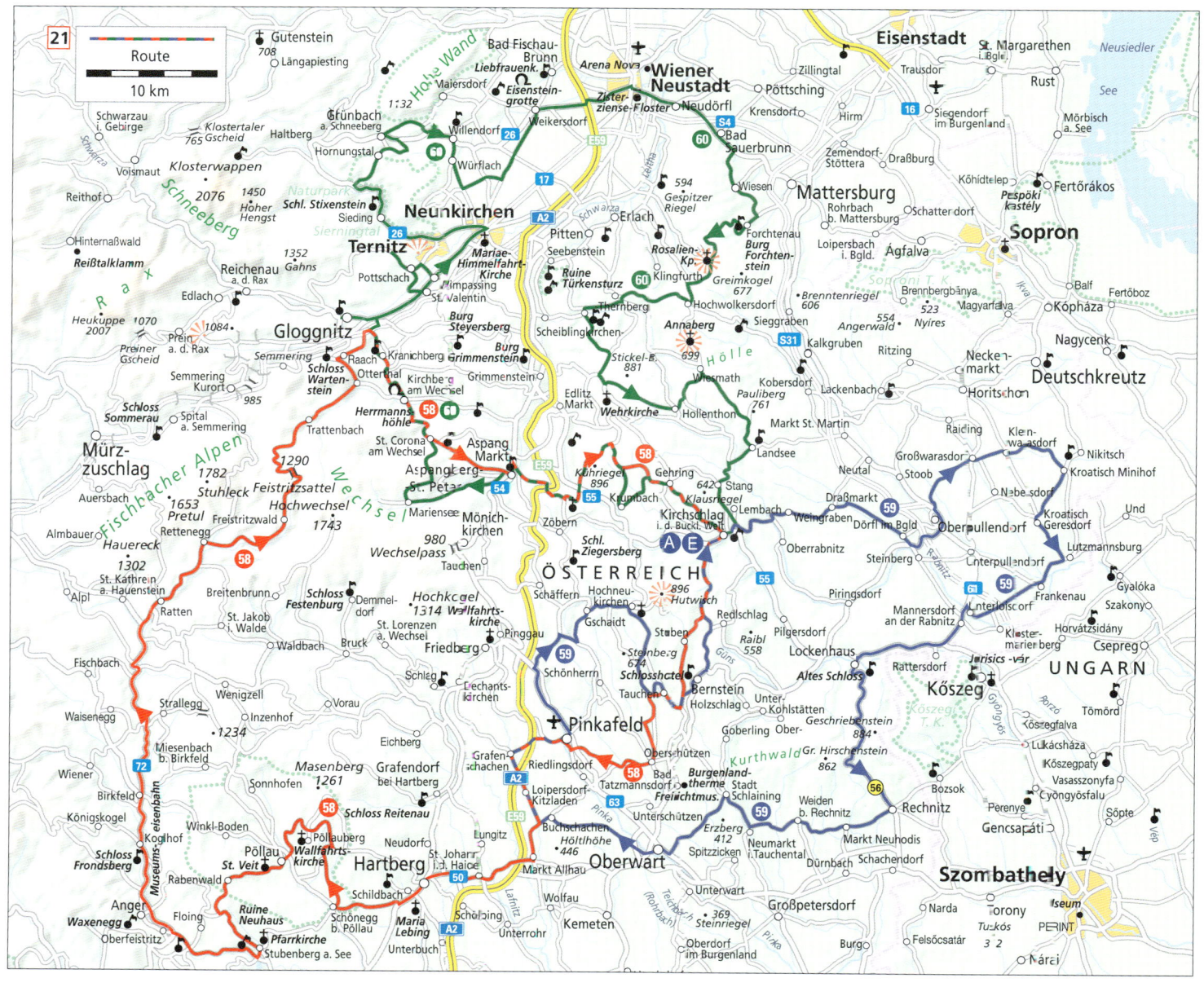

Kirchschlag in der Buckligen Welt

58/59 Ab ins Steirische
Tourenlänge: 230/180 km; reine Fahrzeit: 5–6/4–5 h

Dem Geheimnis auf der Spur: Burg Lockenhaus nahe der Grenze zu Ungarn

Weites Land, viele Kurven: Sommerliche Abendstimmung nahe Burg Bernstein

Gleich im Westen schließt das Bikerparadies Steiermark nahtlos an das Burgenland an. Auf dieser Runde erkunden wir ein sehenswertes Grenzlandstück der Steiermark, ohne dabei allerdings das Burgenland aus den Augen zu verlieren.

Zunächst Richtung Bernstein geht es aus dem Ort hinaus nach Pinkafeld. Zu Bernstein und seinem bikenden Burgherren gibt es auf Tour 59 noch weitere Infos. Über Hartberg und Pöllau erreichen wir dann den Stubenbergsee, ein beliebtes Baderevier mit vielfältigen Freizeiteinrichtungen. Lust auf einen erfrischenden Badestopp? Jetzt wäre Gelegenheit dazu.

Unser einziger Pass des Tages erwartet uns dann Richtung Norden. Der Feistritzsattel auf knapp 1300 m ist ein herrliches Kurvenparadies. Ebenso wie das westlich von Gloggnitz anschließende Bergrevier des Semmering, das wir uns allerdings auf Tour 60 und 73 noch genauer ansehen werden. Für heute geht es über den Markt Aspang erst einmal heimwärts in die Bucklige Welt.

Apropos Burg Bernstein: Erstmals urkundlich erwähnt wird die Burg schon im 13. Jahrhundert. Bis weit ins 18. Jahrhundert hinein war sie eine der wichtigsten Fluchtburgen der Region. 1892 kaufte die Familie Almásy die Burganlage. 1953 wurde ein Hotelbetrieb eingerichtet, dessen Tradition auch vom heutigen Burgherrn Alexander Berger fortgeführt wird. Warum ich darüber berichte? Weil Alexander Berger ein ebenso begeisterter, wie begnadeter Biker ist, der seine Gäste gerne on- und offroad durch das Burgenland führt. Besuchen Sie ihn und grüßen Sie gerne von mir.

Dann lassen Sie uns zu intensivem Kurvenschrubben aufbrechen. Über Pinkafeld erreichen wir Oberwart und wenden uns gen Osten direkt hinüber zur ungarischen Grenze. Deren Verlauf folgen wir zur mächtigen Burg Lockenhaus. Erbaut wurde sie um 1200. 1968 erwarb der Schriftsteller Paul Anton Keller die Burg und restaurierte sie grundlegend. Ein Geheimnis hat Lockenhaus aber bis heute nicht preisgegeben: ob es sich tatsächlich um eine wichtige Ordensburg der geheimnisvollen Templer gehandelt hat. Mysteriöse Steinmetzzeichen und Fresken deuten darauf hin. Auch wir werden das Geheimnis bei unseren Besuchen wohl nicht lüften können.

Region Burgenland

60 Genuss im Nirgendwo
Tourenlänge: 220 km; reine Fahrzeit: 5 h

Diese Runde führt uns vorbei am Semmering und den südlichen Ausläufern der Wiener Neustadt zur schmalsten Stelle des Burgenlandes, zum »Flaschenhals« bei Mattersburg. Von hier aus kreuzt jede Straße zwangsläufig eine Grenze – entweder hinüber nach Ungarn oder ins angrenzende Niederösterreich.

Noch einmal geht es über den Markt Aspang nach Norden Richtung Gloggnitz. Gleich hinter Kirchberg locken uns die Wegweiser zur Hermannshöhle, der größten Tropfsteinhöhle Niederösterreichs. Heutzutage Heimat vieler Fledermausarten, wird sie sowohl von Touristen wie auch von Höhlenforschern und Zoologen gerne besucht. Das sogenannte »Windloch« bildet dabei den Haupteingang, der Ausstieg erfolgt durch das »Taubenloch«. Überirdische Genüsse bietet hingegen Gloggnitz. Hier auf der Grenze zu Niederösterreich am Fuß des Semmerings liegt die »Stadt in den Bergen« mit ihrem sehenswerten Schloss, das seit 1977 mit großem Aufwand kernsaniert wurde. 1988 wurde die Michaelskapelle wieder geweiht, 1991 ein neues, inzwischen sehr beliebtes Café-Restaurant eröffnet.

Ein weiteres Highlight der Region ist der bereits erwähnte Semmering im Westen von Gloggnitz. In den oftmals mondänen, aber auch höchst sehenswerten Villen des Kurortes gastierten nicht nur Habsburger Kaiser, sondern auch Poeten, Schriftsteller und berühmte Musiker. Doch Semmering musste seinen Gästen mehr bieten, als »nur« Landschaft. So gab es bereits 1899 das erste Semmering-Bergrennen, eine inzwischen legendäre Motorsportveranstaltung, damals für Autos und Motorräder, heutzutage vor allem für Oldtimer-Rallyes.

Wiener Neustadt, immerhin die zweitgrößte Stadt Niederösterreichs, liegt gut 50 km südlich von Wien und ist unser nächstes Zwischenziel. Kaiser Friedrich III. nutzte sie neben Linz und Graz als weitere

Residenz, auch sein Sohn Maximilian I. hielt Hof in Wiener Neustadt, wo er auch seine letzte Ruhe fand. Heutzutage sehenswert sind u.a. der Wiener Neustädter Dom, die Burg mit der Theresianischen Militärakademie, die gotischen Arkaden am Hauptplatz sowie auch die Reste der Stadtmauer mit Kasematten, Reck- und Wasserturm sowie die Mariensäule.

Tja und dann »zwängen« wir uns bei Mattersburg durch den Burgenländer Flaschenhals, die schmalste Stelle des Bundeslandes, retour in die Bucklige Welt. Es wird uns kaum jemals auffallen, sind doch die Grenzen zwischen den einzelnen Bundesländern auch hier grün und »fließend«.

Von Frühling bis Spätherbst: Österreich hat uns fast ganzjährig viel zu bieten.

Neusiedl am See

Inmitten von Weingärten liegt das Städtchen Neusiedl am Nordufer des Neusiedler Sees. Der Ort gehörte bis 1921 zu Ungarn. Nach dem Ende des Ersten Weltkriegs wurde die gesamte Region Österreich zugesprochen und dem neu gegründeten Bundesland Burgenland einverleibt. Rasch entwickelte sich Neusiedl zu einer der touristischen Perlen. Ja, wer heutzutage an das Burgenland denkt, sieht vermutlich automatisch diesen horizontweiten, flunderflachen See vor sich, an dessen Ufer ein quirliges Touristenstädtchen auf uns wartet. Sehenswert sind unter anderem die Stadtpfarrkirche mit gotischer Fischerkanzel aus dem 18. Jahrhundert, die Dreifaltigkeitssäule von 1714 sowie die am Taborberg gelegene Burgruine aus dem 16. Jahrhundert. Die Neusiedler Hauptattraktion ist natürlich das herrliche Strandbad mit vielen Möglichkeiten zum Schwimmen, Surfen und Segeln. Und für uns Biker der perfekte Ausgangsort der kommenden drei Tagestouren.

> **HOTELEMPFEHLUNG**
> Weinlaubengasthof
> Rathausstüberl
> 7100 Neusiedl am See
> Tel.: +43 2167 2883
> www.rathaus-stueberl.at

Region Burgenland

61 Runde um den See
Tourenlänge: 230 km; reine Fahrzeit: 5–6 h

Den Neusiedler See einmal zu umrunden ist heutzutage nicht mehr unmöglich. Denn der erste Teil der Runde durch das angrenzende Ungarn ist für EU-Bürger inzwischen absolut problemlos zu bereisen. Schauen Sie sich gut um, es ist eine gänzlich andere Welt. Höchst sehenswert – so wie der weitere Verlauf der Tour.

Am östlichen Seeufer schwingen wir zunächst einmal nach Podersdorf und genießen den weiten Blick auf den Neusiedler See. Er ist einer der letzten echten Steppenseen Europas und zudem der größte See Österreichs. Seine 320 qkm Fläche teilen sich Österreich und Ungarn. Breite Schilfgürtel, eine geringe Wassertiefe von maximal 1,8 Metern sowie ein sehr mildes Klima prägen dieses naturgeschützte Gewässer, das seit 2001 zum UNESCO-Welterbe gehört. Bis zu 30° C kann sich der See im Hochsommer erhitzen und damit zu einem der beliebtesten Badegewässer Österreichs werden.

Über Illmitz und Sankt Andrä erreichen wir dann bei Palmhagen die Grenze zu Ungarn. Umgehend empfängt uns eine völlig andere Welt. Der Neusiedler See verschwindet hinter breiten Schilfgürteln, nur einsames, dünn besiedeltes Land umgibt uns auf dem Weg Richtung Sopron.

Dies ist eine der ältesten Städte Ungarns und bereits seit 1735 Universitätsstadt. Nach dem Ersten Weltkrieg war Sopron eigentlich als Hauptstadt des Burgenlandes vorgesehen, doch die ungarischen Bewohner wehrten sich erfolgreich gegen diese Regelung und stimmten in einem Volksentscheid dafür, zu Ungarn zu gehören. Heutzutage ist Sopron ein erlebenswert aufstrebendes Städtchen, dessen bekannteste Wahrzeichen der Feuerturm und das imposante Rathaus sind.

Bei Deutschkreutz betreten wir dann wieder österreichisches, oder besser gesagt, Burgenländer Gebiet und schwingen Richtung Mattersburg durch den »Flaschenhals«. Sie erinnern sich: Hier ist das Burgenland gerade einmal wenige Kilometer breit. Von Mattersburg aus suchen wir uns den Weg retour an den Neusiedler See nach Mörbisch und Rust und genießen die sich stetig verändernden Ausblicke auf den vielleicht bekanntesten See Europas. Dass wir dafür ab und zu ein wenig zu Fuß gehen müssen – vor allem um das unschöne Abkassieren mittels horrender Parkgebühren zu umgehen – sei akzeptiert und ist zudem ja auch ganz gesund.

Pralle Geschichte: Neusiedl hat viel zu bieten – auch abseits des Sattels.

Neusiedl am See

62 Gruseln am Neusiedler See
Tourenlänge: 230 km; reine Fahrzeit: 5–6 h

Mit Gruselfaktor: Die »Fluchtstraße von Andau«

Keine Sorge – hier explodiert nichts mehr.

Bereits der erste Blick auf die Landkarte zeigt, dass die Region rund um den Neusiedler See viel mehr zu bieten hat als gerade einmal eine Tagestour. Auch auf dieser tagesfüllenden Runde genießen wir das ganz eigene, milde Klima des Sees, das uns von den ersten Frühlingstagen bis weit in den November hinein exzessive Kurvenhatz erlaubt.

Noch einmal huschen wir dazu früh am Morgen am Ostufer entlang nach Podersdorf und Illmitz, lassen diesmal allerdings das Nachbarland Ungarn rechts liegen und schwingen über Wallern nach Andau. Dort wartet ein ganz besonderes »Kunstprojekt« auf uns, das es unbedingt einmal zu besuchen gilt: die Fluchtstraße von Andau. »Bei Andau gab es eine Brücke. Konnte sie einer erreichen, fand er den Weg in die Freiheit …«, schrieb der Schriftsteller und Kriegsberichterstatter James Michener. Im Oktober 1956 brach in Ungarn ein Volksaufstand aus, der von sowjetischen Truppen blutig niedergeschlagen wurde. Aus Panik vor den metzelnden Soldaten flüchteten über 200 000 Ungarn ins angrenzende Ausland. Die Brücke von Andau über den Einser-Kanal war in jenen Tagen für viele Menschen die letzte Möglichkeit, in die Freiheit zu gelangen. Die Brücke wurde zwar bald darauf von den Soldaten gesprengt, später als Denkmal aber wieder nachgebaut. Viele Künstler Österreichs und Ungarns haben die blutgetränkten Ereignisse auf der Fluchtstraße als eindrucksvolle Freiluftgalerie nachgestellt.

Nordwärts führt unser weiterer Weg über Frauenkirchen und Nickelsdorf nach Hainburg an die Donau. Sie ist nach der Wolga der längste Strom Europas mit immerhin 2888 Kilometern Länge. Die Donau entspringt im Schwarzwald und mündet in das Schwarze Meer, dabei durchfließt sie sechs Staaten und ist für weitere vier Staaten der Grenzfluss. Doch kaum ein Land wird so eng mit der Donau in Verbindung gebracht wie Österreich.

Nahe Bad Deutsch-Altenburg begrüßt uns heute erst einmal Schloss Petronell, eine mittelalterliche Wasserburg aus dem 11. Jahrhundert, die um 1667 zu einer vierflügeligen barocken Schlossanlage für die Familie Abensperg-Traun ausgebaut wurde. Bereits 1683 wurde das Schloss von den Türken in Brand gesteckt, aber ab 1690 wieder aufgebaut. 17 Generationen war das Schloss in Familienbesitz, 2006 wurde es an einen privaten Investor verkauft. Es bildete die sehenswerte Kulisse für Filme wie »Katharina die Große« und »Die Drei Musketiere«. Und für einen lohnenden Boxenstopp, bevor wir über Bruck an der Leitha retour nach Neusiedl am See schwingen.

Region Burgenland

63 Der See und die Donau

Tourenlänge: 210 km; reine Fahrzeit: 5–6 h

Im Grenzland zu Niederösterreich pendeln wir auf dieser Tour sozusagen von einem Höhepunkt zum nächsten. Und das auf Landstraßen abseits jeglichen Verkehrs. Wer zur Mittagsstunde dann Österreichs Hauptstadt mehr als nur eine Stippvisite spendieren möchte, der sollte diese tagesfüllende und abwechslungsreiche Runde lieber zweiteilen.

Vorbei an Schloss Petronell geht es zunächst einmal nach Hainburg an der Donau, direkt im Grenzland zu Ungarn gelegen. Dort queren wir den berühmten Fluss und schwingen fernab aller Hektik am idyllischen Donau-Nordufer nach Westen. Wir nähern uns dem äußeren Wohnring der österreichischen Hauptstadt, und während Verkehr und die Zahl roter Ampeln sukzessive zunehmen, werden wir uns fragen: Macht es Sinn, Österreichs legendäre und zweifelsohne erlebenswerte Hauptstadt mit dem Motorrad zu besuchen?

Mein Tipp: Gönnen Sie sich einen separaten Wien-Tripp, ein verlängertes Wochenende, setzen Sie sich daheim in den Flieger und lassen Sie sich höchst bequem für eine Schnäppchen-Wochenendpauschale in diese Weltstadt transportieren. Erkunden Sie die schönsten Flecken der Stadt zu Fuß oder mit dem Fiaker, gönnen Sie sich so viele Kaffeehausbesuche, wie Ihr Magen verträgt, und lernen Sie diese pulsierende Metropole gepäck- und mopedbefreit aus der Perspektive des Fußgängers kennen. Intensiver und einfacher geht es mit dem Motorrad keinesfalls.

Über Himberg und Ebreichsdorf gönnen wir uns am Nachmittag dann noch eine erlebenswerte Burgenländer Geschichtsstunde, den Besuch in Eisenstadt im Westen des Neusiedler Sees. Dominiert wird der Anblick der ehemaligen Residenzstadt der Fürstenfamilie Esterházy natürlich vom gleichnamigen Schloss, in dessen historischen Mauern man sich unwillkürlich in eine längst vergangene Zeit zurückversetzt fühlt. So soll die 1682 verstorbene Gattin des Fürsten Paul I. Esterházy – nach ihrem Tode wie damals üblich stehend aufgebahrt – nicht etwa ganz natürlich verwest sein, sondern bis heute unerklärlich, weil ohne menschliches Zutun, mumifiziert worden sein. Nachdem diese Merkwürdigkeit im Laufe der Jahrhunderte die Basis für eine landesweite Wallfahrt zu werden drohte, sah man sich Anfang des 20. Jahrhunderts gezwungen, die ausgestellte Mumie in einer Gruft zu verschließen.

Bevor wir uns nun in das Bundesland Niederösterreich rund um Wien begeben, lassen Sie uns das Thema »Burgenland« noch mit einer ausgiebigen Kurvenhatz durch das Leithagebirge zünftig beenden. Vermutlich werden auch Sie am Ende dieser Tage einen Seitenkoffer im Burgenland postieren als perfektes Argument, immer wieder einmal vorbeizuschauen.

Sehenswerte »Mehrraum-Wohnung«: Schloss Esterházy mitten in Eisenstadt

Region Niederösterreich mit Wien

Vielfalt als Programm

Das kleinste und das größte Bundesland habe ich in diesem Kapitel zusammengefasst. Das macht durchaus Sinn, wenn man sich einmal die Karte anschaut: Wien – gleichzeitig Hauptstadt und kleinstes Bundesland Österreichs – wird nämlich komplett von Niederösterreich umzingelt. Letzteres wiederum teilt sich geografisch in vier Regionen beziehungsweise Viertel: das Wein-, Wald-, Most und Industrieviertel, denen wir auf den kommenden Touren allesamt unsere Aufwartung machen werden. Und wenngleich uns weder in Wien noch in Niederösterreich hohe Pässe erwarten, werden Sie am Ende dieses Kapitels feststellen, dass Niederösterreich dem tourenden Entdecker unendlich viel zu bieten hat. Aber schauen wir genauer hin ...

Baden

Nur einen Katzensprung südlich von Wien gelegen, eignet sich das niederösterreichische Städtchen Baden nicht nur perfekt als Standort für eine eigenständige Erkundung der Bundeshauptstadt sondern bietet auch als Tourenstandort für die Ausflüge in die umliegenden und sehr abwechslungsreichen Regionen ein perfektes Ambiente. Schon die Römer liebten die warmen Schwefelquellen rund um das heutige Baden. 1480 erhielt der Ort seine Stadtrechte, Kaiser und Könige kamen zur Kur, Königinnen erhofften sich hier Heilung von ihrer Kinderlosigkeit. Die Türken zerstörten die Stadt zweimal, die Pest raffte ihre Bewohner dahin, und nach dem großen Stadtbrand von 1812 wurde Baden auf seinen Ruinen als Biedermeierstadt nahezu komplett neu aufgebaut. Mit dem Bau des Spielcasinos 1934 wurde Baden sogar zum bedeutendsten Kurort Österreichs. Daran konnte auch der 2. Weltkrieg nicht viel ändern. Diese pralle Geschichte, die touristische Infrastruktur sowie die zahlreichen Annehmlichkeiten Badens machen die Stadt zu einem der wichtigsten touristischen Ziele Österreichs, einem Standort, der auch uns Motorradfahrern viel Genuss abseits des Sattels beschert.

HOTELEMPFEHLUNG
Hotel Herzoghof
2500 Baden
Tel.: +43 2252 87297
www.hotel-herzoghof.at

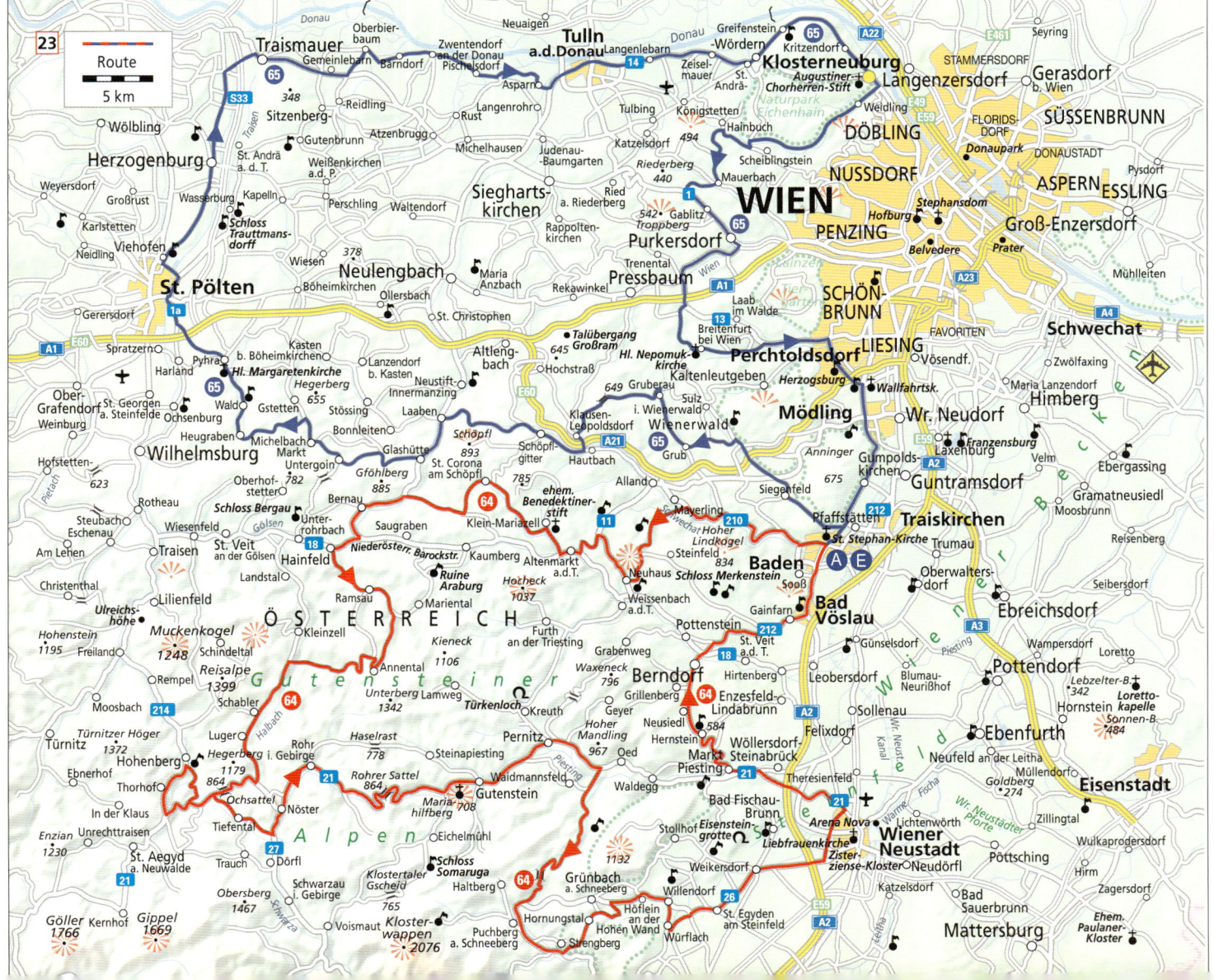

64 Entlang der Thermenlinie

Tourenlänge: 230 km; reine Fahrzeit: 5–6 h

Zugegeben, rund um Österreichs Hauptstadt Wien ist das Land ganz schön dicht besiedelt, die Straßen sind belebter, verkehrsreicher, die Städte quirliger. Doch auch hier gibt es ruhige, landschaftlich schöne, ja überraschend kurvenreiche Strecken zu entdecken, gibt es abseits des Sattels noch viel mehr zu sehen. Diese Tagestour gehört zu den kurvenreichsten Niederösterreichs.

Die südlichen Ausläufer des Wienerwaldes begrüßen uns gleich nach dem Start in den Tag. Das 45 km lange und bis zu 30 km breite Mittelgebirge ist ein äußerst beliebtes Naherholungsgebiet der Wiener Großstädter. Seine höchste Erhebung sind der gut 900 m hohe »Schöpfl« mit der Matraswarte und sein Nachbar »Mitterschöpfl« mit dem Leopold-Figl-Observatorium der Wiener Universität. Vom Schöpfl aus reicht der Blick bis zu 100 km weit in die steirisch-niederösterreichischen Kalkalpen. Im Wienerwald liegen zudem einige Höhlen, Burgen, Ruinen und mit Stift Heiligenkreuz, Kloster Kleinmariazell und der Kartause Mauerbach auch so manch sehenswerte Klosteranlage.

Über Sattelbach und Mayerling geht es zügig nach Altenmarkt an der Triesting und in einer weiten Nordschleife nach Ramsau, dem Einstieg in ein herrliches Kurvengemenge, das uns durch dichten Wald gen Süden nach Hohenberg führt. Und siehe da, hier liegt uns sogar ein Pass zu Füßen: der Ochsattel mit 850 Höhenmetern und gut 10 Prozent Steigung. Okay, im Reigen der großen Alpenpässe spielt er bei den Hinterbänklern, aber dennoch ist er ein fahrerischer Genuss. So wie unsere heutige Nr. 2, der Rohrersattel (865 m) auf dem Weg nach Gutenstein und Pernitz.

Über winzige Landstraßen (Sie erinnern sich an unseren GPS-Download-Service?) erreichen wir Wiener Neustadt, die zweitgrößte Stadt Niederösterreichs, gut 50 km südlich von Wien. Werfen Sie einen Blick auf den imposanten Dom oder die Burg mit der Theresianischen Militärakademie, bevor wir über Berndorf und Bad Vöslau retour nach Baden kurven.

In jenem Berndorf kam 1836 übrigens die erste Dampfmaschine Niederösterreichs zum Einsatz. 1844 legten Alexander Schoeller und Hermann Krupp den Grundstein der Firma, die sich später unter Arthur Krupp zu einem Weltkonzern entwickelte. Eine Geschichte, an die sich Berndorf auch heute noch gerne erinnert.

Nicht nur lecker Backhendl: Der Wienerwald ist auch ein prächtiges Kurvenrevier.

Baden

65 Der Wienerwald Teil 2
Tourenlänge: 220 km; reine Fahrzeit: 5 h

Viel Aussicht: Höhenstraßen zieren die Hügel des angrenzenden Mostviertels.

Der Wienerwald ist das beliebteste Naherholungsgebiet der Wiener, er ist die wohl wichtigste grüne Lunge der Großstadt, und er ist ein prächtiges Kurvenrevier, das wir uns unbedingt noch einmal ausgiebig zu Gemüte führen sollten. Möglichst an einem Wochentag, damit uns die Landstraßen dieser Runde nahezu allein gehören. Das klappt an Sommerwochenenden nämlich nicht immer.

Apropos Wien: Diese Runde pendelt zu guter Letzt vor den Toren Wiens aus, falls Sie also eine Stippvisite in der Bundeshauptstadt planen, fahren Sie diese Runde unterwegs etwas zügiger und vergrößern Ihr abendliches Zeitfenster für Wien. Durch das Herz des Wienerwalds schwingen wir aus Baden hinaus in die Landschaft. Winzige Landstraßen führen uns kurvenreich Richtung Sankt Pölten, der Hauptstadt und zugleich größten Stadt Niederösterreichs direkt im sogenannten Mostviertel. Heftigen Streit gibt es allerdings um den Titel »Älteste Stadt Österreichs« – den beanspruchen nämlich auch noch Salzburg und Enns. Doch auch ohne dieses Prädikat hat St. Pölten viel zu bieten: das sehenswerte Rathaus, Wahrzeichen der Landeshauptstadt, oder den Riemerplatz mit seiner lückenlosen historischen Bausubstanz aus der Barockzeit.

Am Ostrand der Wachau – übrigens seit 2000 UNESCO Weltnaturerbe, das wir uns natürlich noch genauer anschauen werden – schwingen wir gen Norden zur Donau. Der nach der Wolga längste Strom Europas hat nicht nur hier auf seinen letzten Kilometern auf österreichischem Territorium die Landschaft für immer geprägt. Sehenswerte Städte liegen direkt am Donauufer, horizontweite Auen sorgen dafür, dass das Donauwasser nicht zu oft in die Keller der Zivilisation schwappt. Über Tulln und Sankt Andrä-Wördern erreichen wir Klosterneuburg, nicht ohne vorher noch einen Blick auf die Lourdesgrotte in Maria Gugging zu werfen. 1925 wurde in einem aufgelassenen Steinbruch jene Nachbildung der berühmten Marienwallfahrt in den Pyrenäen errichtet. Originalgetreue Nachbildungen einiger Statuen und Tore sind das touristische Highlight des Ortes, der allerdings bei Weitem nicht so überlaufen ist wie das Original.

Von Klosterneuburg am Donauufer schwingen wir dann zu einem letzten Ritt durch den Wienerwald über Purkersdorf und Breitenfurt rund um den westlichen Stadtrand von Wien. Wenn Sie mögen, setzen Sie hier den Blinker links und die historischen oder touristischen Schätze der weltberühmten Hauptstadt zusätzlich auf Ihr Roadbook. Der Heimweg nach Baden ist dann nur noch ein Katzensprung.

Hollabrunn

Seit der Jungsteinzeit siedeln Menschen rund um diesen Tourenstandort. Die erste urkundliche Erwähnung erfolgte 1135, bis heute sind Hollabrunn und seine Region direkt am Dreiländereck zwischen Österreich, Tschechien und der Slowakei überaus reich an Geschichte. Mögen auch die ganz großen Ereignisse anderswo stattgefunden haben, die historische Bausubstanz der sehenswerten Altstadt hat dennoch mächtig viel Interessantes zu erzählen. Am Hauptplatz wurde bereits 1681 eine berühmte Pestsäule errichtet. 1713 wurde sie um vier Heiligenstatuen erweitert. Gleich daneben befindet sich der Florianibrunnen. Die Stadtpfarrkirche geht auf das Jahr 1160 zurück, und die »Alte Hofmühle« war ursprünglich ein ansehnlicher Herrensitz. Heute wird sie als Museum und Veranstaltungsort genutzt. Kurios ist auch der »Pinkelstein« im benachbarten Örtchen Raschala. Hier soll der Legende nach Wolfgang Amadeus Mozart auf seiner Reise nach Prag einem dringenden Bedürfnis nachgegangen sein – ein willkommener Grund für die Weinviertler, hier alljährlich das »Ringelreih'n am Pinkelstein« stattfinden zu lassen. Ja, sogar der Ortsname soll aus dem Wunsch Mozarts entstanden sein, mal eben »rasch ala« – also rasch allein – sein zu wollen.

HOTELEMPFEHLUNG
Hotel Restaurant
»Zur Stadt Hollabrunn«
2020 Hollabrunn
Tel.: +43 2952 2226
www.hotelriepl.at

Hollabrunn

66 Das Weinviertel – Teil 1
Tourenlänge: 220 km; reine Fahrzeit: 5 h

Geschichtsstunde: Die Anfänge der Menschheit zeigt das Museum in Asparn.

Bei Jedenspeigen: Europas größte Ritterschlacht fand auf diesen Äckern statt.

Das Weinviertel ist eines der beliebtesten Reiseziele Österreichs. Während wir uns tagsüber von ausgiebigen Weinverkostungen fernhalten sollten, können wir uns abends dann all das gönnen, auf das wir tagsüber aus Promillegründen verzichten mussten. Gen Süden huschen wir am Morgen aus Hollabrunn hinaus, wenn Sie mögen mit einem kurzen Boxenstopp am berühmten Pinkelstein von Raschala, bevor uns die Andersartigkeit des Weinviertels in seinen Bann zieht. Horizontweite Weinberge, heimelige Winzerorte und ungezählte Weinkellereien zieren unseren Weg über Großmugl und Ernstbrunn hinab nach Wolkersdorf im Weinviertel.

Die auch das »Viertel unter dem Manhartsberg« genannte Region ist Österreichs größtes Weinbaugebiet und grenzt im Osten an die Slowakei, im Norden an Tschechien, im Westen an das Waldviertel und im Süden an das Most- und Industrieviertel. Fast in jedem Ort findet sich ein Schloss, die meisten gehen auf mittelalterliche Festungen zurück und wurden immer wieder zerstört und neu aufgebaut.

Wolkersdorf nennt sich selbst gern das »Tor zum Weinviertel«, ein Prädikat, das vor allem seine Berechtigung hat, wenn man aus dem Süden anreist. Wir aber befinden uns bereits mitten im Thema und gönnen uns nun eine ausgiebige Hatz über die Dörfer. Grobe Richtung Osten, bis uns bei Dürnkrut die Grenze zur Slowakei einbremst.

60 000 Soldaten sollen sich im Umland von Jedenspeigen am 26. August 1278 in zwei feindlichen Lagern gegenübergestanden haben. Rudolf I. von Habsburg, seines Zeichens deutscher König, stand dem Eindringling Ottokar II., König von Böhmen, gegenüber, dessen Söldner er in einer der größten Ritterschlachten Europas schlug. Er legte mit seinem Sieg den Grundstein der Habsburger Herrschaft in Österreich. Davon erzählen kann heutzutage eine sehenswerte Dokumentation im Inneren des imposanten Schlosses von Jedenspeigen.

Über Zistersdorf, Poysdorf und Mistelbach sehen wir nochmals eine satte Portion Weinviertler Landschaft auf dem Weg nach Asparn. Hademar von Sonnberg errichtete hier im 13. Jahrhundert auf den Resten einer bereits 1121 erwähnten Burg ein Schloss. 1397 wird es unter neuer Herrschaft umgebaut und erweitert. 1967 mietete das Land Niederösterreich das inzwischen baufällige Schloss Asparn, um hier nach umfassender Sanierung das Niederösterreichische Landesmuseum für Urgeschichte zu eröffnen und in sehenswerten Ausstellungen die Anfänge der Menschheitsgeschichte zu präsentieren. Ein wahrlich erinnerungswürdiger Ausklang unserer heutigen Runde, wenn es zeitlich passt.

Region Niederösterreich mit Wien

67 Das Weinviertel – Teil 2

Tourenlänge: 220 km; reine Fahrzeit: 5 h

Lassen Sie uns auf dieser Tagestour pendeln zwischen Wein- und Waldviertel, zwischen sonnenverwöhnten Rebenhängen und frischem, kühlem Wald. Abwechslungsreicher geht es kaum.

Über Heldenberg und Großweikersdorf erreichen wir den Nordrand des gewaltigen Donautales, nicht ohne Ausschau nach dem kulturellen Highlight des Weinviertels zu halten: den Kellergassen. Sie liegen meistens irgendwo am Rand des historischen Dorfkerns, sind nur wenige Meter breit und ihre eigentlichen Schätze liegen hinter fensterlosen Türen tief unten in der gleichmäßig kühlen Erde: das flüssige Gold des Weinviertels. In den Kellergassen wird nach der Weinlese weiter gearbeitet bis spät in die Nacht, hier wechseln Weine, ja ganze Jahrgänge traditionell nur mit dem Handschlag der Beteiligten den Besitzer, und anschließend wird der Handel ordentlich gefeiert. Unter der Woche sind sie meistens geschlossen, erblühen sie vor allem sonntags zum Leben.

Richtung Mühlbach am Manhartsberg und Elsarn im Strassertal wechselt ganz allmählich das Landschaftsbild um uns herum, der Wald verdrängt den Wein. In weitem Bogen pendeln wir am Rand des Kamptales entlang über das beschauliche Eggenburg zu einem Pflichttermin für alle Biker, nach Sigmundsherberg: Hier residiert seit 2010 das legendäre »1. Österreichische Motorradmuseum«. Ob nun die größte PUCH-Sammlung der Welt, ob kaum bekannte Motorräder von Laurin & Klement, DSH, Titan oder Delta Gnom oder die edelsten Bikes der Welt namens Brough-Superiors – die sogar schon Lawrence von Arabien fuhr – Professor Friedrich Ehn hat im Laufe seines Lebens mit unstillbarer Leidenschaft und großem finanziellem Engagement alles gesammelt, was ihm unter die Finger kam. Vom berühmten Scheunenfund bis zu teuersten Zweirad-Raritäten, weit über 300 Motorräder, Roller und Exoten werden in thematisch gegliederten Sektionen gezeigt.

Burg Hardegg hingegen ist ein gänzlich anderer Pflichttermin. Nach einer ausgiebigen Runde durch das nördliche Waldviertel erreichen wir bei Riegersburg am Rand des Nationalparks Thayatal jenen Abzweig, dem Sie unbedingt folgen sollten: einem Acht-Kilometer-Abstecher nicht nur für Ritter und Burgfräulein. Hoch über dem Flüsschen Thaya erhebt sich die gewaltige Trutzburg alsbald vor dem Windshield, ihre Grundmauern sollen sogar bis auf das 10. Jahrhundert zurückdatierbar sein.

Nach einem langen Blick in die vielleicht schönste, wohl aber längste Kellergasse Österreichs in Hadres erreichen wir spätabends wieder unseren Ausgangspunkt.

Geheimtipp des Weinviertels: die berühmten Kellergassen wie hier in Hadres

Im Turm können Sie heiraten: Burg Hardegg für echte Ritter

Waidhofen an der Thaya

Auch hier ganz im Norden Österreichs an der Grenze zu Tschechien bewegen wir uns nahezu pausenlos auf historisch wertvollem Boden. Das beweist auch Waidhofen an der Thaya, unser nächster Tourenstandort, mit seinem farbenprächtigen Marktplatz und einer prallen Stadtgeschichte. Erstmals 1171 urkundlich erwähnt, hatte die Stadt aufgrund ihrer Grenzlage immer wieder mit Überfällen aus Böhmen zu kämpfen, erst als 1526 die Habsburger Böhmen und Mähren aufkauften, beruhigte sich die Lage. 1873 wütete ein Großbrand, dem viele Häuser der Altstadt zum Opfer fielen. Heutzutage kombiniert der Stadtkern von Waidhofen moderne Infrastruktur mit traditionellem Flair, dominiert vom sehenswerten Waidhofner Rathaus aus dem 16. Jahrhundert. Und was Stonehenge für die Briten, das ist die »Große Basilika« für alle Waidhofener und seine Gäste: In einem gewaltigen Steinbogen liegen 97 Findlinge in sechs kreisförmigen Bahnen und vereinen sich mit Meditationssteinen zu einem Mythos, der alle Besucher verwundert und zugleich fasziniert.

> **HOTELEMPFEHLUNG**
>
> Kirchenwirt Jöch
> 3830 Waidhofen
> a. d. Thaya
> Tel.: +43 2842 54550
> www.joech.at

68 Im Herzen des Waldviertels

Tourenlänge: 170 km; reine Fahrzeit: 4–5 h

Echte Grenzerfahrung können wir auf dieser Rundtour genießen. Es geht mitten aus dem Herzen des Waldviertels auf kurvenreichen und verkehrsarmen Landstraßen hinüber an die tschechische Grenze, deren Verlauf wir durch einsames Nirgendwo gen Norden folgen. Und mit Personalausweis oder Reisepass können wir jederzeit auch einen Abstecher hinüber ins Nachbarland wagen.

Nur einen Katzensprung von Waidhofen entfernt begrüßen uns Schrems und Gmünd am frühen Morgen. Zwei sehenswerte Orte, die sich auch für einen Boxenstopp mit zweitem Frühstück allemal empfehlen. Vor allem die Gmünder Altstadt besitzt zahlreiche historische Sehenswürdigkeiten, wie die Sgraffito-Häuser am Stadtplatz aus dem 16. Jahrhundert. Auch das alte Rathaus sowie die alte Schranne lohnen eine Besichtigung. Nicht nur, um gleich neben dem Stadtmuseum das populärste Eiscafé der Stadt zu besuchen. Gmünd ist zudem Ausgangspunkt der Waldviertler Schmalspurbahnen, die vor allem in den Sommermonaten zahlreiche Eisenbahnfreunde anlocken.

Der Naturpark Blockheide nahe Gmünd begeistert Naturfreunde zu jeder Jahreszeit. Die fruchtbare Heidelandschaft ist mit gewaltigen Granitblöcken durchsetzt. Vom Aussichtsturm des Naturparks hat man einen grandiosen Blick auf diese vollkommen natürliche Pracht.

Etwa um das Jahr 1160 muss es gewesen sein, als die Grundmauern von Burg Heidenreichstein, wenige Kilometer weiter, im Auftrag des Burggrafen Heidenreich von Gars errichtet wurden. Bis heute nur über zwei Zugbrücken zu betreten, hinterlässt die Burg einen gewaltigen Eindruck auf jeden Besucher. Als gut geschützte Wasserburg war sie im Mittelalter eine weithin bekannte Minnesängerburg. Seit 1961 ist die imposante Anlage im Privatbesitz und kann im Rahmen von Führungen besichtigt werden.

Auf gänzlich eigene Faust erkunden wir anschließend das nördliche Waldviertel mit seinen zahlreichen Quellflüssen sowie dem gut 1300 Hektar großen Nationalpark direkt im Grenzgebiet zu Tschechien. Das Thayatal zählt mit seinen steilen Hangwäldern zu den schönsten Tälern Österreichs. Zudem beherbergt der kleinste Nationalpark immerhin die Hälfte aller in Österreich vorkommenden Pflanzenarten. Dazu gesellen sich zahlreiche seltene Tiere wie Fischotter, Würfelnatter, Kammmolch und sogar der Seeadler. Und nach der Öffnung des Eisernen Vorhangs sind im Thayatal sogar wieder Elch und Wildkatze gesehen worden. Natur pur, die uns für den Rest des Tourentages über Waldkirchen, Karlstein und Raabs an der Thaya bis zum Ausgangspunkt begleitet.

Die Minnesänger-Burg Heidenreichstein

Leckerer Einkehrschwung: Das Café in Gmünd ist gut besucht.

Waidhofen an der Thaya

69 Im Waldviertler Abseits
Tourenlänge: 240 km; reine Fahrzeit: 5–6 h

Eine den Tag prall füllende Kombination aus Natur und Sightseeing erwartet uns diesmal. Wir huschen über winzige Landstraßen durch den naturgegebenen Reichtum des Waldviertels, den wir uns auf dieser Runde fast nur mit urlaubenden Radfahrern teilen müssen. Hektik und Überholspuren haben auf dieser Tour keinen Platz. Einen ersten Blick in das Mühlviertel werfen wir auch noch. Das macht Lust auf mehr!

Nach Süden geht es aus Waidhofen hinaus. Über Vitis und Limbach fahren wir nach Zwettl in Niederösterreich. Dessen historischer Schatz ist zweifelsohne das berühmte Stift Zwettl, ein Zisterzienserkloster, das zu den bedeutendsten Klöstern Österreichs gezählt wird. Es besteht seit seiner Gründung 1138 und ist damit zugleich das drittälteste Zisterzienserkloster der Welt. Sehenswert sind unter anderem der frühgotische Kreuzgang, der das Paradies versinnbildlicht, sowie die nach italienischem Vorbild gestalteten Gärten.

Lassen Sie uns nun zu ausgiebiger Kurvenhatz durch das nördliche Mühlviertel aufbrechen. Dessen Name stammt nicht, wie man annehmen könnte, von einer dort existierenden Vielzahl an Mühlen. Nein, die Flüsse »Steinerne Mühl« sowie »Große« und »Kleine Mühl« sollen der nördlich der Donau liegenden Region ihren Namen gegeben haben. Die Flachsweberei bescherte dem Mühlviertel einstmals einen gewissen Wohlstand. Heute ist es vor allem der »sanfte Tourismus«. Eine Reise durch das Mühlviertel lässt die innere Uhr bereits nach kurzer Zeit spürbar gemütlicher ticken.

Über Rapottenstein und Traunstein erreichen wir unseren südlichsten Punkt für heute, Pöggstall mit seinem imposanten Schloss. Die ehemalige Wasserburg liegt mitten im Zentrum der Gemeinde, die das Habsburger Anwesen 1986 erwarb und zu einem Museum für Rechtsgeschichte umbaute. Mit der einzigen noch original erhaltenen Folterkammer Niederösterreichs aus dem Jahr 1593.

Schloss Ottenschlag, Burg Oberranna und Burg Dobra – recht ansehnlich ist die Liste der Wehranlagen, die uns auf dem Heimweg begleiten. Hoch droben auf einer Anhöhe über einem Stausee erhebt sich dann die Burg Ottenstein. 1177 erstmals urkundlich erwähnt, wurde sie 1536 an die Familie Lamberg verkauft und war über 400 Jahre in deren Besitz. Gleich zweimal wurde die Burg im Dreißigjährigen Krieg belagert – beide Male erfolglos. Seit 1958 steht sie im Eigentum einer Stiftung und beherbergt ein beliebtes Schlossrestaurant, nicht die letzte Möglichkeit, uns vor der endgültigen Heimfahrt nach Waidhofen im prächtigen Ambiente zu stärken.

Morgenstund mit Gold im Mund: unterwegs im schattig-kühlen Waldviertel

Purgstall an der Erlauf

Purgstall an der Erlauf liegt im Herzen des Mostviertels, einer – wie der Name schon andeutet – höchst gesunden Region in Niederösterreich, die uns vitaminreich versorgen und beherbergen wird. Und den Geist regen unzählige Geschichten an, wie die wohl umfangreichste mittelalterliche Handlungsanweisung für ein Stadtwappen, nämlich des Purgstaller Wappens: »Eine braune, nagelfarb rundierte Feldung, in welcher ein ganz für sich aufgezogener Engel mit offenen, Weiß- oder Silber- und braunfarb-schattierten Flügeln, auf dem Haupt ein lang, goldfarb fliegendes Haar mit einem blau und lazurfarb zu sich gegürteten ausgeschnittenen Rock gekleidet, (...) mit beiden Händen vor ihm einen rothen oder rubinfarbenen Schild haltend, in welchem ein auf einem unten grün dreipüchelten berg oder Grund von Quaderstuck erbaut rundierter Turm, oder offene Porten erscheint (..., ein Zirkel rund geführt mit Silber gezierter Rosmarin-Kranz, (...) die dann jeder derselben Mit aufwärts fliegenden rothen Enden geziert in solchem Kranz sich sehen lassen.«

HOTELEMPFEHLUNG

Hotel »Rossini Café«
3251 Purgstall
Tel.: +43 7489 70970
www.rossinicafe.at

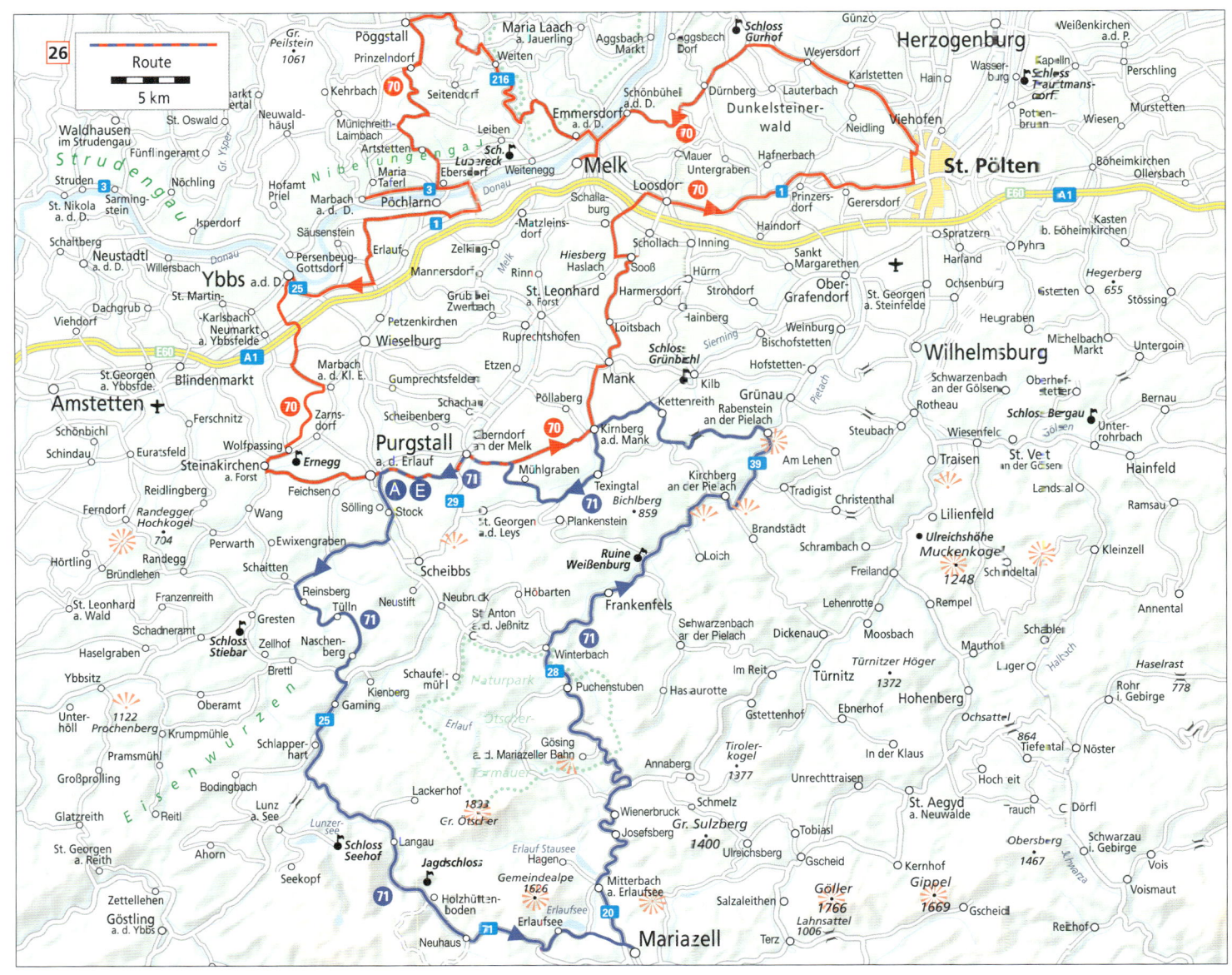

Purgstall an der Erlauf

70 Die Highlights der Wachau
Tourenlänge: 200 km; reine Fahrzeit: 4–5 h

Im Jahr 2000 wurde die Kulturlandschaft Wachau mit den Stiften Melk und Göttweig und der Altstadt von Krems in die Liste des UNESCO-Weltkultur- und -Naturerbes aufgenommen. Und das vollkommen zu Recht. Denn die liebliche Wachau hat zu jeder Jahreszeit etwas zu bieten, im Frühjahr die Marillenblüte und den Weinfrühling, im Sommer die Strände und Badeparadiese entlang der Donau, im Herbst die Weinlese und im Winter nicht zuletzt den ersten Jungwein. Diese tagesfüllende Rundtour führt uns durch die Schönheiten der Wachau. Über einsame Landstraßen pendeln wir von einer Sehenswürdigkeit zur nächsten. Das ist Sightseeing par excellence! Die südlichen Tallandschaften der Donau führen uns am Morgen von Purgstall aus über Mank und Loosdorf nochmals nach Sankt Pölten, der größten Stadt Niederösterreichs, direkt im Herzen des Mostviertels. Sofern auf Tour 65 noch nicht geschehen, schauen Sie sich unbedingt um im historischen Zentrum dieses sehenswerten Ortes, gönnen Sie sich einen koffeinhaltigen Einkehrschwung oder eine zweite Stärkung nach dem ersten Frühstück.

Dann geht es hinab an die Donau, über Karlstetten erreichen wir Melk. Kommt Ihnen das Kloster irgendwie bekannt vor? Nun, das kann durchaus sein.

Bereits im 11. Jahrhundert war Melk das wohl einflussreichste Machtzentrum der Babenberger Herrscher in Österreich. Im März 1089 wurde die imposante Klosteranlage hoch über der Donau von Benediktinermönchen bezogen, 1297 zerstörte ein Großbrand das Kloster samt Kirche und allen Nebengebäuden. Auch die wertvolle Bibliothek wurde ein Opfer der Flammen, mit ihr die meisten Schriften und historischen Quellen. Die Türkenkriege im 16. Jahrhundert setzten dem Klosterbetrieb wiederum arg zu, 1566 stand es kurz vor der vollständigen Auflösung. Erst weit nach dem Dreißigjährigen Krieg kehrte Melk zu dem zurück, was es einstmals war: eine blühende klösterliche Gemeinschaft. Und der Ort, an dem Umberto Ecos Roman »Der Name der Rose« spielt, hat auch seinen Charme für weltlich orientierte Besucher nicht verloren.

Nach so viel Geschichte lassen Sie uns noch eine ausgiebige Portion Kurvenschwung genießen. Wir queren die Donau und wedeln vorbei an Schloss Leiben und der Mollenburg hinauf nach Pöggstall, wenden uns sodann zielstrebig gen Süden und schwingen über winzige Landstraßen nach Ybbs an der Donau. Der Rest des Tages gehört den Landstraßen des Mostviertels.

Das Mostviertel: So gesund, die Krankenkasse sollte es als Kur verbuchen.

71 Rund um Ötscher und Most
Tourenlänge: 180 km; reine Fahrzeit: 4 h

Auf dieser Tour erkunden wir den landschaftlich abwechslungsreichen Süden des Mostviertels, schwingen zwischen Obstbaumwiesen, Wäldern und Bergstrecken hin und her. Und dann geht es einmal rund um den Ötscher, einen der markantesten Berge der Region.

Bereits die Kelten, ja sogar die kulinarisch ziemlich anspruchsvollen Römer vertrauten auf die gesunde Wirkung des Mostes, unzählige Minnesänger rühmten den naturtrüben Saft in ebenso ungezählten Liedern. Und galt der Most viele Jahrhunderte eher als einfacher Haustrunk, als »Arme-Leute-Getränk«, so hat er sich nicht zuletzt aufgrund des Ideenreichtums und Qualitätsbewusstseins der Mostviertler Obstbauern inzwischen zu einem echten Kultgetränk entwickelt.

Scheibbs lockt uns sogleich zu einem ersten Boxenstopp aus dem Sattel. Die Bezirkshauptstadt in den niederösterreichischen Eisenwurzen zählte neben Steyr und Waidhofen an der Ybbs zu den wohlhabendsten Städten der Eisenindustrie der Nordalpen. Gerne erinnert man sich heute noch daran, wenngleich nur noch wenig historische Substanz vorhanden ist. Mit Ausnahme vielleicht von Schloss Scheibbs direkt am Rathausplatz im Zentrum der Stadt.

Vorbei an Burg Reinsberg huschen wir dann durch den Wald Richtung Gaming mit seiner bekannten Kartause. Das ehemalige Kloster wurde 1330 durch den österreichischen Herzog Albrecht II. gegründet und war zeitweise eines der größten Kartäuserklöster Europas. 1983 wurde die imposante Anlage an einen Privatinvestor verkauft, heute haben sich hier mehrere ausländische Universitäten sowie ein Hotel eingemietet.

Immer wieder blitzt er nun durch die hohen Wipfel der Bäume: der Ötscher, ein 1893 m hoher Felsengipfel im südwestlichen Niederösterreich. Sein Name kommt aus dem Slawischen und bedeutet »Väterchen«, durch seine isolierte Stellung ist er schon aus 100 km Entfernung sichtbar. Über den weithin bekannten Wallfahrtsort Mariazell erreichen wir den Naturpark Ötscher-Tormäuer, der jenen imposanten Gipfel umschließt. Ein herrliches Kurvengemenge sowie der Josephsberg, ein 1000 m hoher »Pass«, erwarten uns ebenso wie die berühmte Ötscher Tropfsteinhöhle. Waldarbeiter auf der Suche nach Silbererz sollen sie einst entdeckt haben. Die Gesamtlänge der Höhle beträgt gut 600 m. Reich bestückt mit Stalaktiten und Stalagmiten empfängt sie ihre Besucher.

Der Rest unseres Tourentages gehört überirdischen Genüssen: Über Frankenfels und Kirchberg erkunden wir nochmals das Thema »Most«, schwingen vorbei an Burg Plankenstein retour nach Purgstall.

Sehenswerter Heimweg: Über Kirchberg geht's durch das Mostviertel retour.

Mürzzuschlag

Die quirlig-lebendige Bezirkshauptstadt wurde bereits 1227 erstmals urkundlich erwähnt und in einem Lied des Minnesängers Ulrich von Liechtenstein berühmt gemacht, der auf einer Fahrt von Venedig nach Böhmen hier vorbeigezogen war. 1360 erhielt Mürzzuschlag von Herzog Rudolf das Eisenrecht, das Exklusivrecht zur Produktion von Kleineisen in der Region. Viktor Kaplan, der Erfinder diverser Turbinen, wurde hier ebenso geboren, wie die Literaturnobelpreisträgerin Elfriede Jelinek, ja, kein Geringerer als Johannes Brahms schrieb hier seine 4. Symphonie, die Mürzzuschlager. Eine mehr als pralle Stadtgeschichte also, auf die man hier zu Recht stolz ist. Und wenngleich wir uns mit diesem Standort ganz leicht außerhalb des eigentlichen Kapitels Niederösterreichs befinden, macht es dennoch Sinn, hier unsere Seitenkoffer abzustellen und auf den nun folgenden beiden Tagestouren die Grenzregion zwischen Niederösterreich und der Steiermark zu erfahren. Denn die hier zu findenden Kurvengenüsse hatten aus technischer Sicht im Kapitel Steiermark keinen Platz mehr. Ich bin sicher, alle Steirer werden es mir verzeihen – und alle Biker spätestens nach der ersten dieser beiden Touren.

> **HOTELEMPFEHLUNG**
> Hotel-Restaurant Winkler
> 8680 Mürzzuschlag
> Tel.: +43 3852 42000
> www.restaurant-winkler.at

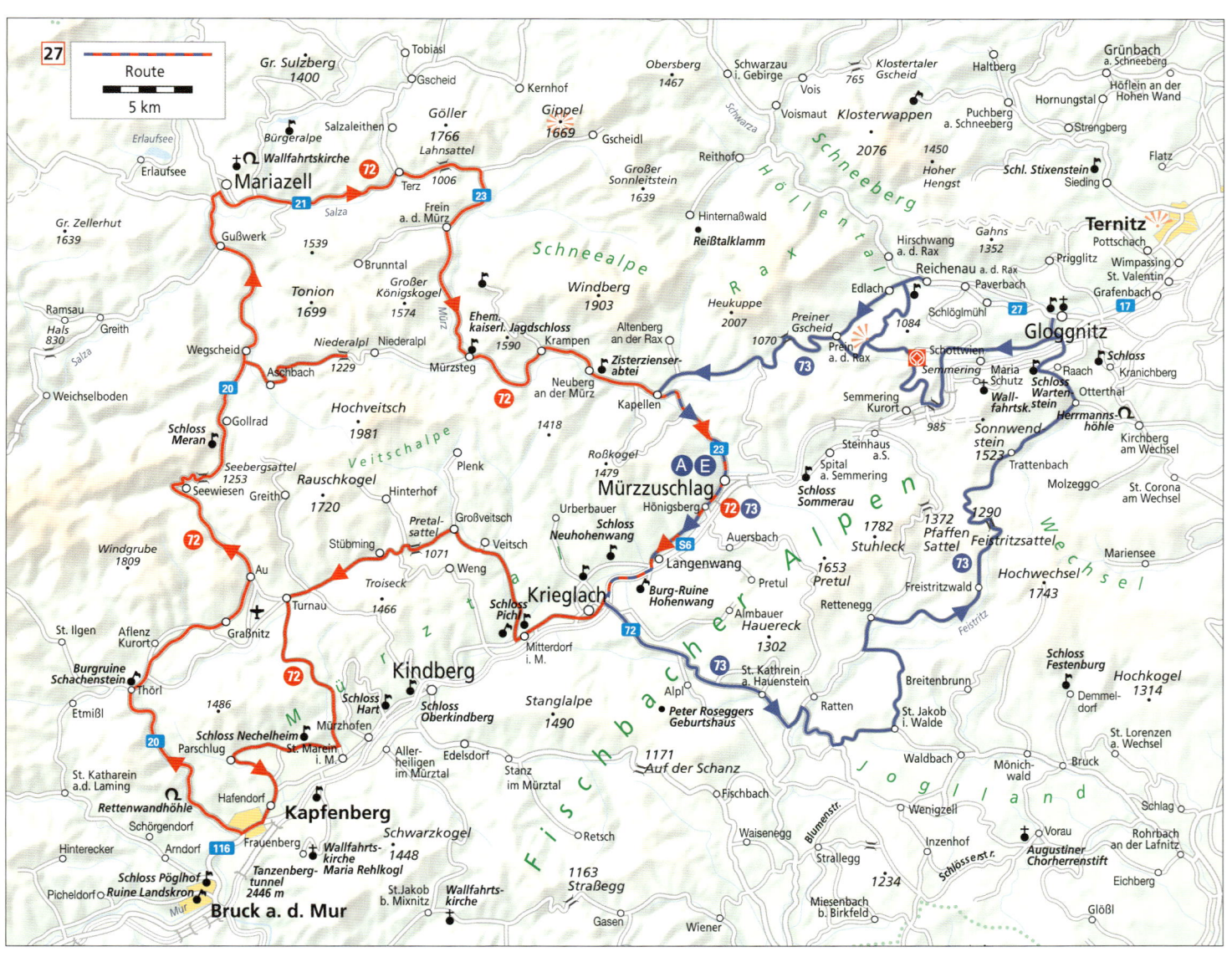

72 Ausflug in die Steiermark
Tourenlänge: 180 km; reine Fahrzeit: 4–5 h

Die Grenzregion zwischen der Steiermark und Niederösterreich gilt es intensiv zu erfahren. Lassen Sie uns dazu auf dieser Runde nochmals dem steirischen Mürztal ebenso einen Abstecher widmen wie der hügel- und waldreichen Region der Mürzsteger Alpen. Sightseeing hält sich heute einmal in Grenzen, der fahrerische Genuss steht im Vordergrund. Bereits bei Krieglach verlassen wir das Mürztal wieder und zweigen rechts ab hinauf in die Hügel und Wälder rund um Veitsch. Über Turnau geht es auf durchgängig landschaftlich »wertvoller«, sprich grün gekennzeichneter Piste nochmals hinab nach Sankt Lorenzen und Kapfenberg, malerisch gelegen im Mürztal. Oberhalb der Stadt thront die imposante Burg Oberkapfenberg, auf der alljährlich eines der größten Ritterfeste Österreichs stattfindet – immer Ende Juni: Mit »Gaukeley«, Musik und Tanz sowie auch spektakulären Ritterkämpfen und Bogenschützen. Eigentlich ein Pflichttermin für echte Motorradritter, oder nicht?

Über Aflenz und Seewiesen geht es dann erneut hinauf in die Wälder rund um die Mürzsteger Alpen. Wir erreichen Mariazell diesmal aus dem Süden, werfen einen Blick auf die gewaltige Basilika des Wallfahrtsortes, bevor wir uns wieder in die Einsamkeit der Landschaft verabschieden. Der Lahnsattel mit gut 1070 Höhenmetern erwartet uns ebenso wie der Naturpark Mürzer Oberland mit seinen verwunschenen Wäldern, erfrischenden Wasserfällen und geheimnisvollen Felsformationen. Großer Wasserreichtum und vor allem eine sehr gute Wasserqualität zeichnen das gesamte Naturparkgebiet rund um die Kalkgebirgsstöcke von Rax, Schneealpe und Hoher Veitsch aus.

Bei Neuberg wächst dann urplötzlich der gewaltige Komplex des Stifts Neuberg aus dem Grün der Landschaft, ein ehemaliges Zisterzienserkloster, das seinen mittelalterlichen Charakter weitgehend bewahren konnte. 1327 von Herzog Otto dem Fröhlichen gegründet, wurde die Kirche erst 150 Jahre später unter Kaiser Friedrich III. vollendet. Ihr 1100 qm großer hölzerner Dachstuhl gilt bis heute als der größte und bedeutendste in Mitteleuropa. Heutzutage weitgehend im Privatbesitz, kann man im Stiftshof nicht nur nächtigen, sondern sich sogar auf Dauer einmieten. Das hat schon was ... So wie die nahe liegende legendäre Bergregion des Semmering – aber die wollen wir uns auf der kommenden Runde noch ganz genau anschauen.

Genusstouren zwischen Niederösterreich und Steiermark

Mürzzuschlag

73 Rund um den Semmering
Tourenlänge: 185 km; reine Fahrzeit: 4–5 h

Königs Liebling: Semmering als einstige Topdestination des europäischen Adels

Zwischen Tälern und Hügeln: Viel Abwechslung bietet nicht nur diese Tour.

Der Semmering ist die berühmteste und beliebteste k. u. k. Sommerfrische Österreichs mit spannenden Geschichten, die bis heute noch lebendig sind. Mit malerischen Orten, kurvenreichen Bergstrecken und einer Tour abseits allen Verkehrs beschließen wir unsere Ausflüge in das Grenzland zwischen Niederösterreich und der Steiermark. Doch auch hier bleibt bestimmt ein Koffer zurück, oder?

Im Angesicht von Schloss Feistritz verlassen wir an diesem Morgen das Mürztal Richtung Süden und pendeln über die Alpl, einen gut 1100 m hohen Pass hinunter nach Sankt Kathrein am Hauenstein und weiter über ein herrliches Schräglagenrevier nach Sankt Jakob im Walde. Dort bitte links abbiegen Richtung Rettenegg. Zwei Möglichkeiten stehen nun zur Wahl, um das Kurvenparadies rund um den Semmering zu erreichen: über den Pfaffen- und Fröschnitzsattel und insgesamt zehn prächtige Kehren nach Steinhaus am Semmering oder über den Feistritzsattel nach Gloggnitz am Fuß des Semmerings (sieben prächtige Kehren). Sowohl von Steinhaus als auch von Gloggnitz aus, der »Stadt in den Bergen«, ist Semmering ausgeschildert und nicht mehr zu verfehlen.

Seit dem 19. Jahrhundert ist der Semmering auf der Grenze zwischen Niederösterreich und der Steiermark ein beliebtes Sommer- wie Winter-Urlaubsdomizil der »feinen Gesellschaft« Wiens. Hier urlaubten Kaiser, Poeten, Schriftsteller und berühmte Musiker. Einer der Gründe war sicherlich der Bau der Eisenbahn, die ab 1854 Semmering mit dem gerade einmal 90 km entfernten Wien auf höchst bequeme Art und Weise verband. Zur Bespaßung der Gäste ließ sich der Ort mächtig viel einfallen, wie zum Beispiel ab 1899 das Semmering-Bergrennen, eine inzwischen legendäre Motorsportveranstaltung für Autos und Motorräder.

Der Semmeringpass, ein gut 1000 m hoher Gebirgspass zwischen der Raxalpe im Norden und dem Wechselgebirge im Süden, bildet die natürliche Grenze zwischen Niederösterreich und der Steiermark. Er führt uns direkt zu dem auf der Passhöhe liegenden gleichnamigen Luftkurort und ist für uns an diesem Tag der Einstieg in einen mehr als prächtigen Kurventanz über Reichenau an der Rax und den Preiner Gscheid, einem beschaulichen Gebirgspass mit einer maximalen Steigung von 11 Prozent. Direkt auf dessen Passhöhe befindet sich ein Parkplatz mit Bikertreff, dessen Beliebtheit sicherlich auch mit der leckeren Hausmannskost der bewirtschafteten Edelweißhütte direkt oben auf dem Pass zusammenhängt. Gönnen wir uns doch einen Einkehrschwung, zumal der Heimweg nach Mürzzuschlag nur noch ein Katzensprung ist.

Hollenstein an der Ybbs

Im 12. Jahrhundert wird der Ort erstmals urkundlich erwähnt, doch erst als die Blütezeit der Eisenwurzen begann, wuchs auch Hollenstein zu einer Siedlung mit sage und schreibe 20 Häusern. Nach dem Niedergang der Eisenindustrie besann sich Hollenstein auf seinen Holzreichtum und das bereits von Kaiserin Maria Theresia erteilte Schwemmprivileg auf der Ybbs. Heutzutage ist der beschauliche, touristisch geprägte Ort in herrlicher Naturlage direkt im Herzen der Eisenwurzen, dem Land der »Schwarzen Grafen«, ein idealer Ausgangspunkt für die Reise in die spannende Geschichte des Eisenerzes.

Perfekt eingestimmt darauf werden wir durch einen nochmaligen Abstecher zum legendären Erzberg. Dort lebte einst ein Wassermann in einer Grotte. Man munkelte, er wisse viel über verborgene Schätze. Also nahmen ihn die Bewohner eines Tages mithilfe eines in Pech getränkten Mantels gefangen. Und wie erwartet bot der Wassermann für seine Freilassung »Gold für zehn Jahr oder Silber für hundert Jahr oder Eisen für immerdar«. Die klugen Eisenerzer wählten Letzteres, woraufhin der Wassermann die Menschen zum legendären Erzberg führte. Die Menschen hielten Wort, er war frei.

HOTELEMPFEHLUNG

Gasthof Jagersberger
3343 Hollenstein/Ybbs
Tel.: +43 7445 374
www.gasthof-jagersberger.at

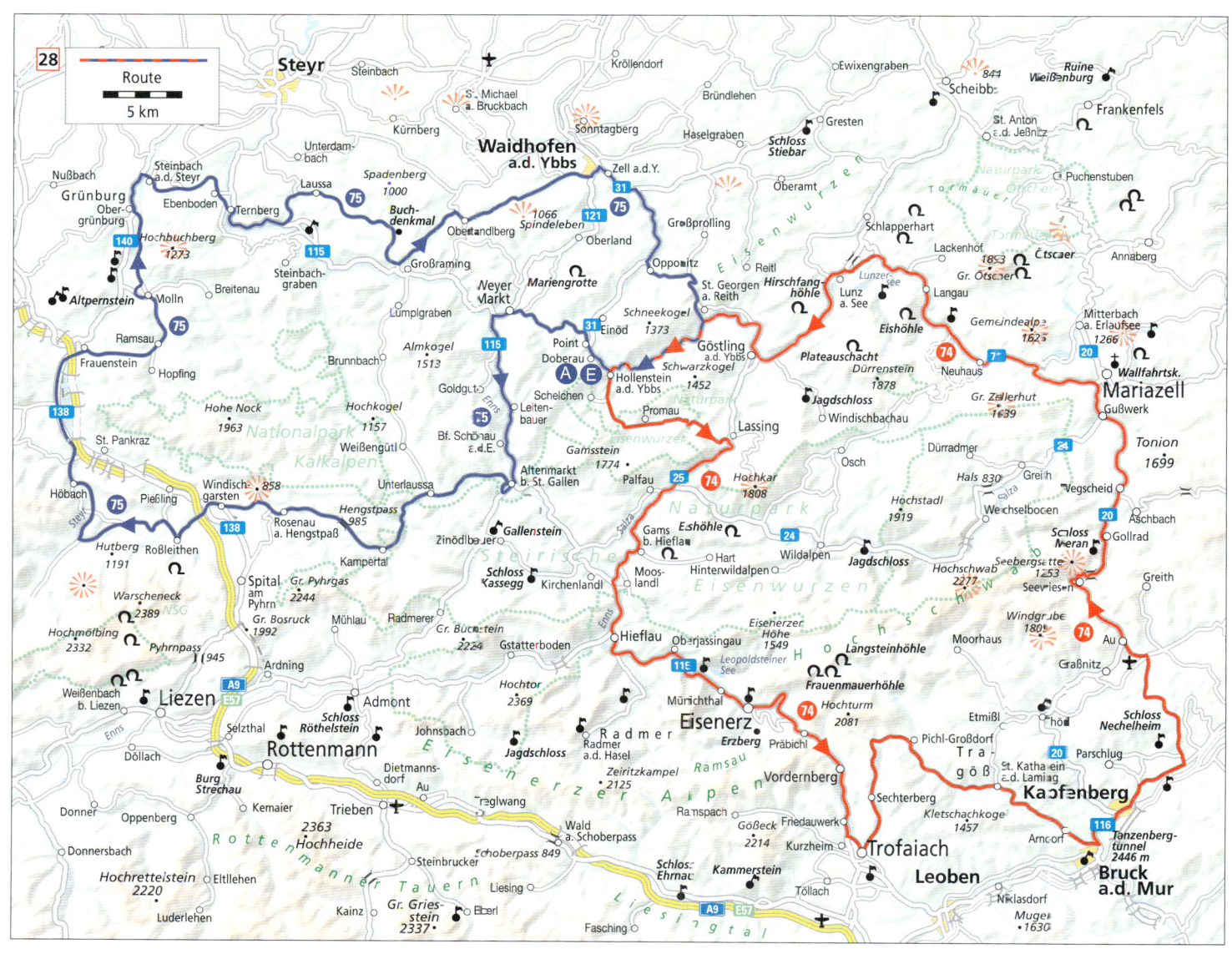

Hollenstein an der Ybbs

74 Ins Herz der Eisenwurzen
Tourenlänge: 230 km; reine Fahrzeit: 5–6 h

Zügig, aber ohne Eile kurven wir noch einmal durch die Grenzregion zwischen Niederösterreich und der Steiermark, schwingen entlang mächtiger Gebirgszüge und besuchen den Erzberg. Der »Steirische Brotlaib«, wie der Erzberg genannt wird, ist seit dem 11. Jahrhundert eine reiche Fundstätte für ebenjenes Erz und stellt damit bis heute die wichtigste wirtschaftliche Grundlage der ansonsten recht strukturschwachen Region dar. Jahr für Jahr werden gut zwei Millionen Tonnen Erz abgebaut, die sodann per Eisenbahn nach Linz und Leoben transportiert werden. Bleibt es bei dieser enormen Förderquote, werden die Vorkommen des Erzberges allerdings nicht – wie vom Wassermann versprochen – ewig halten, sondern nur bis ins Jahr 2020.

Über den Präbichl, einen 1250 m hohen Passrücken, geht es anschließend hinab nach Trofaiach im Vordernbergertal, einem klimatisch geschützten Hochtal, dessen Reichtum an Bodenschätzen immer schon die Menschen anlockte. Und nun bitte aufgepasst: Für eine kleine Offroad-Einlage zweigt nordöstlich von Trofaiach eine unbefestigte, aber problemlos zu befahrende Piste über Rötz hinauf nach Pichl und Tragöss ab, der weitgehend unbekannte Zufahrtsweg für die Einwohner im Tal der Laming. Falls Sie lieber onroad bleiben wollen oder die Piste blockiert sein sollte, folgen Sie einfach der Bundesstraße hinab nach Leoben und schwingen weiter nach Bruck respektive Kapfenberg, wo sich beide Wege unserer Tour wieder vereinen.

In Sankt Lorenzen setzen wir dann den Blinker links. Diesmal über Turnau und Seewiesen queren wir den Steirischen Seeberg, können bei Wegscheid einen Blick rechts ab zum Niederalpl-Pass riskieren, bevor wir über den Wallfahrtsort Mariazell und den Zellerain Pass auf 1140 m wieder Niederösterreicher Boden betreten. Gut 1600 m lang, 600 m breit und bis zu 30 m tief ist der Lunzer See, der bald darauf vor uns auftaucht. Am See direkt liegen ein Restaurant – natürlich mit Fischspezialitäten – und diverse Bootsverleihe, die Rundfahrten mit Ausflugsbooten anbieten. Am Westufer erhebt sich eine weithin bekannte Seebühne, auf der Konzerte und Theaterstücke gespielt werden.

Bei Göstling an der Ybbs erzählt die »Erlebniswelt Mendlingtal« von der reichen Geschichte der Region. Hier befindet sich die einzige noch funktionstüchtige Holztriftanlage Mitteleuropas. Es geht über gemütliche Wege zum ehemaligen Schmiedegesellenhaus, weiter durch drei Klammen, über Triftwege und Brücken vorbei an einer Klause, die zum Aufstauen des Mendlingbaches dient. Am Ende des Themenweges befinden sich im Hammerherrenhaus in Hof ein beliebter Gastbetrieb sowie eine 100 Jahre alte venezianische Brettersäge.

Unser Gleichgewichtssinn schunkelt mit: Kurvenhatz in den Eisenwurzen

Region Niederösterreich mit Wien

75 Die Wiege Österreichs
Tourenlänge: 215 km; reine Fahrzeit: 5 h

Im Jahr 996 schenkte Kaiser Otto III. dem Bischof von Freising gut 1000 Hektar fruchtbares Land in der Gegend um Waidhofen an der Ybbs. Und in ebenjener Schenkungsurkunde erscheint erstmals der Name »Ostarrichi« – so sollte dieser Landstrich auf Weisung Kaiser Ottos III. genannt werden. Tja und aus »Ostarrichi« entwickelte sich im Laufe der Jahrtausende Österreich. Und deshalb ist diese tagesfüllende Runde natürlich ein absoluter Pflichttermin für jeden geschichtsinteressierten Motorradfahrer. Und die heute noch sichtbaren Spuren der »Schwarzen Grafen« würzen unseren Tourentag mit einer ordentlichen Prise Spannung.

Über das hübsche Örtchen Weyern geht es hinab in das Ennstal, dem wir nach Süden folgen, nach Altenmarkt. Kommt Ihnen die Strecke irgendwie bekannt vor? Korrekt, auf Tour 49 hatten wir die Piste in umgekehrter Richtung erfahren. In Altenmarkt setzen wir den Blinker rechts ab hinauf zum Hengstpass. Der gut 1000 m hohe Gebirgspass bildet hier die Grenze zur Steiermark, er ist ein beliebter Treff für herrliche Wanderungen in die umliegende Bergwelt. Von Windischgarsten aus erklimmen wir dann das Hochplateau von Hinterstoder, von Frühling bis Spätherbst ein landschaftlicher wie optischer Hochgenuss.

Bevor wir bei Klaus dem Tal der Steyr nach Nordosten folgen, lohnt ein Abstecher in das nahe liegende Micheldorf mit seinem »Oberösterreichischen Sensenschmiedenmuseum«. In sieben restaurierten und komplett ausgestatteten Fabrikgebäuden des Sensen-Unternehmers Caspar Zeitlinger geht der Besucher auf eine spontane Zeitreise, taucht tief ein in die Zeit der »Schwarzen Grafen«, wie die Besitzer der Sensenschmieden ob ihrer Heerscharen an feuerverrußten Arbeitern genannt wurden. Herren- und Schmiedhaus, Gradnhammer und die Kram, das spezielle Versandhaus, führen uns zurück in die Vergangenheit. Alte Warenbücher, Fakturen, Familienwappen und Kleidung vermitteln in Kombination mit originalen Fotografien einen perfekten Eindruck jener Tage, als das Eisen die Menschen noch ernährte.

Über Laussa und Maria Neustift erreichen wir dann Waidhofen an der Ybbs, jahrhundertelang das Zentrum der Eisenverarbeitung Österreichs. Heutzutage ist Waidhofen der Hauptort der Tourismusregion der »Niederösterreichischen Eisenstraße« mit einer sehenswerten, in sich geschlossenen historischen Bausubstanz. Und unendlich vielen Geschichten, die auf uns warten. Lassen Sie sich ruhig Zeit, heim nach Hollenstein sind es nur noch wenige Kurven.

Lebensadern: Wasserkraft war wichtig im Reich der »Schwarzen Grafen«.

Region Oberösterreich

Groß und prächtig

Das viertgrößte Bundesland Österreichs, geschichtlich zurückgehend auf das Erzherzogtum Österreich ob der Enns, grenzt im Norden an Tschechien und im Nordwesten an Deutschland. Es begeistert den Reisenden nicht nur durch die oftmals typische Andersartigkeit einer Grenzregion zwischen großen Staaten. Gen Süden zeigt Oberösterreich eine landschaftliche Bandbreite, die ihresgleichen sucht. Alpine Gebirgszüge, berühmte Seenlandschaften sowie weithin bekannte Flüsse prägen das Gesicht der Region, die sich traditionell ebenfalls in vier Viertel gliedern lässt: das Hausruck-, Inn-, Mühl- und das Traunviertel. Es gibt viel zu entdecken. 13 Touren von fünf Standorten aus erschließen uns auch den letzten Winkel Oberösterreichs.

Freistadt

Die sehenswerte Stadt wurde ab dem Jahr 1220 streng nach städteplanerischen Vorgaben angelegt – sozusagen auf dem »Reißbrett« durchgeplant – und erlebte ihre Blütezeit zwischen dem 14. und 16. Jahrhundert. Beide Weltkriege verschonten den Raum Freistadt weitgehend, und die Spuren der zehnjährigen Besetzung durch sowjetische Truppen sind konsequent beseitigt worden. Heutzutage begeistert Freistadt vor allem mit seiner gotischen Altstadt und einer gut erhaltenen, mittelalterlichen Stadtbefestigung, mit Wehrtürmen und den barocken Fassaden der Bürgerhäuser. Ja, Freistadt ist eine der ganz wenigen Städte Österreichs, deren Befestigungsanlagen fast vollständig erhalten sind. Und mit ihrer Lage im Norden Oberösterreichs empfiehlt sich die Stadt als perfekter Ausgangsort für zwei Tagestouren in das auch heute noch irgendwie andersartige, nicht minder sehenswerte Grenzgebiet zwischen Österreich und Tschechien. Ja, mit gültigem Ausweis und Fahrzeugpapieren ausgestattet, können Sie von hier aus auch ausgedehnte Tagesausflüge auf tschechisches Territorium planen. Und im Osten schließen unsere Niederösterreich-Touren 68 bis 70 beinahe nahtlos an.

HOTELEMPFEHLUNG
Goldener Adler
4240 Freistadt
Tel.: +43 7942 72112
www.hotels-freistadt.at

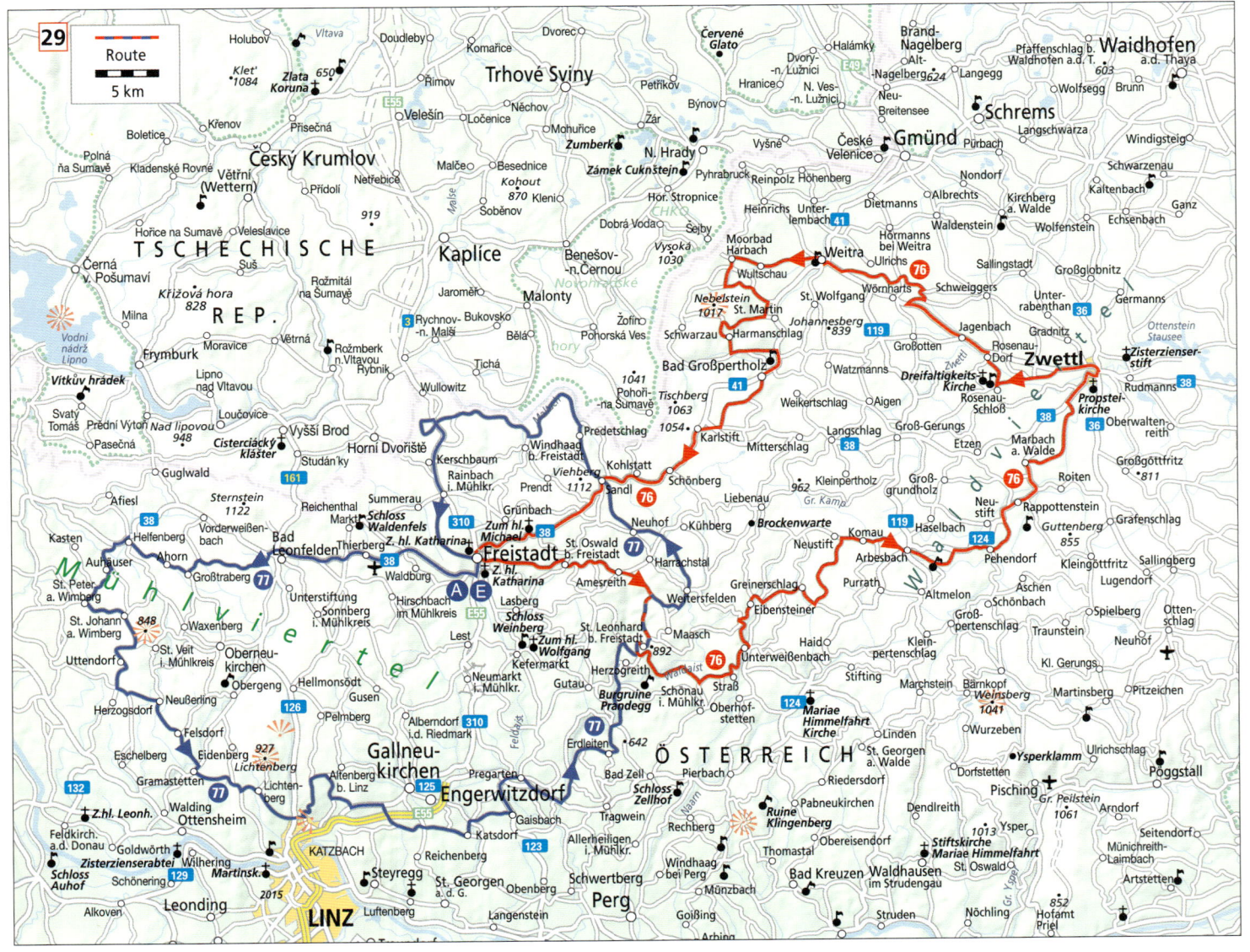

76 Irgendwo zwischendrin

Tourenlänge: 180 km; reine Fahrzeit: 4–5 h

Auf dieser Tour erkunden wir die waldreiche Grenzregion zwischen Ober- und Niederösterreich, wir besuchen berühmte Orte wie Zwettl und vergessen dabei nicht, immer wieder auch einmal einen langen Blick hinüber nach Tschechien zu werfen. Doch zuvor werfen Sie einmal den Blick auf eine hoch auflösende Straßenkarte und staunen Sie darüber, was uns erwartet: Nahezu alle Straßen der Region tragen das grüne Band! Da fällt die Auswahl leicht und schwer zugleich ...

Über Sankt Oswald und Amesreith huschen wir morgens zunächst ein gutes Stück nach Osten Richtung Waldviertel, gönnen uns Richtung Unterweißenbach eine pralle erste Auswahl an winzigen und höchst kurvenreichen Landstraßen. Mein Zusatztipp in dieser Region lautet: Güterwege! Damit werden Betonpisten und Einspur-Sträßchen gekennzeichnet, die einstmals zur Versorgung der verstreut und idyllisch einsam gelegenen Bauernhöfe angelegt wurden. Und diese waschechten »Single-Track-Roads« sind oftmals nicht nur frei befahrbar, sie führen sogar auf herrlichen Panorama- und Kurvenstrecken durch die sanfte Hügellandschaft der Region und bilden ein beinahe 4000 km langes Netz aus echten fahrerischen Leckerbissen. Ein Schmankerl, das wir uns höchstens mit einigen Traktoren und wenigen Pkws teilen müssen.

Das Tanner Moor nahe Liebenau ist ein ganz anderes »Schmankerl«. Es ist eines der größten Hochmoore Österreichs und garniert den Reisetag mit einer Prise echtem Grusel. Denn seit Urzeiten weigern sich die Menschen der Region, dieses geheimnisvolle, oftmals nebelverhangene Moor »abzuernten«, sprich Torf zu stechen oder gar wertvolles Holz zu schlagen. Viele Gruselgeschichten ranken sich um das Hochmoor, ein rund sechs Kilometer langer Moorwanderweg führt über Stege und Brücken zu einem Hochstand, von dem sich das gesamte Moor überblicken lässt.

Sehenswerter Grenzschutz: Auch das Schloss in Freistadt lohnt einen Boxenstopp.

Über Arlesbach und Rapottenstein erreichen wir dann Zwettl mit seinem berühmten Kloster, dem wir auf Tour 69 bereits unsere Aufwartung gemacht haben. Auch Schloss Rosenau (nahe Zwettl) hat eine lange wechselvolle Geschichte zu erzählen: 1593 aus einem bereits vorhandenen Vierkanthof zu einem Renaissanceschloss umgebaut, kauften es 1720 die Grafen von Schallenberg und richteten separate Räume für eine dieser geheimnisvollen Freimaurerlogen ein. Heutzutage ist es ein Schlosshotel mit Restaurant. Im angrenzenden Gebäude liegt das sehenswerte Österreichische Freimaurermuseum.

Bei Weitra haben wir dann den nördlichsten Zipfel Österreichs erreicht und wedeln entlang der Grenze über die B41 retour nach Freistadt.

Freistadt

77 Das Mühlviertel ganz intensiv
Tourenlänge: 210 km; reine Fahrzeit: 5 h

Die Kernregion des Mühlviertels steht auf dieser Runde ganz dick auf unserem Roadbook. Von Freistadt aus schwingen wir entgegen dem Uhrzeigersinn einmal durch das sehenswerte Herz dieser idyllischen Landschaft, streifen bei Linz das gewaltige Donautal und pendeln in den waldreichen Höhenzügen des Mühlviertler Ostens aus. Den fahrerischen Geheimtipp im Mühlviertel, die Güterwege, haben Sie ja noch im Hinterkopf abgespeichert – unbedingt ausprobieren!

Gut 500 Meter südlich des Ortes Reichenthal erhebt sich gleich nach unserem Tourenstart das Schloss Waldenfels, eine imposante Heimstatt aus dem 13. Jahrhundert, die immerhin seit 1636 durchgängig im Besitz einer Adelsfamilie steht. Das nenn ich konsequent! Die Wurzeln der einstigen Fluchtburg sollen sogar bis in das Jahr 1290 zurückreichen; die sehenswerte Anlage steht heute für Veranstaltungen, Festlichkeiten und Führungen offen.

Über Bad Leonfelden und Helfenberg pendeln wir gemütlich durch den Mühlkreis, wie das Mühlviertel auch genannt wird. Sankt Veit und Gramastetten führen uns dann von Norden sukzessive in den »Dunstkreis« der Stadt Linz. Sie ist nicht nur die Landeshauptstadt Oberösterreichs, sie ist mit gut 190 000 Einwohnern nach Wien und Graz auch die drittgrößte Stadt Österreichs. Und sie ist die wohl einzige Stadt des Landes, nach der sogar ein eigener Asteroid benannt wurde – der Asteroid Nr. 1469 mit dem Namen »Linzia«. Galt Linz einstmals als reiner Industriestandort, hat sich das Stadtbild in den letzten Jahren deutlich hin zu Kultur und Tourismus gewandelt. Die heutigen Linzer Sehenswürdigkeiten listen interessante Stationen auf, wie z. B. die Wallfahrtsbasilika Pöstlingberg hoch über Linz, die Pöstlingbergbahn, immerhin die wohl steilste zahnradlose Bergbahn der Welt – oder auch den größten Stadtplatz an der Donau mit Dreifaltigkeitssäule und sehenswertem alten Rathaus.

Auf Runde Nr. 83 werden wir Linz noch einen ausgiebigeren Besuch abstatten. Heute bleiben wir nördlich der Donau und widmen uns über Wartberg und Gutau noch einmal den Mühlviertler Landstraßen. Diesmal intensiv und – wenn Sie mögen – auf freier Fahrt. Wählen Sie an jeder Kreuzung einfach den schönsten Abzweig, und wenn Sie genug der Kurvenhatz hatten, folgen Sie den Wegweisern retour nach Freistadt.

Von wegen Mühlen: Landschaft pur erwartet uns im Mühlviertel.

Kirchberg ob der Donau

Ursprünglich gehörte unser nächster Tourenstandort zum Osten des Herzogtums Bayern, wurde aber im 12. Jahrhundert dem Herzogtum Österreich zugesprochen. Und seit 1490 wird er dem Fürstentum »Österreich ob der Enns« zugerechnet, dem heutigen Oberösterreich. Daran konnte auch die mehrfache Besetzung des Ortes während der Napoleonischen Kriege nichts ändern. In unmittelbarer Nähe des Ortes liegt der »Burgstall«, die mit 613 m höchste Erhebung zwischen Ursprung und Mündung der Donau. An diesem Hügel wurde ein 25 Meter hoher Holzfachwerkturm errichtet, von dessen Aussichtsplattform man einen sehr guten Rundumblick über das obere Mühlviertel hat. Er ist auch Zentrum des alljährlich stattfindenden Burgstallfestes. Zwei ausgiebige Touren werden wir von Kirchberg aus unternehmen, um das Land an der Grenze zu Deutschland, geprägt auch von der gewaltigen Donau und ihrem Tal, intensiv zu erfahren. Abends kehren wir dann heim in die Gemütlichkeit eines Ortes frei von Hektik und Trubel.

HOTELEMPFEHLUNG
Fischgasthof Aumüller
4131 Obermühl
b. Kirchberg
Tel.: +43 7286 7216
www.fischgasthof.at

Kirchberg ob der Donau

78 Besuch bei Altbekanntem
Tourenlänge: 220 km; reine Fahrzeit: 5–6 h

Typisches Grenzland: unterwegs zwischen Österreich und Tschechien

Der Bayerische Wald ist eine der beliebtesten Motorradregionen Süddeutschlands – und grenzt gleich an unser Thema »Oberösterreich« an. Was liegt da näher, als diesem Bikerparadies einmal einen intensiven Besuch abzustatten, es mit diesem Buch zu koppeln? Auf einer tagesfüllenden Runde geht es tief durch dunklen, geschichtsträchtigen Tann.

Diese Runde schließt nahtlos an den Westen von Tour 77 an, über Sankt Martin im Mühlkreis und Sankt Peter am Wimberg geht es hinauf zur tschechischen Grenze nahe Helfenberg. Und dann immer an dieser entlang. Über winzige Orte und Weiler erreichen wir Haslach an der Mühl, werfen vielleicht einen Blick hinein in das historische Zentrum von Rohrbach im Herzen des Oberen Mühlviertels. Direkt an der Kreuzung wichtiger mittelalterlicher Handelswege liegend, war es die damals letzte Rast vor der gefährlichen Reise durch den Böhmerwald. Rohrbach lohnt auch heute noch einen Boxenstopp, bevor wir weiter im Grenzgebiet herumräubern.

In Schwarzenberg am Böhmerwald queren wir dann die Grenze zu Deutschland und gönnen uns einen Abstecher in den angrenzenden Nationalpark Bayerischer Wald. In früheren Zeiten als Böhmerwald bekannt, haben sich nach den Grenzziehungen zu Tschechien auf deutscher Seite der Oberpfälzer und Bayerische Wald als eigenständige Regionen gebildet. Während sich der Oberpfälzer Wald bis hinunter nach Cham zieht und fließend im Bayerischen Wald aufgeht, reicht Letzterer als eines der größten zusammenhängenden Waldgebiete Mitteleuropas bis weit hinunter nach Passau. Dieser prächtigen Dreiflüssestadt machen wir allerdings erst auf der kommenden Runde unsere Aufwartung; jetzt geht es zu einem Boxenstopp in das beschauliche Waldkirchen, eine der jüngsten Städte des Bayerischen Waldes. Immer wieder in seiner über 800-jährigen Geschichte wurde der Ort von verheerenden Bränden heimgesucht. Sie sollen allesamt auf den Fluch einer Zigeunerin zurückgehen, den diese vor vielen Hundert Jahren über die Stadt gelegt hat, als ihr die Bürger Waldkirchens die Fahrt mit der Postkutsche verwehrten.

Über Hautzenberg und Untergriesbach schwingen wir retour zur Grenze, denn Oberösterreich ist ja unser eigentliches Thema. Wir folgen der seit Passau mächtig angeschwollenen und vollkommen natürliche Schleifen in die Landschaft legenden Donau flussabwärts. Der zweitlängste Strom Europas entspringt im Schwarzwald und mündet in das Schwarze Meer, dabei durchfließt er sechs Staaten. Keinen davon hat er allerdings derart geprägt wie Österreich.

79 Die Donau intensiv
Tourenlänge: 190 km; reine Fahrzeit: 4–5 h

In Passau, ganz im Südosten Deutschlands, bekommt die Donau durch Vereinigung mit Inn und Ilz einen mächtigen Schub frisches Alpenwasser. Auf ihrem weiteren Weg nach Linz, der oberösterreichischen Landeshauptstadt, darf sie weitgehend unbeeinflusst von Menschenhand gewaltig strömen und hat im Laufe der Jahrtausende ein höchst idyllisches Tal geformt, das wir uns auf dieser Tour einmal besonders intensiv anschauen wollen. Natürlich auf beiden Seiten des Flusses. Es gibt dort nicht nur eine abwechslungsreiche Mixtur aus kurvenreichen Haupt- und Nebenstraßen zu entdecken.

Direkt hinunter zur Donau geht es von Kirchberg aus, vorbei an der Ruine von Burg Oberwallsee. Erbaut um 1386, wurde sie um 1600 zu einem repräsentativen Schloss umgebaut, aber bereits nach 150 Jahren dem Verfall preisgegeben. Hoch oben auf dem bewaldeten Klausberg stehend, besitzt die Ruine auch heute noch gigantische Ausmaße. Der einzige, recht gut erhaltene Wohnbau ist das sogenannte »Hausstöckl«, das sogar im letzten Jahrhundert noch als Wohnhaus diente. Die geschichtsträchtige Ruine ist ein beliebtes Ausflugsziel.

In Aschach queren wir dann das erste Mal die Donau und wählen nun für unser weiteres Vorankommen entweder kleine, feine Landstraßen oder aber die direkt am Fluss verlaufende B130 mit prächtigen Ausblicken. Mein Tipp: Kombinieren Sie beide Alternativen und wedeln Sie einfach ganz grob Richtung Nordwesten. Über Waldkirchen und Engelhartszell, über Vichtenstein und Esternberg schwingen wir auf Österreicher Flussseite dahin. Das gegenüberliegende deutsche Ufer gönnen wir uns auf dem Rückweg. Passau, die Perle im Drei-Flüsse-Eck, lohnt auf jeden Fall einen ausgiebigen Boxenstopp, wenngleich ganz knapp außerhalb des Themas dieses Buches. Ihre historische Altstadt mit den mächtigen Festungen Oberhaus und Niederhaus sowie die Mixtur aus Tradition und Moderne verleihen Passau einen ganz eigenen Charme.

Über Untergiesbach geht es dann auf deutscher Flussseite retour zur Landesgrenze bei Neustift und anschließend auf Tuchfühlung zu den gewaltigen Flussschleifen nach Kirchberg. Wenn Sie Zeit haben mit einem langen Blick hinauf nach Schloss Rannariedl auf steilem Fels hoch über Neustift. Das sehenswerte Schloss selbst ist zwar in Privatbesitz, Besichtigungen von außen sind aber möglich.

Sie prägte Österreich wie kein anderer Fluss: die mächtige Donau

Ried im Innkreis

Der Müllersohn Dietmar der Anhanger soll 1191 von Kaiser Barbarossa höchstpersönlich den Markt Ried bekommen haben, da er sich während des 3. Kreuzzuges besonders tapfer zeigte. Als nämlich das Banner der Kreuzritter fiel, steckte der tapfere Müller einfach seinen ledernen Bundschuh auf eine Lanze und führte die Ritter zum Sieg. Wie einfach das doch früher alles war ... Noch heute ziert jener Müller'sche Bundschuh das Wappen von Ried im Innkreis, dem geografischen Zentrum des Innviertels, das wir auf den folgenden Touren intensiv erkunden werden. Zwar ging die gesamte Region nach dem frühen Aussterben des Müllergeschlechts erst einmal an Bayern, doch seit 1816 ist Ried endgültig Österreicher Territorium. Eine Stadt mit einer prallen Geschichte, wie man unschwer erahnen kann, zudem reich gesegnet mit Kirchen, einem sehenswerten Innviertler Volkskundehaus sowie einer Altstadt, in der wir nach einem Tourentag Entspannung und Genuss finden. Die Rieder Wirte haben sich zum Gastronomieverbund »4910 Die Rieder Wirte« zusammengeschlossen, der auch uns den Aufenthalt in Ried angenehm und lecker gestalten soll. »4910« leitet sich aus der Postleitzahl von Ried ab, nicht aus der Anzahl der Einkehrmöglichkeiten. Nur mal so am Rande erwähnt.

HOTELEMPFEHLUNG
Hotel Ried
4910 Ried im Innkreis
Tel.: +43 7752 22588
www.hotelried.at

80 Zu Inn und Salzach

Tourenlänge: 160 km; reine Fahrzeit: 4 h

Der Inn ist – bevor er in Passau in der Donau aufgeht und seine Identität verliert, auf weiter Strecke der wichtigste Grenzfluss zwischen Österreich und Deutschland. Diese Runde führt uns durch das vom Fluss sehr abwechslungsreich modellierte Grenzland, wir besuchen malerische Städte, erfahren spannende Zweiradgeschichten und flitzen durch idyllische Flussauen. Ach ja, und diese bieten sich im Sommer auch zu manch erfrischendem Sprung ins kühle Nass geradezu an. Also Badehose, Bikini und Sonnencreme mitnehmen – gegen Bikers nahtlose Blässe!

Das Herz des Innviertels steht jetzt zur Erkundung an. Das nordwestliche Viertel Oberösterreichs hat sich bis heute viele typische Merkmale seiner langen Zugehörigkeit zu Bayern erhalten, eine erlebenswerte Melange aus Kultur und Genuss erwartet uns, nicht nur auf dem morgendlichen Weg über Mettmach nach Mattighofen. Hmmm – Mattighofen? Da war doch irgendetwas? Korrekt: Die Geschichte der beschaulichen Stadt ist mit einem berühmten Namen fest verknüpft: KTM. Das 1943 gegründete Unternehmen begann 1954 mit der Serienproduktion von Motorrädern und feierte zahlreiche Erfolge im Motorsport. Die heutige KTM-Sportmotorcycle AG zählt unter anderem zu den führenden Herstellern von Moto-Cross-Motorrädern. Eine Werksbesichtigung bei KTM ist übrigens nicht nur via Website möglich.

Der Anblick Burghausens, an der Grenze zu Deutschland, ist überwältigend, vor allem vom österreichischen Ufer aus hat man einen grandiosen Blick auf die längste Burg Europas, die insgesamt über einen Kilometer lange Wehranlage hoch über der Stadt. Für deren Anblick bleiben wir auf dem östlichen Salzach-Hochufer, für einen empfehlenswerten Einkehrschwung queren wir den Fluss Richtung Altstadt. Anschließend geht es am Ostufer weiter hinauf nach Braunau am Inn, einem der längsten

Ist die lang, Mann: Burghausens Anblick ist wohl einzigartig in Europa.

und mächtigsten Alpenflüsse. Nahezu zwei Drittel seines Flusslaufes befinden sich dabei in den Alpen. Der Fluss entspringt am Malojapass im Schweizer Engadin in 2484 m Höhe und endet schließlich in der »Dreiflüssestadt« Passau, wo er in die Donau mündet.

Nach einem weiten Bogen durch das angrenzende bayerische Bäderdreieck – Bad Füssing, Bad Birnbach und Bad Griesbach – ganz im Südosten Deutschlands wedeln wir retour zum Ausgangsort Ried. Oder gönnen Sie sich einen Badestopp in den aus bis zu 1600 m Tiefe sprudelnden Natrium-Hydrogen-Carbonat-Quellen der Thermenlandschaften. Nach einem langen Tag auf dem Bike kann so ein Sprudelbad mit heißem Quellwasser herrlich beleben. Probieren sie es. Aber Achtung: So ein Bad macht redlich müde.

Ried im Innkreis

81 Weites Land und tiefe Wasser
Tourenlänge: 180 km; reine Fahrzeit: 4–5 h

Eine Runde durch das landschaftlich reizvolle, höchst abwechslungsreiche Herz des Bundeslandes Oberösterreich steht an. Wir erkunden das hübsche Städtchen Wels und schwingen anschließend am Rande des Eisenwurzenlandes zu den Perlen des angrenzenden Salzkammergutes sowie abschließend in einer weiten Schleife retour zum Ausgangspunkt. Das ist einmal mehr Motorradtouren von seiner schönsten Seite.

Nach der Landeshauptstadt Linz ist Wels die zweitgrößte Stadt in Oberösterreich. Sie erlebte bereits während der Römerzeit und des Mittelalters eine Hochblüte, für Kaiser Maximilian I. war sie eine der schönsten Städte des damaligen Europas. Ende 1518 kam er zum letzten Mal. Von Krankheit gezeichnet starb er Anfang 1519 in der Welser Burg. Viele Gebäude auf dem Stadtplatz stammen noch aus dem 13. Jahrhundert, sehenswert sind auch Dutzende von Arkadenhöfen sowie die Burg Wels und das Stadtmuseum.

Entlang der Traun und ihrem Zufluss Alm geht es dann nach Vorchdorf mit seinem imposanten Schloss Eggenberg, dem Wahrzeichen des Ortes. Das Schloss entstand um 971 und wechselte in der Folge vielfach seinen Besitzer. Die noch heute im Schloss angesiedelte Brauerei ist seit dem 14. Jahrhundert urkundlich belegt, hier entsteht unter anderem das stärkste Bier der Welt, das Samichlaus. Traditionell nur einmal im Jahr am Nikolaustag gebraut, wird es anschließend zehn Monate gelagert und dann abgefüllt. Mit 14 Vol.-% Alkohol und 32° Stammwürze wird es – natürlich – streng nach dem Reinheitsgebot von 1516 gebraut. Bierkenner sollten sich also auf dieser Runde unbedingt einen Platz im Seitenkoffer oder Topcase freihalten und ein, zwei Fläschchen Samichlaus für den abendlichen Genuss einpacken.

Zur Zeit der k.u.k. Monarchie war unser nächstes Ziel Gmunden eine beliebte Sommerfrische des Adels. Daran erinnern heutzutage noch zahlreiche historische Bauten sowie der Schaufelraddampfer »Gisela« im alten Hafen. Direkt an der Hafenmole von Gmunden kann man genüsslich pausieren und einkehren und dabei perfekt eingestimmt in Erinnerungen an längst vergangene Zeiten schwelgen. Das Ganze mit Blick auf den malerischen Traunsee, den mit 191 m immerhin tiefsten und nach dem Attersee zweitgrößten See Oberösterreichs. Ihn und die anderen Perlen des Salzkammergutes erkunden wir aber ab Tour 85 noch ganz intensiv.

Über Vöcklabruck mit seinem malerischen Stadtplatz und seinen freskenreichen Stadttürmen geht es heimwärts nach Ried.

Giselas Geschichten: Gmund war gestern wie heute ein beliebtes Reiseziel.

Steyr

Direkt am Zusammenfluss von Enns und Steyr an der Grenze zu Niederösterreich gelegen, besitzt unser nächster Ausgangsort Steyr heute noch eine sehenswerte historische Altstadt, in der sozusagen jeder Stein eine eigene Geschichte erzählen kann. Bereits 600 v. Chr. wanderten die Kelten ein, die das Eisen des steirischen Erzberges abzubauen begannen. Die Römer brachten das Eisen zu ihrer Schildfabrik nahe Lorch. Bajuwaren und Franzosen besetzten immer wieder die prosperierende Stadt, und in der heutigen Löwenapotheke bei Zwischenbrücken wurde im Dezember 1800 der Waffenstillstand zwischen Österreich und Frankreich besiegelt. Vielfältig und abwechslungsreich wie die Geschichte der Stadt ist auch ihr heutiges Bild. Der berühmte Steyrer Stadtplatz ist eines der besterhaltenen Altstadtensembles im gesamten deutschsprachigen Raum, die Stadt ist Mitglied im Verband »Kleiner historischer Städte«. Doch nicht nur baulich eine Perle, begeistert die Stadt auch alle Technikfans mit der Steyrtalbahn, einer Schmalspurbahn aus dem 19. Jahrhundert, die heutzutage noch an den Sommerwochenenden zwischen Steyr und Grünburg dampfend und schnaubend verkehrt.

HOTELEMPFEHLUNG
Hotel Werndl Hof
4400 Steyr
Tel.: +43 7252 53041
www.werndlhof.at

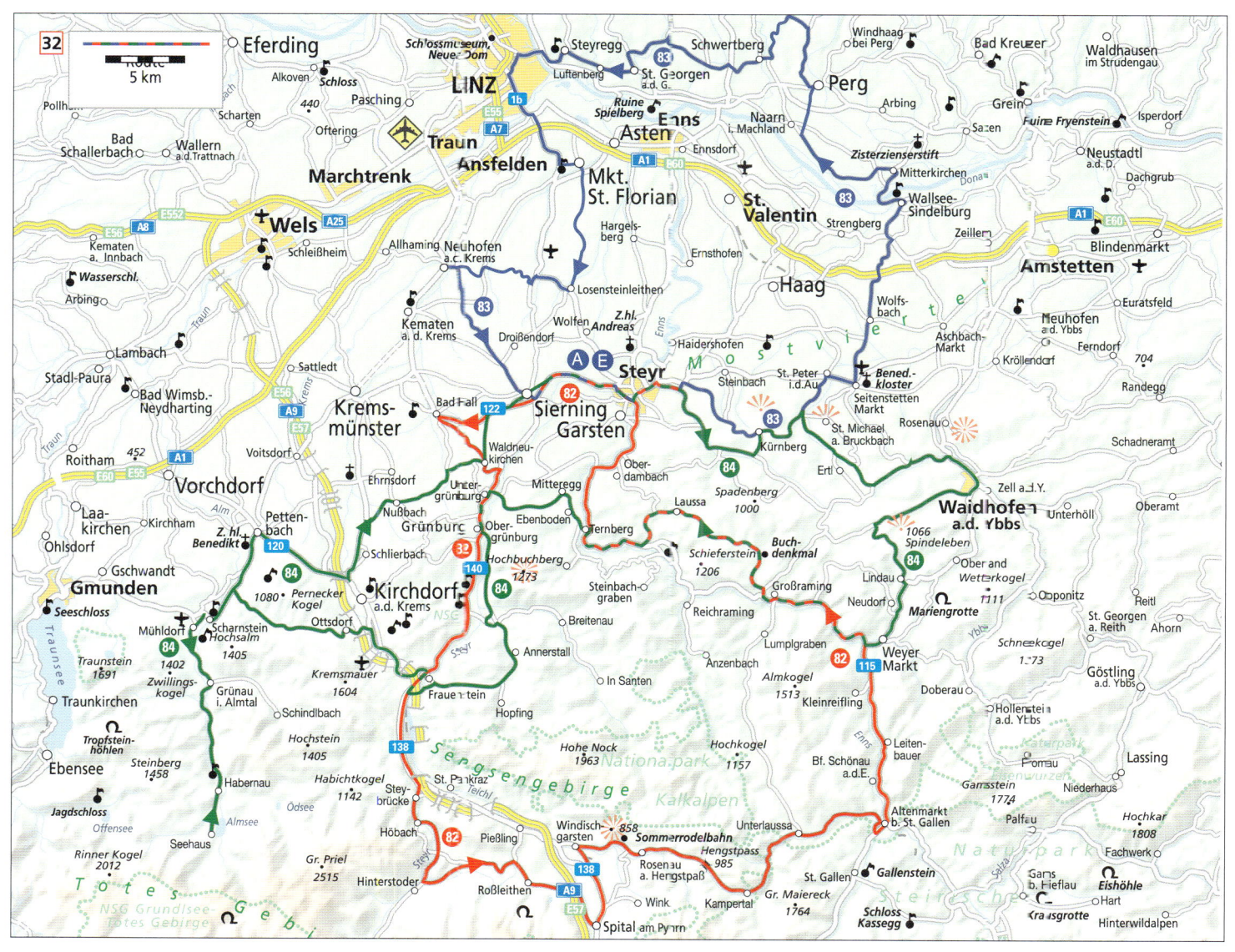

Steyr

82 Land der »Schwarzen Grafen«
Tourenlänge: 200 km; reine Fahrzeit: 5 h

Almfrühling im Land der Eisenwurzen: Biken von seiner schönsten Seite

Das Land der Eisenwurzen – der Eisenschmieden und -hämmer – ist so reich an Geschichten wie kaum eine Region Österreichs. Bereits auf den Touren Nr. 49 und 75 hatten wir einen Blick darauf geworfen, heute nun liegt das Land erneut direkt vor unseren Reifen. Genießen Sie nicht nur die andersartige Landschaft, sondern nutzen Sie auch die vielen Möglichkeiten, abseits des Mopedsattels tief in ihre eisenharte Geschichte einzutauchen.

Über Pfarrkirchen und Grünburg geht es nach Süden, dann sogleich zu einer ersten Geschichtsstunde nach Micheldorf: Direkt mitten im beschaulichen Örtchen liegen die Hallen des Oberösterreichischen Sensenschmiedenmuseums, die ehemaligen Fabrikgebäude des Sensen-Unternehmers Caspar Zeitlinger, einem der legendären »Schwarzen Grafen«, wie die Besitzer der Sensenschmieden ob ihrer Heerscharen an feuerverrußten Arbeitern genannt wurden. Gönnen Sie sich unbedingt einen Rundgang durch Herren- und Schmiedhaus, Gradnhammer und die Kram – spannender kann Geschichte nicht präsentiert werden.

Am Ostufer des Klauser Sees huschen wir weiter gen Süden, wenn Sie möchten zu einem weiteren Abstecher hinauf auf das Plateau von Hinterstoder, einer der landschaftlichen Perlen Oberösterreichs. Über das sehenswerte Städtchen Windischgarsten, in dem am Palmsonntag 1170 sogar kein Geringerer als Kaiser Friedrich Barbarossa mit großem Gefolge nächtigte, beginnen wir mit der »Eroberung« des Hengstpasses diesmal aus anderer Richtung. Oder legen vorher noch einen Boxenstopp im nahe liegenden Spital an der Pyhrn am Fuße des Pyhrnpasses direkt auf der Grenze zwischen Steiermark und Oberösterreich ein. Die südlichste Gemeinde der Urlaubsregion Pyhrn-Priel hat sommers wie winters viel zu bieten, nicht nur Europas schnellste Standseilbahn. Die wildromantische Felsenschlucht »Dr. Vogelgesang-Klamm« gilt als Oberösterreichs längste begehbare Felsenschlucht. Und die Gowilalm in Oberweng als Oberösterreichs schönster Almbalkon. Hier gibt es zudem den weltbesten Kaiserschmarrn, wahrlich Gründe genug für einen ausgiebigen Boxenstopp.

Aber dann geht's hinauf zum Hengstpass, dessen gut 1000 Höhenmeter eher Genuss denn Arbeit sind. Den Rest des Tourentages widmen wir einem Fluss – der Enns – und folgen ihr auf dem Weg über Weyer, Großraming und Ternberg retour nach Steyr.

83 Zwischen Eisen und Wasser

Tourenlänge: 170 km; reine Fahrzeit: 4–5 h

Aus dem Eisenwurzenland steigen wir diesmal nach Norden gemütlich hinab in die Donauauen, werfen einen Blick ins angrenzende so überaus kurvenreiche Mühlviertel und folgen dem zweitlängsten Strom Europas noch ein gutes Stück weit bis zur Landeshauptstadt von Oberösterreich, bis nach Linz. Am Ende dieses Tages haben wir einen überaus schönen Querschnitt durch die Vielfalt Österreichs erfahren und in unseren Erinnerungen – oder auf der Chipkarte der Kamera – abgespeichert.

Über Sankt Peter in der Au und Seitenstetten schwingen wir nach Wallsee mit seinem markanten Schloss hinab in das mächtige Donautal. An anderer Stelle hatten wir der Donau ja schon einige Besuche abgestattet, hier haben wir nun Gelegenheit, das gewaltige Flussbett hinüber in das angrenzende Mühlviertel zu queren. Trockenen Reifens sogar, denn gleich hinter Wallsee liegt die Brücke nach Mitterkirchen im sogenannten Marchland.

Bereits 1269 verlieh König Ottokar II. von Böhmen den Bürgern von Perg die heiß begehrten Marktrechte. Das Ortsbild aus den wechselvollen Zeiten des Mittelalters ist leider durch mehrere verheerende Brände weitgehend vernichtet worden, enthält mit Pfarrkirche und Seifensiederhaus dennoch zwei sehenswerte Relikte. Heutzutage ist Perg immerhin die größte Stadt des Mühlviertels und ein beliebtes Ziel für Touristen aus aller Welt. Ach ja und ganz nebenbei unser nächster größerer Boxenstopp mit vielen Möglichkeiten zu einem leckeren Einkehrschwung.

Über kleine Landstraßen geht es anschließend nach Schwertberg und weiter über Sankt Georgen an der Gusen in den »Dunstkreis« von Linz, der Landeshauptstadt Oberösterreichs, und immerhin nach Wien und Graz, der drittgrößten Stadt Österreichs. Zugegeben ein echt hartes Kontrastprogramm zu dem bisher eher gemütlich verlaufenden Tourentag. Schauen Sie sich dennoch um oder schwingen Sie einfach gen Süden aus der Stadt hinaus Richtung Sankt Florian. Umgehend ticken die Uhren wieder eine deutliche Spur gemächlicher. Über Neuhofen an der Krems erreichen wir wieder Steyr.

Immer am Fluss entlang: Schattige Auen bieten Erfrischung im prallen Bikersommer.

Steyr

84 Irgendwo zwischendrin
Tourenlänge: 240 km; reine Fahrzeit: 6 h

Kräftiger Tropfen: Mühlen und Stauwehre trieben die Eisenhämmer einstmals an.

Diese Runde ist eine Mischung aus Tour 82 und 83, eine Mischung aus der spannenden Geschichte des Eisenwurzenlandes kombiniert mit der Beschaulichkeit der südlichen Donauauen und ihren prächtigen Höhenwegen. Auf aussichtsreicher Piste geht es sozusagen von einem Museumsblick zum nächsten, wir pendeln durch eine Zeit, in der das Leben noch geprägt war von Ruß und Feuer, von knochenharter Arbeit und großem Zusammenhalt unter den Menschen.

Waidhofen an der Ybbs begrüßt uns dazu gleich nach unserem Aufbruch gen Westen. Auf dem Weg nach Waidhofen wird Ihnen vermutlich fern am Horizont das Örtchen Sonntagberg hoch auf einem Aussichtshügel ins Auge stechen. Mein Tipp: Fahren Sie unbedingt kurz hinauf – vielleicht sogar früh am Morgen, wenn noch die Nebel wallen. Mit ein wenig Glück sind Sie dort nämlich über den Wolken. Wie eine Insel in einem riesigen Meer aus Wolkenwattebäuschen schwimmt die mächtige Basilika aus dem 15. Jahrhundert oftmals auf dem zähen Morgennebel. Über uralte Kopfsteinpflastergassen geht es steil bergan zum historischen Kern des Ortes, in dem im Grunde genommen jeder Tag ein Sonntag ist.

Waidhofen selbst war jahrhundertelang das Zentrum der Eisenverarbeitung, welche die Geschichte der Stadt nachhaltig geprägt hat. Heutzutage ist Waidhofen das Herz der Tourismusregion »Niederösterreichische Eisenstraße« mit einer sehenswerten historischen Bausubstanz. Wie zum Beispiel das Rothschildschloss: Die mittelalterliche Burg aus dem 13. Jahrhundert war lange Zeit Verwaltungssitz der legendären Familie Rothschild. Als Baron Rothschild das Schloss allerdings anfänglich zwecks Kauf gemeinsam mit Gattin Bettina besichtigte, stieg man auch in das Untergeschoss des Bergfrieds hinab. Als die Baronin dort die Knochenreste verstorbener Gefangener erblickte, sei beinahe der Kaufvertrag storniert worden, heißt es. Vorschnell vereinbarte man, alle Untergeschosse einfach zuzuschütten. Ein Versuch, diese Ende des 20. Jahrhunderts wieder freizulegen, musste aufgegeben werden, da die gesamte Statik des Turmes in Gefahr war.

Noch ein letztes Mal pendeln wir anschließend durch das Eisenwurzenland über Weyern und Ternberg nach Micheldorf und weiter nach Scharnstein. Dort lautet das Highlight »Sensenmuseum Geyerhammer«, untergebracht in einem uralten, gut erhaltenen Sensenwerk direkt am Almfluss. Das einzigartige Industriedenkmal erzählt mit Original-Ausstellungsstücken und »Live-Betrieb« die mächtig lärmende Geschichte der Sensenschmiedekunst. Ein wahrlich würdiger Abschluss unserer Besuche im Land der »Schwarzen Grafen«.

Bad Ischl

Bad Ischl zählt zu den bekanntesten Kurorten Österreichs, ja vielleicht sogar Europas. Bereits die Römer unterhielten hier eine wichtige Zollstation, ab dem Jahr 1000 machten die Gewinnung von Salz und der Handel mit dem »Weißen Gold« Ischl und die Region reich. Seine bis heute andauernde Blütezeit als Kurort begann allerdings erst Anfang des 19. Jahrhunderts, als sich die gesundheitliche Wirkung von Solebädern vor allem im europäischen Adel herumsprach. Man rannte Ischl und seinen Badeanstalten die Türen ein. Die Liste berühmter Gästenamen ist schier unendlich: Staatskanzler Metternich und Erzherzog Rudolf, Kaiser Franz Joseph I. und Kaiserin Sisi, Bruckner, Händel, Lehár, Brahms und viele mehr. Bis heute prägt das Stadtbild von Bad Ischl diese reiche Geschichte. Die Stadt selbst nennt sich gerne auch »Kaiserstadt«, in Gedenken an jene längst vergangenen Tage. Unzählige historische Bauten atmen noch immer den Hauch der Belle-Époque, in den Hotels geben sich auch heutzutage noch A-, B- und Möchte-Gern-Promis die Klinke in die Hand.

HOTELEMPFEHLUNG
Hotel Goldener Ochs
4820 Bad Ischl
Tel.: +43 6132 23529
www.goldenerochs.at

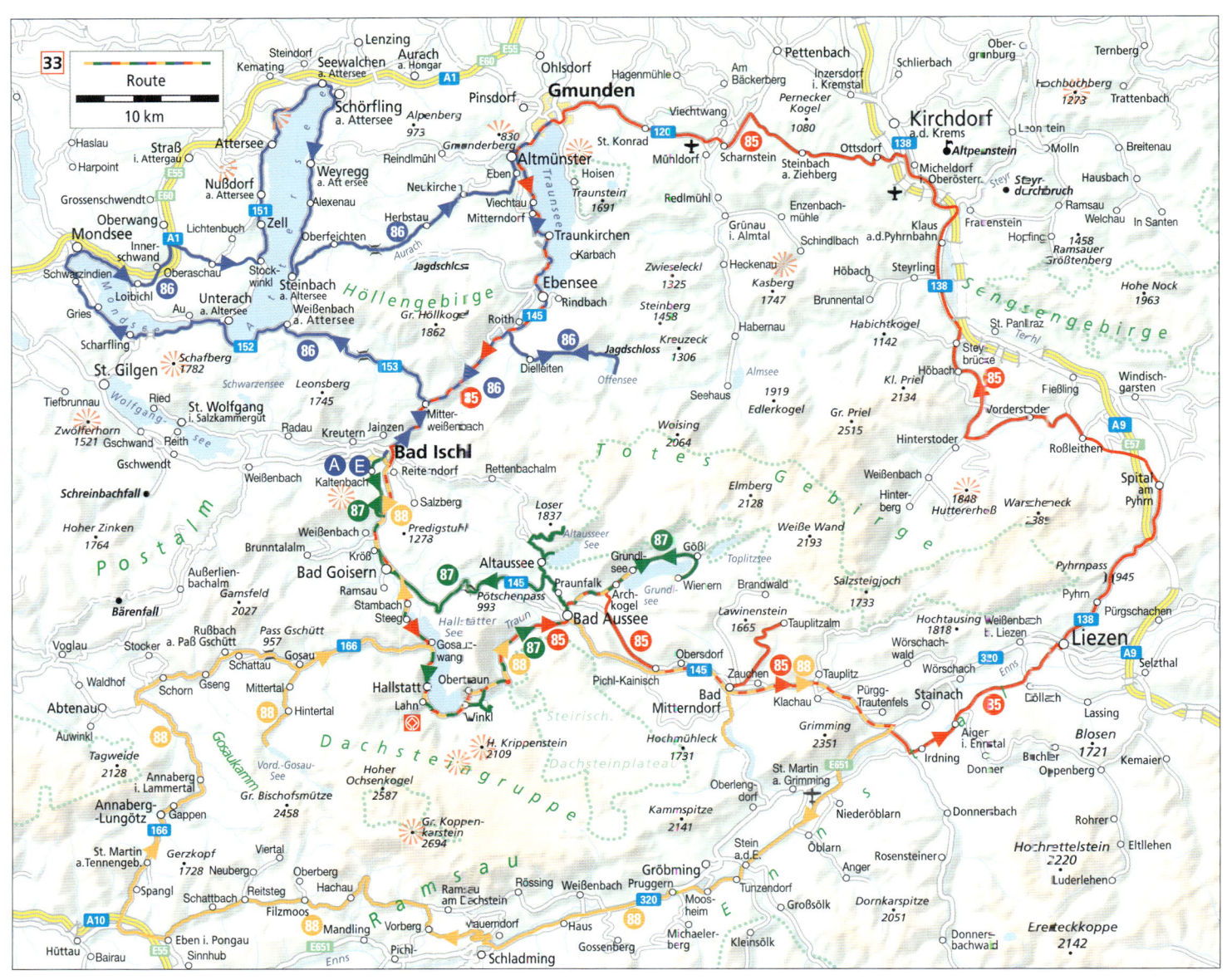

Bad Ischl

85 Runde um das »Tote Gebirge«
Tourenlänge: 235 km; reine Fahrzeit: 5–6 h

Perle des Salzkammergutes: Hallstatt ist ein echtes Postkarten-Idyll mit freiem Eintritt.

Frühling am Grundlsee: Und die Motorradsaison kann beginnen ...

So martialisch der Tourentitel auch klingen mag, Sie benötigen auf dieser Rundtour keine kugelsichere Weste, sondern höchstens Badehose oder Bikini, denn im Sommer gibt es herrliche Möglichkeiten zu einem mehr als erfrischenden Bad. Und dazwischen pendeln wir nicht nur von einer grandiosen Aussicht zur nächsten, sondern ganz besonders auch von einer spannenden Geschichte zur folgenden.
Bereits das erste Highlight gleich nach Verlassen von Bad Ischl Richtung Süden wird auch Ihnen die Sprache verschlagen: Hallstatt und sein See. Wie Schwalbennester kleben die Häuser an den Steilhängen des fjordartigen Taleinschnitts, nur zu Fuß und mit ordentlicher Kondition sind viele von ihnen zu erreichen. Im historischen Zentrum von Hallstatt – übrigens nur morgens bis 10 Uhr uneingeschränkt befahrbar – wird die Geschichte des Weltkulturerbe-Ortes wieder lebendig. Der Marktplatz gleicht einem Freilichtmuseum mit freiem Eintritt. Im Beinhaus ist die weltgrößte Schädelsammlung zu bestaunen, in den Salzwelten werden die Tage des »weißen Goldes« erzählt. Und der Anblick des vielleicht schönsten Seeortes der Welt bei einer Fahrt mit dem Fährschiff bleibt für immer in Erinnerung.

Zugegeben, da haben es Bad Aussee und der Grundlsee nicht leicht, einen sehenswerten Kontrast zu bilden. Aber dennoch: Gönnen Sie sich die Uferstraße am See entlang unbedingt bis zum Ende – es lohnt sich. Malerisch an der Südwestseite des Toten Gebirges gelegen, besitzt der beliebte Badesee immerhin Trinkwasserqualität. Seine Wassertemperatur schwankt im Sommer zwischen 19 und 25°C. Beliebt sind auch die Ausflugsschiffe des Grundlsees sowie die Möglichkeit, Elektroboote zu mieten. Kräftige Thermikwinde begeistern Segler und Surfer von Frühling bis Herbst.

Über Bad Mitterndorf und Liezen schwingen wir dann zu einem Abstecher in das Reich der »Schwarzen Grafen«. Wenn Sie die vorangegangenen Touren dieses Buches bereits erfahren haben, werden Sie wissen, was Sie erwartet. Ansonsten lassen Sie sich überraschen.

Über Kirchdorf an der Krems erreichen wir nachmittags dann Gmunden am herrlichen Traunsee. Zur Zeit der k. u. k. Monarchie war das Städtchen eine beliebte Sommerfrische des Adels. Daran erinnern heutzutage noch zahlreiche historische Bauten sowie der Schaufelraddampfer »Gisela« im alten Hafen. Direkt an der Hafenmole von Gmunden kann man genüsslich pausieren und einkehren und dabei perfekt eingestimmt in Erinnerungen an längst vergangene Zeiten schwelgen.

Region Oberösterreich

86 Das Salzkammergut satt
Tourenlänge: 185 km; reine Fahrzeit: 4–5 h

»Im Salzkammergut da kann man gut lustig sein« – am Ende dieser Runde werden auch Sie dem Operettenkomponisten Ralph Benatzky zustimmen, der diese Zeilen einst für das »Weiße Rössl« schrieb. Wir schwingen im Grenzgebiet zwischen Salzburg und Oberösterreich sozusagen von einer Ansichtskarten-Idylle zur nächsten und können am Ende des Tages entscheiden, welcher denn nun der schönste See des Salzkammergutes ist. Eine echt schwierige Entscheidung.

Über den Weißenbacher Sattel im Höllengebirge erreichen wir nach dem Aufbruch in Bad Ischl den Südzipfel des Attersees. Apropos Hölle: Der Teufel persönlich soll eines Tages eine bösartige Pfarrersköchin aus Steinbach am Attersee geholt haben, die unter mysteriösen Umständen gestorben war. Da ihm die beleibte Köchin aber wie ein Mühlstein auf dem Buckel hing, als er mit ihr retour in die Hölle eilen wollte, ist der Teufel beim Überqueren eines Gebirgszuges versehentlich nicht hoch genug gesprungen, sondern landete mitsamt der Köchin unter lautem Getöse mitten in den Felsen. Dabei allerdings schlug die Teufel-Köchin-Kombi ein derart großes Loch in den Fels, dass beide gleich von hier aus schnurstracks hinunter in die Hölle rutschen konnten. Seit jenen denkwürdigen Tagen heißt das höhlenreiche Kalksandsteinmassiv nördlich von Bad Ischl das »Höllengebirge«.

Der Attersee ist das größte Binnengewässer Österreichs und bis zu 170 m tief, ja seine geheimnisvollen Untiefen haben im August 1978 sieben Menschen für immer verschluckt. Selbst die größte Bergungsaktion Österreichs mit über 80 Tauchern konnte das mysteriöse Verschwinden der sieben Menschen bis heute nicht aufklären. Dennoch wollen wir uns im weiteren Verlauf der Tour die Uferstraße am See entlang gönnen, zählt sie doch zu den schönsten Österreichs.

Ist er vielleicht der schönste? Blick auf den Attersee mit seinen Uferstraßen

Doch zuvor schwingen wir um den Mondsee. Der sich im See spiegelnde Mond soll der Sage nach den Bayern-Herzog Odilo davor bewahrt haben, mitsamt Pferd und Rüstung in den See abzustürzen und elendig zu ersaufen. Das kann uns auf dem Weg hinüber zum Attersee nicht passieren, über Nussdorf und Seewalchen umrunden wir den See bis hinunter nach Steinbach. Dort bitte den Blinker links setzen und Richtung Gmunden den See wechseln. Der Traunsee ist mit 191 m der tiefste und nach dem Attersee der zweitgrößte See Oberösterreichs mit äußerst vielfältiger Uferlandschaft. Doch ganz gleich, von welchem Standort aus – die Blicke auf den See sind einzigartig. Lassen wir uns ruhig Zeit für den Katzensprung heimwärts nach Bad Ischl.

Ihn können Sie kaufen: Alle Details zum Mondsee gibt's auf Tour 91.

Bad Ischl

87 Tief ins »Tote Gebirge«
Tourenlänge: 130 km; reine Fahrzeit: 4 h

Diese auch als Halbtagestour mit ausgiebigem Besichtigungsprogramm (z. B. in Hallstatt) geeignete Runde führt uns tief in das Herz des »Toten Gebirges«, führt uns zu weltberühmten Orten, unergründlichen Seen und einem der letzten Geheimnisse vergangener Weltkriege. Dazu spendieren uns die ausgewählten Straßen maximales Kurvenvergnügen.

Bad Goisern im Inneren Salzkammergut ist ein Ort mit langer Geschichte -- und nicht nur die Heimat berühmter Alpenrocker, sondern auch des »Goiserers«, eines nur auf Bestellung handgefertigten Bergschuhs mit äußerst prominenter Fanliste. Eine weltberühmte Schuhmode frei nach dem Motto »Was ist schon der Mode letzter Schrei gegen das Echo von Ewigkeit?« Klappen Sie unbedingt im Ort kurz den Seitenständer aus für eine kleine Besichtigungsrunde. Dann geht es weiter zum Hallstätter See und nach Hallstatt. Bei der Länge unserer heutigen Runde können Sie nun getrost eine kleine Fahrt mit dem Fährschiff über den See einlegen – die Ausblicke vom Wasser aus sind eine Wucht.

In Bad Aussee liegt übrigens der geografische Mittelpunkt Österreichs, der Mittelpunktstein steht im Stadtkurpark. Sehenswert sind der Obere Markt mit seinen historischen Bauten sowie der einladende Kurpark mit seinem berühmten Fischbrunnen und Erzherzog-Johann-Denkmal. 2010 war Bad Aussee Alpenstadt des Jahres, eine ganz besondere Auszeichnung, die sicherlich auch ein wenig dem nahe liegenden Grundlsee zu verdanken ist.

Ganz am Südzipfel des Grundlsees und nur zu Fuß erreichbar, versteckt sich in dunklem Tann der legendäre Toplitzsee, in dessen Tiefen man bis heute nach großen Teilen der Goldreserven des Dritten Reiches forscht. Im April 1945 wurden ungezählte Kisten zum Toplitzsee transportiert. Seitdem vermutet man dort u. a. 50 Kisten Gold und Feingold, 5 Kisten mit Brillanten sowie 20 Kisten Goldmünzen aus aller Welt. Die Suche danach wird allerdings strengstens reglementiert. Dennoch: Viel Glück!

Die Loser Panoramastraße führt uns zum Schluss des Tages weit hinauf in die Ausläufer des »Toten Gebirges«. Der Name des markantesten Plateaugebirges der Kalkalpen leitet sich vermutlich von der felsigen und größtenteils vegetationslosen Hochfläche ab. Das gesamte Gebirgsmassiv ist eine beliebte Wanderregion, die Panoramastraße ein idealer Ausklang dieses Tages. Vor allem der Sonnenuntergang von einem der zahlreichen Aussichtspunkte ist der Hit.

Museum mit freiem Eintritt: Hallstatts historisches Zentrum

Region Oberösterreich

88 Echt steirische Grenzerfahrung
Tourenlänge: 230 km; reine Fahrzeit: 5–6 h

Mit dieser tagesfüllenden Tour verabschieden wir uns aus Oberösterreich und erkunden das »Dreiländereck« zur Steiermark sowie zum Salzburger Land. Hier bilden Tennengebirge und Dachstein nicht nur ein wahres Paradies für Wanderer, sondern auch für uns Biker. Auf dieser höchst abwechslungsreichen Runde geht es über richtig hohe Berge zu mehr als unergründlichen Seen, gespickt mit atemberaubenden Panoramen.

Sagen Sie fröhlich »Servus« zu Bad Goisern und dem Hallstätter See, wir kommen – zumindest in diesem Buch – nicht mehr hierhin zurück. Über den unscheinbar hohen, aber kurvenreichen Koppenpass mit gerade einmal 700 Höhenmetern geht es nach Bad Aussee und immer entlang der B 145 nach Bad Mitterndorf und Trautenfels. Falls Sie den Abzweig zum ausgeschilderten Salzastausee rechtzeitig entdecken, gönnen Sie sich die Sackgasse zum Wasser für einen kurzen Abstecher. In Trautenfels mündet unser Weg dann in das Ennstal, dem wir zügig zum Dachstein-Massiv folgen.

Der Hohe Dachstein ist mit 2995 m der Hauptgipfel des Dachsteinmassivs und hat die Form eines Doppelgipfels. Sein »kleinerer« Bruder ist ganze 60 m niedriger. Seit dem 19. Jahrhundert ist das gesamte Dachstein-Massiv ein heiß begehrtes Ziel für Bergsteiger aus aller Welt. Berühmte Felswände sind zum Beispiel die gut 1000 m hohe Südwand aus Dachsteinkalk. Der Hauptgipfel ist der höchste Gipfel Oberösterreichs und der Steiermark und bei guten Wetterlagen ein viel besuchtes Kletterziel. Aber auch Wanderungen leichterer Schwierigkeitsgrade sind allerorten möglich.

Auf der gut 12 km langen Stoderzinken-Alpenstraße können Sie sich dem Dachstein fahrerisch noch ein gutes Stück annähern, bei Gröbming zweigt die Piste rechts ab hinauf zu den Stoderliften und dem herrlich gelegenen Berggasthof Steinerhaus. Der Stoderzinken mit seinen gut 2050 Höhenmetern ist einer der bekanntesten Aussichtsberge im Dachstein-Kemetgebirge. Und das Beste für uns Biker: Die Panoramastrecke ist im Sommer völlig mautfrei zu befahren. Das sollten wir uns unbedingt gönnen!

Zwischen dem Nordrand der Radstätter Tauern und dem Tennengebirge wedeln wir anschließend Richtung Abtenau und von dort über den Pass Gschütt und Gosau retour nach Bad Ischl. Oder lassen Sie diesen langen Tourentag am idyllischen Gosausee ausklingen – mit Panorama und zünftigem Einkehrschwung.

Mitten aus der Belle-Époque: das Kurhaus von Bad Ischl mit prächtigem Park

Österreich on top: Rund um den Dachstein liegen prächtige Panoramapisten.

Region Salzburg und das Salzkammergut

Da ist gut lustig sein

Salzburg, das umliegende Salzburger Land sowie natürlich das Salzkammergut sind die wohl bekannteste Ferienregion Österreichs und vor allem bei uns Deutschen sehr beliebt. Nicht verwunderlich, beginnt all diese Pracht doch gleich an der deutsch-österreichischen Grenze. Und wenngleich das Salzkammergut historisch eigentlich zu Oberösterreich gehört, habe ich es in dieses letzte Kapitel des Buches »gepackt«, denn eine Trennung zwischen Salzburger Land und Salzkammergut zu ziehen, ist unmöglich. Und dieses Buch soll ja zudem mit einem weiteren waschechten Hochgenuss enden, damit Sie gleich morgen aufbrechen in das Motorradparadies Österreich. Auf geht's zu zwölf Touren von fünf Standorten aus.

Salzburg

Am 27. Januar 1756 erblickte Wolfgang Amadeus Mozart in Salzburgs Getreidegasse 9 das Licht der Welt, ein Umstand, dem die sehenswerte Stadt mit ihren zahlreichen historischen Bauten auch heute noch viel zu verdanken hat. Mehr als die Hälfte seines allzu kurzen Lebens verbrachte Mozart immerhin hier. Erstmals urkundlich 1120 erwähnt, ist Salzburg zudem die älteste Stadt Österreichs. Basis ihres mittelalterlichen Wohlstandes waren das »Weiße Gold«, das Salz, sowie zeitweise auch das echte Gold. Bewacht von der Festung Hohensalzburg – übrigens einer der größten Burgen des Mittelalters – konnten die Bewohner jahrhundertelang ihren Geschäften nachgehen und gut leben. Heutzutage ist Salzburg nicht nur UNESCO-Weltkulturerbe, sondern eine der bekanntesten Städte Österreichs mit einem erlebenswerten Reichtum an touristischen Highlights und Sehenswürdigkeiten. Und ganz nebenbei auch die Heimat dieser köstlichen, aber auch mächtig kalorienreichen Mozartkugeln, die wir uns auf den folgenden Touren als Reiseproviant griffbereit in den Tankrucksack legen können. Denn dieses Buch ist ja vor allem auch dem bikenden Genießer gewidmet …

HOTELEMPFEHLUNG
Altstadthotel
Weisse Taube
5020 Salzburg
Tel.: +43 662 842404,
www.weissetaube.at

Region Salzburg und das Salzkammergut

89/90 Blick über die Grenze

Tourenlänge: 185/160 km; reine Fahrzeit: 4–5/4 h

Die beiden folgenden Touren sind aus technischen Gründen nochmals auf einer Seite zusammengefasst, bieten aber dennoch beide Potenzial für jeweils einen langen Tourentag. Vergessen Sie bitte Badehose oder Bikini nicht, denn wir wedeln von einem Badevergnügen zum nächsten.

Gleich am Westrand von Salzburg queren wir die Grenze nach Bayern und schwingen über Teisendorf und Siegsdorf hinüber zum ersten »Badestopp«, dem Chiemsee. Das »Bayerische Meer« und der gesamte Chiemgau sind ein ideales Ausflugsziel, der Chiemsee selbst mit seinen gut 80 qkm Fläche und maximal 70 m Tiefe ist ein Badeparadies vom Feinsten. Am Ostufer entlang geht es nach Seebruck und weiter über Kloster Seeon nach Trostberg und Tittmoning direkt an der Grenze zu Österreich. Auf der Salzach starten hier von Mai bis Oktober übrigens die berühmten »Plättenfahrten« nach Burghausen. Auf Nachbildungen mittelalterlicher Salzkähne schippert man über den Fluss, ein historisch authentisches Vergnügen.

Der Tachinger und der Waginger See im Grenzland zu Österreich sind die wärmsten Gewässer Bayerns und ein ideales Baderevier für Warmduscher. Bis auf 25 °C und mehr klettert die Wassertemperatur an einem sonnigen Sommertag. Schöne Seebäder mit Bewirtung finden sich in Taching, Tettenhausen, Waging und Kühnhausen. Gönnen Sie sich doch einen Badestopp, der Heimweg nach Salzburg ist nur noch ein Katzensprung.

Das bayerische Meer: Der Chiemsee ist zu jeder Jahreszeit ein Genuss.

Auf Tour 90 pendeln wir noch einmal durch das Grenzland zwischen Bayern und Salzburg, kurvenreich geht es zur »längsten Burg Europas« und weiter zur berühmtesten Motorradschmiede Österreichs. Das nenn ich Kontrastprogramm vom Feinsten.

Im Grunde schließt diese Tour am vorhergehenden Badestopp Waginger See nahtlos an. Über Tittmoning geht es auf bayerischem Boden nach Burghausen. Vor allem vom österreichischen Salzach-Ufer aus hat man einen grandiosen Blick auf die längste Burg Europas. Gönnen Sie sich unbedingt auch in einem der Cafés im mittelalterlichen Kern Burghausens eine leckere Pause – das Ambiente ist grandios. Über die Dörfer schwingen wir dann nach Mattighofen, der Heimat von KTM (s. Tour 80). Am nahe liegenden Mattsee haben wir schon wieder Salzburger Territorium unter den Reifen. Der idyllisch gelegene See ist ein beliebtes Bade- und Ausflugsrevier. Das Schloss Mattsee aus dem 11. Jahrhundert beherbergt ein weithin beliebtes Kaffeehaus. Über den Wallersee, immerhin der größte See des Flachgau, geht es abends retour nach Salzburg.

Grenzland-Badewannen: Blick auf Tachinger und Waginger See

Salzburg

91 Fünf Seen und etwas Grusel
Tourenlänge: 145 km; reine Fahrzeit: 3–4 h

Auf dieser Rundtour huschen wir von einer sehenswerten Seeuferstraße zur nächsten, ja, von einem Ansichtskarten-Ausblick zum nächsten. Und falls Sie immer schon einmal einen eigenen See besitzen wollten, hier können Sie einen kaufen! Also bitte die goldene Kreditkarte nicht vergessen.

Den Wallersee hatten wir ja auf Tour 90 bereits kurz gestreift, diesmal wedeln wir entlang seines Nordufers ganz gemütlich nach Neumarkt und Strasswalchen. Übrigens: Der Name des Sees stammt vermutlich von dem auch heute noch im See zu findenden mächtigen Waller (Wels). Der idyllische See war immer schon auch Quell literarischer Inspiration. Seine malerischen Uferregionen locken bis heute zahlreiche Künstler und Literaten an, die in Henndorf einen weithin bekannten Kulturtreffpunkt hatten.

Der unter Naturschutz stehende Irrsee ist unser nächstes Zwischenziel und zugleich der wärmste See des Salzkammergutes in der Grenzregion zwischen Oberösterreich und Salzburg. Bis zu 27° C wird er warm, gleichwohl seine tiefste Stelle bei über 30 Metern liegt. Zur Zeit der Glaubenskriege zwischen Protestanten und Katholiken kam es auf einem Bauernhof am Ufer des Irrsees zu Massenhinrichtungen. Die Skelette der Opfer sollen noch heute am Seegrund zu finden sein, nach ihnen zu tauchen ist allerdings nicht erwünscht.

Der sich im See spiegelnde Mond soll einstmals den Bayern-Herzog Odilo davor bewahrt haben, mitsamt Pferd und Rüstung in den See abzustürzen und elendig zu ersaufen. Kurzerhand – und zugegeben nicht besonders einfallsreich – nannte Odilo das Gewässer »Mondsee«. Heutzutage gehört es der Gutshof-Bäuerin vom nahe liegenden Höribachhof und steht zum Verkauf. Die Verhandlungsbasis soll bei 16 Millionen Euro liegen. Falls Sie also immer schon einmal einen wirklich bildhübschen See im Salzkammergut besitzen wollten, fragen Sie einfach auf dem Höribachhof nach.

Der Fuschlsee auf unserem Heimweg nach Salzburg steht allerdings nicht zum Verkauf. Den schönsten Blick auf diesen schüchtern hinter blickdichten Baumreihen dösenden Weiher hat man zweifelsohne von der Seeterrasse des traumhaft gelegenen 5-Sterne-Hotels »Schloss Fuschl« aus. Okay, hier kostet der Eisbecher-Einkehrschwung zwar ein paar Euro mehr, dafür bekommen Sie aber auch eine satte Portion einmaliges Ambiente.

Steht nicht zur Disposition: der Fuschlsee vom Südwestufer aus gesehen

Region Salzburg und das Salzkammergut

92 Hoch hinaus mit viel Geschichte
Tourenlänge: 170 km; reine Fahrzeit: 4 h

Diese Runde ist Pflicht für bayerische und Salzburger Biker, auf verschlungenen Pfaden geht es tief hinein in das Herz der Grenzregion zwischen Salzburg und Bayern. Wir schwingen zu malerischen, ja geheimnisvollen Seen und genießen die prächtigen Ausblicke hoch droben auf der Roßfeld-Panoramastraße, bevor wir beim Hohlwegwirt von Hallein den Tag ausklingen lassen.

Bad Reichenhall, unser erster Boxenstopp, war immer schon reich gesegnet mit Solequellen; das Salz prägte die gesamte Region seit historischen Tagen. Auch unser Ausgangsort Salzburg profitierte mächtig davon, beide Städte überwachten den Salzhandel und wurden wohlhabend. Die Alte Saline sowie der Königliche Kurgarten in Bad Reichenhall erzählen noch heute davon.

Im nahe liegenden Ruhpolding gibt es eine gänzlich andere Geschichte zu erzählen: In einem Kuhstall am Ortsrand liegt das wohl einzigartigste Motorrad-Museum Deutschlands – Georg Hollwegers »Schnauferl-Museum«. Lenker an Lenker finden sich all die draußen im Leben längst verklungenen Namen der Motorradgeschichte: NSU, Norton, Zündapp, Horex, DKW und Herkules – ein unbedingter Pflichttermin einer jeden Tour durch diese Region.

Über Schneizlreuth und den malerischen Hintersee erreichen wir dann Berchtesgaden und den Königssee. »Und da Herrgott hat g'lacht, wia Berchtesgad'n hat g'macht«, sagen die Einheimischen und wahrlich, es ist etwas dran. Gönnen Sie sich doch erst einmal eine Kaffeepause beim Tortenmacher Grassl in der Maximilianstraße. Und dann dieser Königssee: Sein Echo ist weltberühmt, seine über 1 m langen und bis zu 55 Pfund schweren Forellen sind wahrlich kein Anglerlatein und eine Bootsfahrt über den See bleibt für immer in Erinnerung. Da stört es auch nicht, dass wir das alles nur zu Fuß erreichen. Den besten Überblick über all diese Pracht haben wir

von der Roßfeld-Panoramastraße. In herrlichen Rechts-Links-Kombinationen führt sie uns bis hinauf auf 1600 Meter. Am Scheitelpunkt der Strecke liegt uns der gesamte Berchtesgadener Alpenpark zu Füßen. Geschwind wie der Wind huschen wir dann hinunter ins Salzachtal und direkt zum Hohlwegwirt von Hallein, Ernst Kronreif. Seit über 130 Jahren befindet sich die alte Poststation von Hallein nun schon im Besitz der Familie Kronreif, übrigens einer der beiden Gründerfamilien der Motorradschmiede KTM (Kronreif & Trunkenpolz Mattighofen). Und mögen auch die Bande zwischen KTM und Ernst Kronreif jun., dem heutigen Hohlwegwirt, nicht mehr allzu eng sein, die Geschichten über das aufregende Leben seines Vaters sind lebendig wie eh und je. Und falls die Einkehr bei Ernst Kronreif jun. und seiner vielfach ausgezeichneten Kochkunst wieder einmal etwas zu lang ausfallen sollte, stehen in der alten Poststation auch einige stilvoll eingerichtete Themenzimmer zur Übernachtung zur Verfügung.

Die KTM Nr. 1: Beim Hohlwegwirt von Hallein wurde Mopedgeschichte geschrieben.

Deutschlands höchste: die Roßfeld-Panoramastraße im Grenz-land zu Salzburg

Sankt Gilgen

Sankt Gilgen ist nach Sankt Wolfgang die wohl bekannteste Destination am berühmten Wolfgangsee im Salzkammergut. »Oberdrum« soll es noch zu Zeiten der Römer geheißen haben – nun ja, da kann man den Bewohnern für die Umbenennung nach dem heiligen Gilgian nur gratulieren. Vor allem durch die Schifffahrt auf dem Wolfgangsee konnte das einstmals verschlafene Nest mächtig an Renommee hinzugewinnen. Die Salzkammergut-Lokalbahn sorgte dann ab 1893 dafür, dass die Gäste Sankt Gilgen bequem erreichen konnten. Zahlreiche Prominente errichteten in Sankt Gilgen ihre Sommervillen, ja, es entwickelte sich sogar eine Künstlerkolonie im Ort: die Zinkenbacher Malerkolonie mit bis zu 27 zeitgenössischen Künstlern. Ihnen ist heute noch ein Museum gewidmet. Sankt Gilgen bietet heutzutage alle Annehmlichkeiten, die sich auch Biker nach einem langen Tag im Sattel wünschen und besitzt zudem eine malerische Seepromenade, an der wir den Tourentag mit Genuss für alle Sinne ausklingen lassen können. Rund um die Schiffsanlegestelle drapieren sich hübsche Biergärten – mein Tipp heißt übrigens »Fischer Wirt« –, in denen wir die Küche des Salzkammergutes genießen können. Und einen grandiosen Ausblick gibt es obendrein.

> **HOTELEMPFEHLUNG**
> Schernthaner Garni
> 5340 Sankt Gilgen
> Tel.: +43 6227 2402
> www.hotel-schernthaner.at

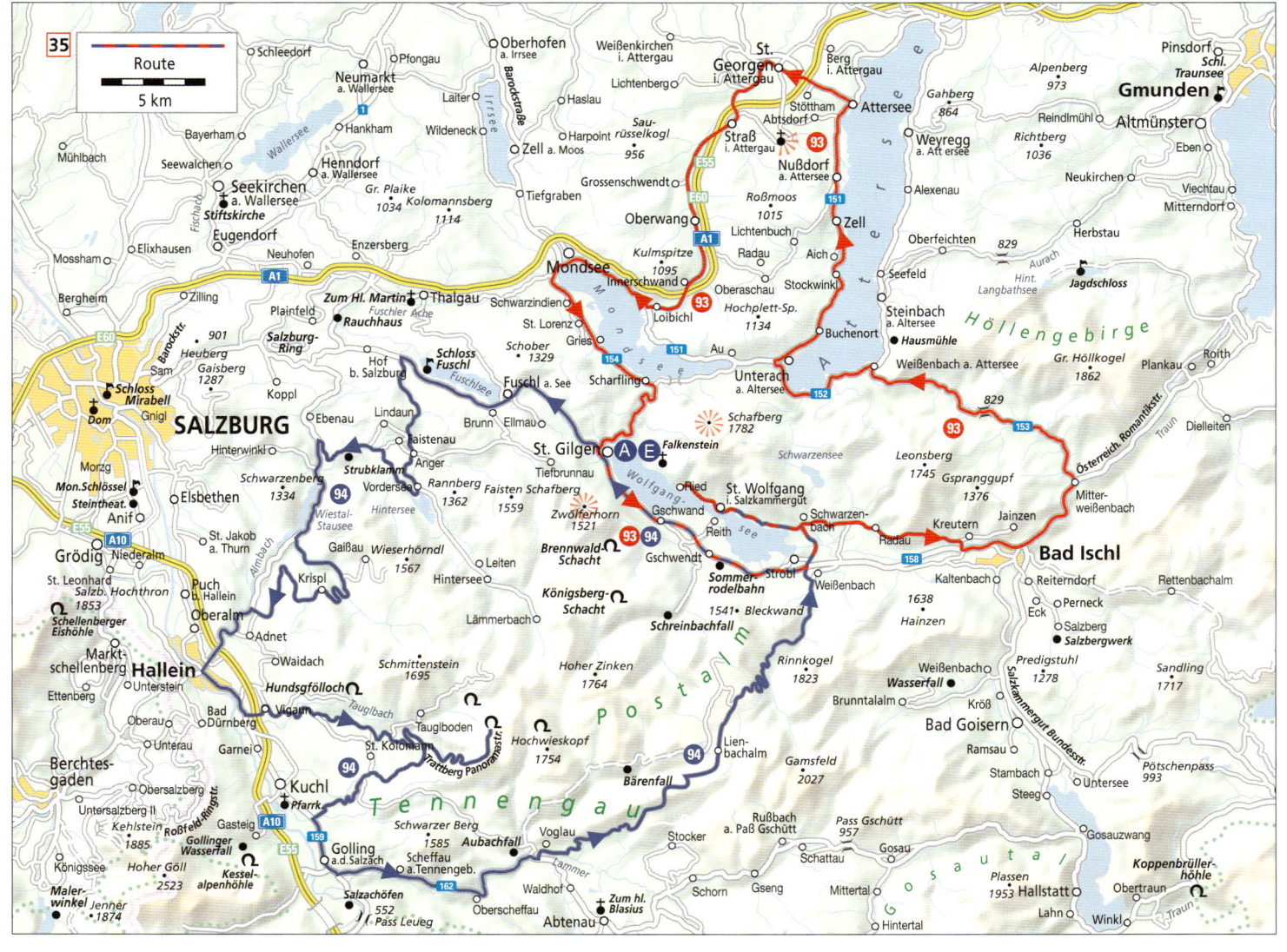

93 Mitten im Salzkammergut
Tourenlänge: 145 km; reine Fahrzeit: 4 h

Diese Reise beginnt mit einer ausführlichen Erkundung des legendären Wolfgangsees. Nehmen Sie sich ruhig Zeit dafür, es besteht kein Grund zur Hetze. Dann queren wir das Höllengebirge. Keine Angst: Meistens geht das völlig gefahrlos. Und die anschließende Runde zu den weiteren Highlights des Salzkammergutes ist dann purer Genuss für all unsere Sinne. Perfekt geeignet auch als gemütliche Halbtagestour mit Planscheinlagen.

Der Wolfgangsee ist der wohl bekannteste See nicht nur des Bundeslandes Salzburg, sondern auch des Salzkammergutes – ja, ich behaupte sogar ganz Österreichs. Der heilige Wolfgang suchte hier um 976 als Bischof von Regensburg im Kloster Mondsee Zuflucht und gab dem See seinen Namen. In vielen Legenden wird bis heute von zahlreichen Wunderheilungen nicht nur jenes Wolfgang berichtet. Ja, auch heute kann so ein Urlaub am Wolfgangsee von Alltagshektik und Stress porentief heilen. Und die malerischen, durchweg sehenswerten Orte wie Strobl, Sankt Gilgen und Sankt Wolfgang locken Jahr für Jahr die Touristen, ebenso zahlreiche Badeplätze und -möglichkeiten machen ihn auch für Einheimische zu einem beliebten Reiseziel. Und eine Fahrt mit der Wolfgangsee-Schifffahrt gehört sowieso zu den Pflichtterminen im Salzburger Land.

Bad Ischl, unser nächstes Zwischenziel, ist auch ohne See ein Kurort von europäischer Bedeutung geworden und kann, wie auf den Touren 85 bis 88 schon erwähnt, auf eine lange Liste berühmter Gästenamen zurückblicken. Klappen Sie im Zentrum des Ortes unbedingt den Seitenständer aus für einen langen Rundumblick, bevor wir über das Höllengebirge schwingen. Sie erinnern sich: Der Teufel persönlich soll hier eines Tages einen neuen Zugang zu seiner Wohnung im Erdinneren gebohrt haben, als er mit einer bösartigen Pfarrersköchin im Huckepack unter lautem Getöse mitten in den Felsen aufschlug.

Der nahe liegende Attersee ist unser nächstes Tagesziel, das größte Binnengewässer Österreichs ist ein beliebtes Segel- und Tauchrevier, vor allem seine Westuferstraße zählt zu den schönsten Pisten dieses Buches. Abschließend umrunden wir den Mondsee nahezu komplett, und falls er Ihnen auch diesmal wieder ausnehmend gut gefällt, erinnern Sie sich: Sie können ihn kaufen …

Er ist der größte Österreichs: der Attersee als Bade-, Tauch- und Kurvenrevier

Sankt Gilgen

94 Perfekte Kombi
Tourenlänge: 180 km; reine Fahrzeit: 4–5 h

Sackgassen-Spaß: Die Trattberg-Panoramastraße gehört aufs Roadbook.

Hier steppt der Biker-Bär: Die Postalm ist der Bikertreff der Region.

Malerische Seen, weite Landschaften und zwei richtige Bergstrecken, diese Rundreise ist so abwechslungsreich wie das gesamte Salzburger Land drum herum. Und den berühmtesten Bikertreff der Region besuchen wir natürlich auch – oben auf der Postalm geht im Sommer die Post ab.

Vor der nordwestlichen Haustüre von Sankt Gilgen begrüßt uns der scheue Fuschlsee an diesem Morgen, versteckt sich aber wie immer hinter nahezu blickdichten Baumreihen. Über Hintersee und den Wiestalstausee erreichen wir dann die alte Salzhandelsstadt Hallein. Lust auf ein zweites Frühstück? Nun, dann einfach rechts abbiegen nach Hallein-Taxach zur alten Poststation Gasthof »Hohlwegwirt« der Familie Kronreif. Deren Butterzopf und vor allem die Marillenkonfitüre sind ein Geschenk des Himmels, garniert mit unzähligen Tourentipps des leidenschaftlichen Bikers und Gastwirts Ernst Kronreif jun., dem heutigen Hohlwegwirt und Sohn eines der legendären Gründer der Mopedschmiede KTM.

Die im Süden anschließende Trattberg-Panoramastraße ist auch eines der Lieblingsreviere des Hohlwegwirtes, sie führt uns auf gut 1600 Höhenmeter. Gleich hinter Bad Vigaun finden sich die leicht zu übersehenden Wegweiser nach Sankt Koloman und der Panoramastraße. Zwei Euro kostet die Bikermaut für eine der schönsten alpinen Sackgassen im Tennengau.

Satte 40 Quadratkilometer misst Österreichs größtes Almengebiet und ist mit einer mittleren Höhe von über 1300 m zudem Europas zweithöchstes Plateau. Sowohl von Abtenau im Südwesten wie auch von Strobl am Wolfgangsee im Nordosten führt eine Mautstraße in unzähligen Kurven und Kehren hinauf zur legendären Postalm. Im Winter als Skigebiet genutzt, gehört das Almenland vom Frühling bis weit in den Herbst aber vor allem uns Bikern. Die treffen sich dann unter anderem hoch droben an der Almwirtschaft »Lienbachhof« zu Benzingesprächen und einem ausgiebigen Einkehrschwung inmitten hochalpiner Landschaften.

Mit einem weiteren Blick hinein nach Sankt Wolfgang endet dann diese so abwechslungsreiche Runde. Oder lassen Sie den Tag ganz gemütlich mit einem Sundowner an der schon erwähnten Seepromenade von Sankt Gilgen ausklingen. Etwas weniger Rummel, etwas moderatere Preise – aber nicht minder erlebenswert. Und morgen geht es dann weiter Richtung Südwesten.

Tamsweg

Wir machen noch einmal einen kleinen Sprung nach Südwesten, diesmal in den Drei-Länder-Zipfel des Salzburger Landes: Hier im Lungau, wo Salzburg, die Steiermark und Kärnten – also drei ausgewiesene Bikerparadiese – zusammentreffen, ergibt sich ein höchst erlebenswertes Kurvengemenge. Tamsweg, unser gastlicher Ausgangsort für die kommenden beiden Touren, ist die Hauptstadt des Lungaus, einem der fünf Gaue Salzburgs. Mitte des 12. Jahrhunderts erstmals urkundlich erwähnt, hat Tamsweg eine durchaus wechselvolle Geschichte zu erzählen. Im 15. Jahrhundert ein berühmter Wallfahrtsort, geriet die Region zwischen die Fronten von Kaiser Friedrich III. und seinen zahlreichen Gegnern. Auch die Reformation tat dem Wallfahrtsort nicht gut, erst ab dem 18. Jahrhundert bildete ein reger Handel mit Salz und Eisen eine stabile Grundlage für neues Wachstum. Heute ist Tamsweg eine beliebte Wohnstadt mit Lebensqualität, die sich erst allmählich von einem touristischen Geheimtipp zu einer »voll ausgestatteten« Urlaubsdestination entwickelt.

HOTELEMPFEHLUNG
Hotel/Pension Kandolf
5580 Tamsweg
Tel.: +43 6474 2336
www.pension-kandolf.at

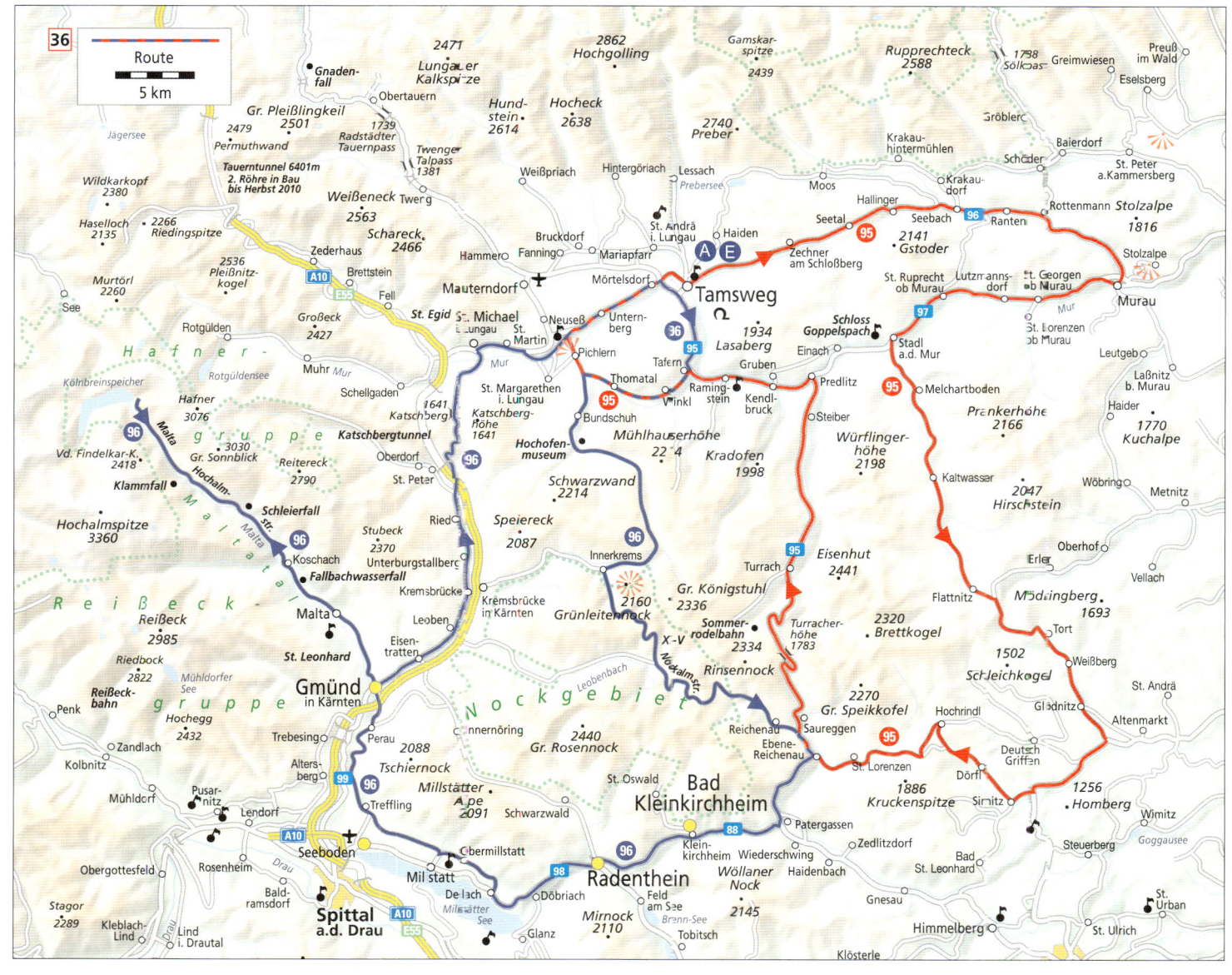

Tamsweg

95 Drei Kurvenparadiese
Tourenlänge: 180 km; reine Fahrzeit: 4 h

Kärnten und die Steiermark liegen von Tamsweg aus zum Greifen nahe. Das lassen wir uns natürlich nicht entgehen und wedeln auf dieser Rundreise einmal komplett durch die Kurvenhighlights der gesamten Region. Die runden Hügelformen der Nockberge begegnen uns dann abends auf der Speisekarte erneut als Kas- oder auch Fleischnock'n, würdiger Abschluss eines sehr leckeren Tourentages.

An der Südflanke der Niederen Tauern geht es zunächst nach Osten. Über Seetal und Seebach erreichen wir Murau im Westen der Steiermark. Jene Niederen Tauern sind eine der Großgruppen der Zentralalpen im Osten der Hohen Tauern und lockten im Mittelalter vor allem durch ihren Reichtum an Erzen. Im 19. Jahrhundert kamen die Touristen, vor allem Wanderer, heutzutage kommen tourende Biker, die von Murau durch das Murtal nach Westen wedeln, um bei Stadl an der Mur den ersten Pass dieser Runde ins Visier zu nehmen. Die Flattnitzer Höhe (gut 1450 m) ist nicht zuletzt beliebt wegen ihrer gut ausgebauten Rampen, die es immer wieder erlauben, mit ordentlich Speed den Scheitelpunkt zu erklimmen. Die Passhöhe dominieren einige Hotels und Gasthöfe, die sich für eine spontane Einkehr empfehlen.

Hinab ins Gurktal lassen wir dem Bike dann »die Zügel lang« und gönnen uns eines der letzten stillen Almenparadiese der Region: den Hochrindl. Gut 1600 m hoch droben über dem Alltag empfängt uns ein echtes Kärntner Almenland mit sanften Gipfeln oder »Nock'n« und gemütlichen Einkehrschwüngen in den umliegenden Berggasthöfen. Retour nach Tamsweg gönnen wir uns dann den nächsten Pass der Region, die Turracher Höhe. Immerhin fünf echte Spitzkehren sowie ungezählte Kurven führen uns hinauf zum höchsten Punkt des Passes auf 1760 m inmitten eines alpinen Hochplateaus mit drei unergründlichen Bergseen und dem größten zusammenhängenden Zirbenwaldgebiet Österreichs.

Wie bitte? Sie erinnern sich an Tour 39 oder auch 48, auf denen wir die Turracher Höhe bereits erfahren hatten, und würden lieber über die westlich angrenzende Nockalm-Panoramastraße schwingen? Keine Hektik, dieses Kurven-Sahneschnittchen gönnen wir uns auf der folgenden Runde noch einmal Meter für Meter. Wenn wir schon einmal hier sind ...

Typisch Österreich: Auch diese Tour beweist die Vielfalt des Bikerparadieses.

Region Salzburg und das Salzkammergut

96 Der Abschied fällt schwer

Tourenlänge: 220 km; reine Fahrzeit: 5 h

Noch ein letztes Mal tauchen wir von Tamsweg im Lungau ganz tief ein in die Highlights des Kärntner Nordens, erkunden mit der Nockalm- und Maltatal-Hochalmstraße echte Kehrenparadiese und atemberaubende Bergpanoramen bis hinauf in alpine Hochlagen. Und am Millstätter See können wir zur Mittagszeit herrlich pausieren, ja sogar die Badehose auspacken. Aber aufgepasst – 220 Tageskilometer und 62 Spitzkehren sind wahrlich kein Papperlstiel, sie kosten ihre Zeit.

Beginnen wir gleich mit dem ersten fahrerischen Highlight dieses langen Tourentages, beginnen wir mit der prächtigen Nockalm-Panoramastraße. 1970 begannen die Arbeiten für eine Höhenstraße durch die menschenleere Gegend der Nockberge, zehn Jahre später feierte man Eröffnung. Überall an zentralen Aussichtspunkten entlang der Strecke werden Biker durch reservierte Parkplätze und Info-Terminals zum Pausieren eingeladen, dazwischen führt die Straße in kurvigem Auf und Ab zwischen zahllosen Nock'n hindurch und erreicht mit der »Eisentalhöhe« auf immerhin 2042 m ihren höchsten Punkt, ebenfalls mit urigen Einkehrmöglichkeiten und echter Kärntner Kost.

Bei Reichenau mündet unser Weg dann auf die Südrampe der Turracher Höhe, die wir aber heute tunlichst ignorieren. Denn es erwartet uns herrliches Kontrastprogramm, es erwartet uns der Millstätter See – einer der sonnenverwöhntesten Flecken Österreichs. Seine Uferstraße führt durch hübsche Orte wie Seeboden, Millstatt oder auch Dellach, deren Cafés, Biergärten und Restaurants mit Seeblick von früh bis spät unsere Tourenpläne atomisieren wollen. Zeit genug für einen koffeinhaltigen Boxenstopp muss aber immer sein.

Bei Gmünd in Kärnten wartet dann das zweite Alpenhighlight auf unseren Besuch: das Maltatal mit seiner spektakulären Hochalmstraße. Die panoramareiche Piste führt zu den schönsten Aussichtspunkten auf das Tal und seine Natur. Kühn geschwungen geht es anschließend durch sechs historische Naturstein-Tunnels und neun Kehren gut 1200 Höhenmeter hinauf zur mächtigen Kölnbrein-Staumauer, dem Bikertreff der Region direkt am kreisrunden Turm des hoch aufragenden Berghotels Malta. Mögen Sie es deutlich beschaulicher? Dann fahren Sie über die Kiespiste entlang des Stauseeufers zur idyllisch gelegenen Kölnbreinhütte mit Almwirtschaft und Jausenkarte. Ein Erlebnis!

Über Sankt Michael und Sankt Margarethen im Lungau erreichen wir spätabends wieder unseren Ausgangspunkt, den wir nun aber Richtung Bischofshofen verlassen müssen.

Wohl einzigartig: das Berghotel Malta direkt am Kölnbreinstausee

Bischofshofen

Bereits vor 5000 Jahren sollen rund um Bischofshofen im südlichen Salzburger Land die ersten Menschen gesiedelt und sogar nach Kupfer geschürft haben. Dann kamen die Kelten und natürlich auch die Römer, Klöster wurden gegründet und es ging den Menschen vergleichsweise gut. 1525 war der Ort im Salzachtal das Zentrum des Bauernaufstandes, eine vernichtende Niederlage bei Radstatt beendete allerdings die Freiheitsbestrebungen der Bauern auf blutige Weise. Die Eisenbahn brachte ab 1875 den ersten Tourismus in die Stadt mit ihrer wechselvollen Geschichte, doch erst im September des Jahres 2000 erhielt Bischofshofen seine heutigen Stadtrechte. Das weithin bekannte »Museum im Kastenturm« im Zentrum von Bischofshofen erzählt die 5000-jährige Geschichte des Ortes. Sehr interessant! International bekannt ist der Ort heutzutage auch als einer der Austragungsorte der Vierschanzentournee. Touristisch ist Bischofshofen aufgrund seiner zentralen Lage perfekt geeignet für die Erkundungen des südlichen Salzburger Landes.

HOTELEMPFEHLUNG
Hotel-Gasthof
Schützenhof & Alte Post
5500 Bischofshofen
Tel.: +43 6462 22530
www.schuetzen-hof.com

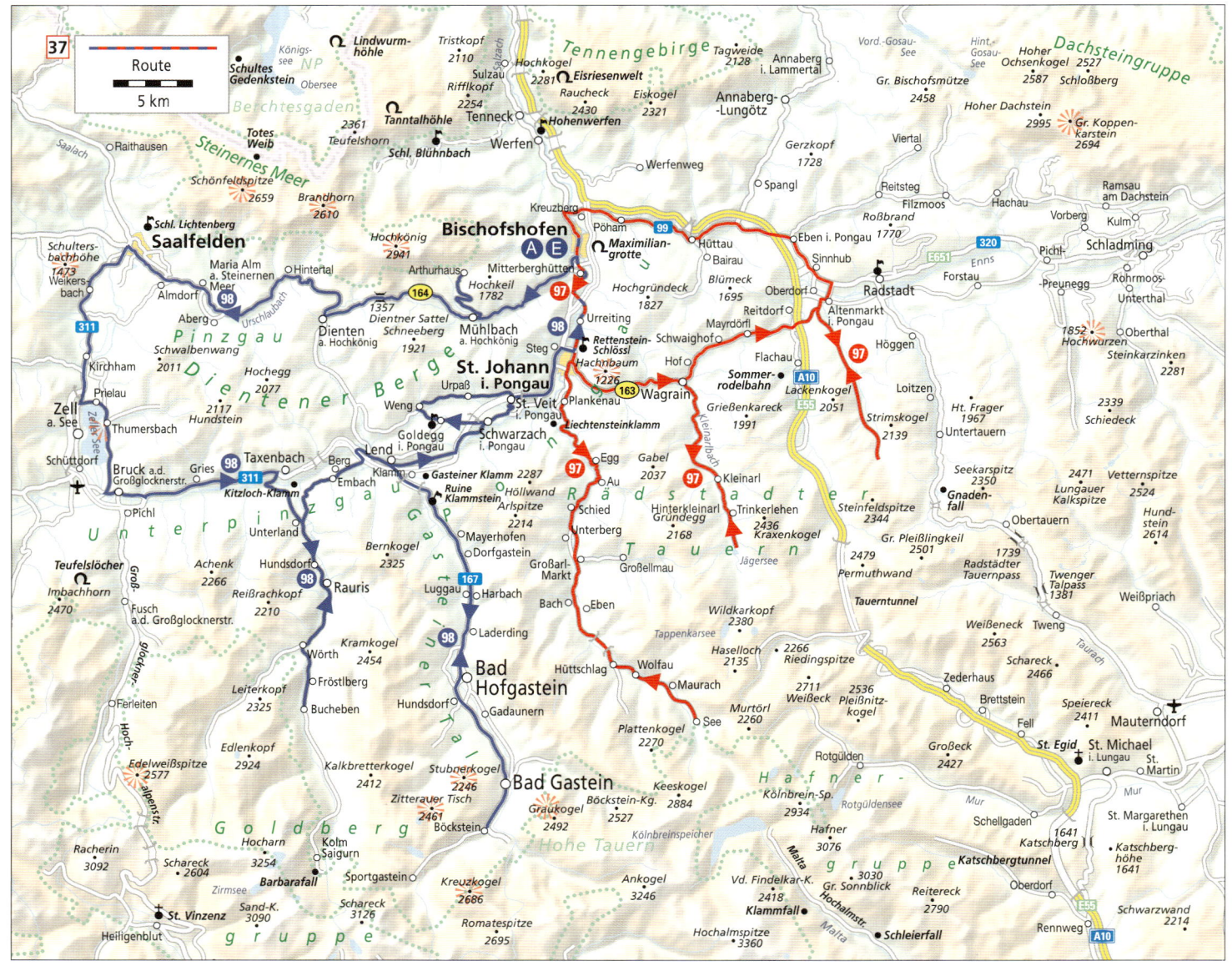

97 Dreifacher Sackgassen-Genuss

Tourenlänge: 170 km; reine Fahrzeit: 4 h

Blick weit hinein ins Land: Der Tennengau liegt uns zu Füßen.

Der Südrand des markanten Tennengebirges und der angrenzende Pongau sind eine geniale Tourenkombination für den Entdecker in uns. Es gilt, ganz gemütlich die Höhen zu erklimmen, in die Sackgassen der Täler vorzudringen und ohne Hektik oder gar Eile einfach einmal zum Talschluss zu huschen, ganz in der spannenden Erwartung eines leckeren Einkehrschwunges. Enttäuscht wurde ich bislang noch nie – weder in fahrerischer, noch in kulinarischer Hinsicht. Da die gesamte Region touristisch perfekt erschlossen ist, finden wir Möglichkeiten für einen Boxenstopp zuhauf.

Entlang der Salzach geht es nach Süden aus Bischofshofen hinaus. Sankt Johann im Pongau erwartet uns zu einem ersten Sightseeing-Stopp. Nur rund 60 km südlich von Salzburg im breiten Tal der Salzach gelegen, gehen die Siedlungsspuren der Stadt bis auf die Bronzezeit zurück. Kelten und Römer fühlten sich hier sehr wohl, wie auch seit vielen Jahrzehnten der Reisende. Der Ortsteil Alpendorf gilt als wahres Ferienparadies und ist beliebter Ausgangspunkt für Exkursionen in die umliegende Bergwelt, wie zum Beispiel in die sagenumwobene »Liechtensteinklamm« mit ihren 300 m hohen Felswänden und einzigartigen Wasserfällen.

Über den Ort Großarl schwingen wir sodann hinein in das Arltal. Großarl, das »Europadorf«, ist zentraler Ausgangspunkt für herrliche Wanderungen zu den oftmals bewirtschafteten Almen des Tales, von denen es hier unzählige gibt. Deshalb trägt das Arltal auch vollkommen zu Recht den Beinamen das »Tal der Almen«. Hier ticken die Uhren sogleich eine Runde gemütlicher, hier ist die Erholung wahrlich potentiell. Hier wie in allen folgenden Tälern lautet mein Rat: Fahren Sie unbedingt bis zum Talschluss – es gibt immer wieder Neues zu entdecken. So wie im Kleinarl-Tal gleich nebenan. Dessen Talschluss ziert der idyllische Jägersee, auch so ein stilles Paradies für Erholung suchende Großstädter.

Der Zauchensee – unser letztes Naturerlebnis für heute – ist dagegen schon deutlich bekannter, wenngleich die Region vor allem im Winterzirkus eine Rolle spielt. Über Altenmarkt geht es gen Süden hinein in das malerische Alpental mit dem See und gleichnamigen Weiler ganz am Talschluss. Genießen Sie es, den Tag hier ausklingen zu lassen.

Bischofshofen

98 Visite in den Hohen Tauern
Tourenlänge: 220 km; reine Fahrzeit: 5–6 h

Königlicher Anblick: Der Bikerfrühling rund um den Hochkönig begeistert jeden.

Einkehrtipp mit Ausblick: das Arthurhaus am Hochkönig-Massiv

An Hochkönigs Südflanke entlang schwingen wir nach Saalfelden und nähern uns dann über Zell am See dem Kurvenparadies der Hohen Tauern. Erinnern Sie sich an Tour 23 aus dem Kapitel Osttirol? Die spielt mitten in den Hohen Tauern, heute trainieren wir unseren Gleichgewichtssinn an deren Nord- und Ostflanke. Das ist ebenfalls ein tagesfüllender Genuss.

Richtung Hochkönig schwingen wir am Morgen ein letztes Mal aus Bischofshofen hinaus nach Westen. Über Mühlbach erklimmen wir ganz gemütlich unseren ersten Pass, den Dientnersattel auf gut 1360 m. Okay, es liegen wahrlich höhere Pässe gleich südlich. Aber lassen Sie uns hier oben die grandiosen Rundumblicke ausgiebig genießen, und wenn Sie möchten, einen ersten Abstecher rechts hinauf zum berühmten Arthurhaus machen. Die Mandlwandstraße führt uns zu diesem Berggasthof und Bikertreff in einzigartiger Lage.

1866 begann die Mühlbacher Kupfergesellschaft mit dem Bau der ersten Gaststätte dort oben. 1894 pachteten die Urgroßeltern der heutigen Wirtin Heidi die kleine Alm und bauten sie sukzessive zu einem gemütlichen Drei-Sterne-Berghotel aus, dessen Schätze auch aus Küche und Weinkeller stammen, ganz zu schweigen von der Herzlichkeit der Wirtsleute.

Über Maria Alm am Steinernen Meer (welch ein Ortsname!) pendeln wir durch eine grandiose Bergwelt, dominiert von den steilen Felszinnen des Hochkönig-Massivs, garniert mit horizontweiten Hochalmen und kleinen, verträumten Weilern, in denen der altehrwürdige Louis Trenker auch heute noch in keiner Weise aus dem Rahmen fallen würde. In Saalfelden setzen wir den Blinker links nach Zell am See. Bereits im Mittelalter führten wichtige Saumrouten hier vorbei über das Hochtor nach Italien, die Zeller Säumer belieferten den Süden mit Salz und kehrten mit friaulischem Wein zurück. In Bruck lockt uns der Einstieg zur legendären Großglockner Hochalpenstraße, bleiben Sie für heute aber »on track« und lassen Sie uns einen langen Blick in das angrenzende Gasteiner Tal werfen.

»Die Gastein«, wie die Einheimischen das weite Hochtal auch heute noch nennen, ist seit Urzeiten besiedelt und war bis weit in das 20. Jahrhundert nur über schmale Wege und Pisten erreichbar. So konnte sich hier eine sehenswerte eigenständige Kultur entwickeln, die einen Großteil des heutigen Charmes dieses Tales ausmacht.

Bad Gastein, ein bekannter Wintersportort, lockt ganz am Ende des Tales im Sommer auch Wanderer und Biker zu einem Einkehrschwung, dem wir uns nicht verschließen sollten. Zumal der Heimweg über Sankt Johann im Pongau nur noch ein Katzensprung ist.

Saalfelden

Ganze 120 qkm groß ist das Saalfeldener Becken, ein idyllisches Hochtal mit der Stadt Saalfelden als Zentrum. Bajuwaren sollen es dereinst besiedelt haben, nachdem sie die nur sporadisch auftauchenden Römer vertrieben hatten. Den Bajuwaren folgten die Franken und die »Herren von Saalfelden«. 1811 vernichtete eine Feuersbrunst den gesamten Ort, der anschließend mit Spenden aus Salzburg und Bayern wieder aufgebaut werden konnte, und in der unmittelbaren Folge des Feuers die ersten urkundlich belegten Brand- und Bauvorschriften entwickelte. Heutzutage lockt der Ort mit zahlreichen Sehenswürdigkeiten wie vier Schlössern, vielen Kirchen und einem weitläufigen Naherholungsgebiet rund um den künstlich aufgestauten Ritzensee. Und das vor einer wahrlich imposanten Bergkulisse, denn die Felsenregionen des Hochkönigs, der Leoganger Steinberge und des Steinernen Meeres liegen im Grunde direkt vor unserer Hoteltüre. Und damit auch die herrlich kurvenreichen Pisten, die diese Berge für uns erschließen.

> **HOTELEMPFEHLUNG**
>
> Gasthaus zur Brücke
> 5760 Saalfelden
> Tel.: +43 6582 72314
> www.gasthaus-zur-bruecke.at

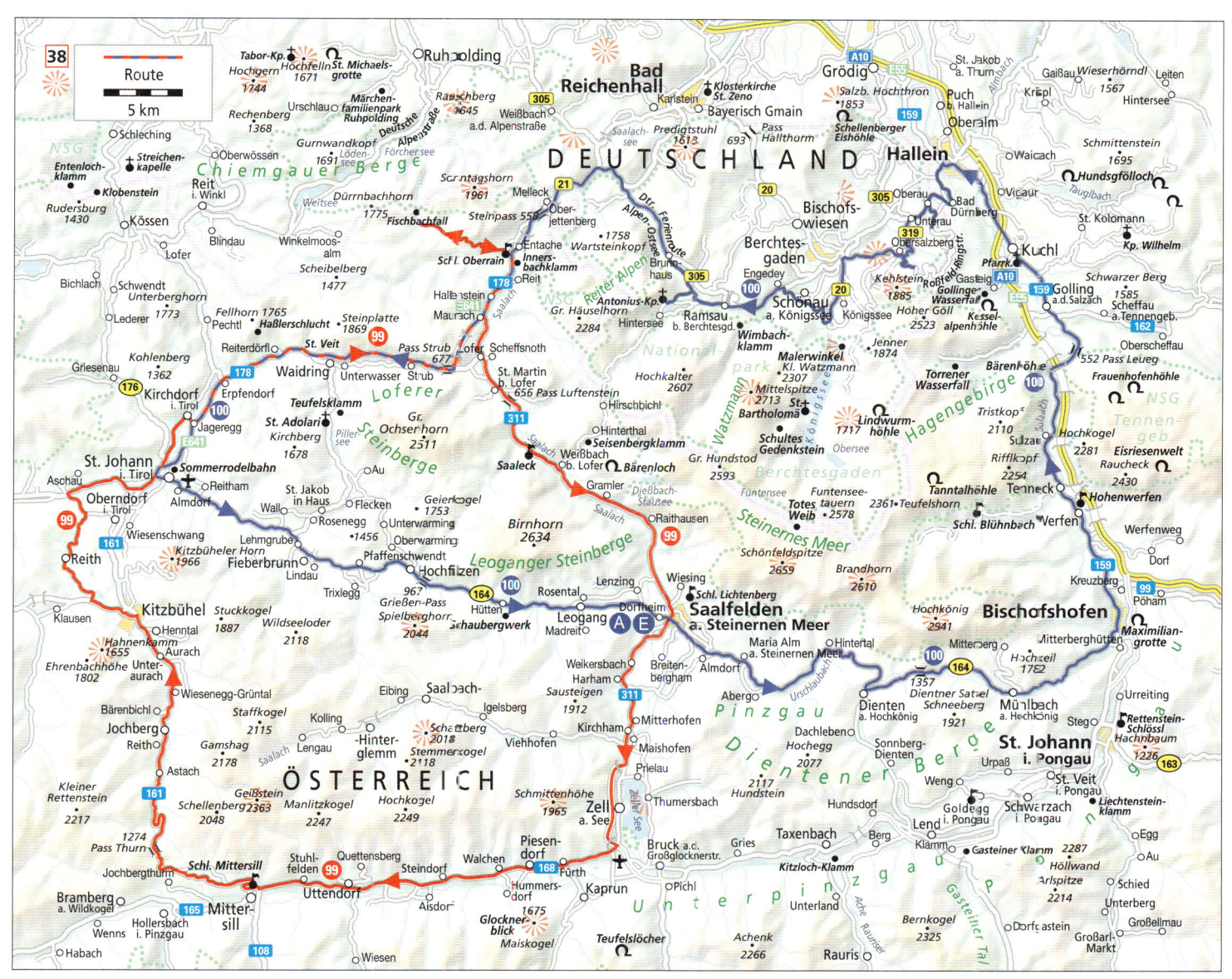

Saalfelden

99 Das Ende ist nah
Tourenlänge: 180 km; reine Fahrzeit: 4 h

Diese Rundtour entführt uns in die Grenzregion zwischen Salzburg und Tirol. Zur Einstimmung geht es über Zell am See durch das idyllische Salzachtal sowie via Pass Thurn nach »Kitz«. Nach einer Runde »Promi-Watching« in Kitzbühel warten noch weitere Highlights ganz anderer Art auf uns.

Das Salzachtal südlich von Zell am See ist zweifellos eines der schönsten Alpentäler Österreichs, seine imposante Kulisse rund um die Großvenediger-Gruppe und die historisch gewachsenen Orte bescheren uns immer wieder Ansichtskarten-gleiche Anblicke. Und über all dieser Pracht wacht Schloss Mittersill auf strategisch wertvollem Hügel. Dessen Gästeliste ist mit der niederländischen Königin Juliane, dem Schah von Persien und Soraya, mit Clark Gable, Henry Ford, Bob Hope, Aristoteles Onassis recht illuster – wenngleich auch etwas morbide.

Pass Thurn im Norden von Mittersill ist unser erster Pass des Tages. Er zählt mit 1273 m nicht zu den spektakulärsten oder fahrerisch schwierigsten Alpenquerungen, dennoch lohnt seine »Eroberung« allemal. Die Passhöhe dominiert eine historische Herberge, deren »Tafern- und Schankrechte« immerhin aus dem 13. Jahrhundert überliefert sind. Und gen Norden fällt die Passstraße zügig hinab nach Kitzbühel.

»A bisserl mondän, a bisserl versnobt ...« ist er schon, der berühmteste Wintersportort Österreichs. Direkt am Fuß von Hahnenkamm und Kitzbüheler Horn gelegen, besitzt Kitzbühel eines der größten zusammenhängenden Skigebiete Österreichs. Doch auch von Frühling bis Herbst hat der Liebling der europäischen High Society viel Sehenswertes zu bieten. So wie Lofer und das angrenzende Heutal, dem wir uns über Sankt Johann und den Pass Strub nähern. Lofer war einst eine der bedeutendsten Handelsstädte entlang der historischen Salzstraße von Salzburg über das Hochtor nach Italien, seine Wurzeln gehen bis auf das 11. Jahrhundert zurück. Noch heute erinnert man sich in Lofer gerne an diese geschichtsträchtigen Zeiten.

Und im nahe liegenden Unken wartet noch ein fahrerischer Leckerbissen: das idyllische Heutal, eine kurvenreiche Sackgasse in die stille Welt der südlichen Chiemgauer Alpen. Mit traumhaftem Panorama und leckeren Einkehrmöglichkeiten ganz am Ende des Tales.

Bitte nicht zu früh umkehren: Das Heutal gönnen wir uns bis zum Talende.

Region Salzburg und das Salzkammergut

100 Die Abschiedstour
Tourenlänge: 220 km; reine Fahrzeit: 5–6 h

Die letzte Tour meines Buches zeigt uns noch einmal einen erinnerungswürdigen Querschnitt jener Vielfältigkeit, die das Motorradparadies Österreich und seine Grenzregionen jahrein, jahraus für uns alle bereithalten. Wir umrunden das markante Hochkönig-Massiv, schwingen durch das Tal der Salzach nach Hallein und grüßen den legendären Watzmann auf der Grenze zu Deutschland. Und im herrlichen Berchtesgadener Land klingt dann dieses Buch aus – es sei denn, Sie beschließen dort, sich noch eine leckere Portion Österreich zu gönnen. »Rezeptvorschläge« dazu finden Sie in diesem Buch ja wohl mehr als genug!

Entlang der Südflanke der steilen Hochkönig-Felszinnen düsen wir über Dienten und seinen Sattel sowie Mühlbach (Sie erinnern sich: links hinauf geht's zum Arthurhaus) hinab in das Tal der Salzach. Bischofshofen, unser gastlicher Standort auf den Touren 97 und 98, grüßt ein letztes Mal, bevor wir gemächlich entlang der Salzach nach Hallein fahren. Diesmal geht es ohne Umwege zur alten Halleiner Poststation, dem Hohlwegwirt Ernst Kronreif mit seinen unendlich vielen Geschichten zum Thema KTM. Und natürlich seiner legendären Butterzopf-Marillenkonfitüre-Kombi, die Sie sich keinesfalls entgehen lassen sollten. Die Marillenkonfitüre können Sie sich auch einpacken lassen ...

Frisch gestärkt schwingen wir dann über die Landesgrenze nach Berchtesgaden und dem Königssee – natürlich via Roßfeld-Panoramastraße. Vor allem an klaren Tagen begeistert die Strecke bis hinauf auf 1600 Meter mit grandiosen Ausblicken auf den Alpenpark zwischen Salzburg und Bayern. Das sind Momente, an denen die Speicherkarte meiner Kamera regelmäßig zu glühen beginnt.

Und dann statten Sie unbedingt dem historischen Ortskern von Berchtesgaden wie auch dem geheimnisvollen Königssee einen Besuch ab. Sie werden bei jedem Besuch neue Eindrücke mitnehmen, neue erinnerungswürdige Ausblicke entdecken. So wie am idyllischen Hintersee mit seiner berühmten Malerkolonie, dessen Piste uns via Steinpass nach Unken und Lofer führt. Sankt Johann in Tirol begrüßt uns spätnachmittags mit typisch Tiroler Gastfreundschaft und der Frage, ob wir nicht bleiben wollen. Entscheiden Sie selbst, auch unser Ausgangsort Saalfelden ist nicht mehr weit, ganz so, wie die anderen Touren, die sich so prächtig mit Ihrer vermutlich nicht letzten Runde durch Österreich kombinieren lassen. Wir sehen uns dort – ganz bestimmt!

Einkehr erwünscht: Auch am Dientnersattel empfängt uns Österreicher Gastlichkeit.

Besitzt auch heute noch viele Geheimnisse: der Königssee bei Berchtesgaden

Register

A
A1-Ring 76
Achensee 29
Admont 80, 83
Allgäu 9
Altstätten 15
Andau 98
Antholzer See 43
Appenzell 14
Arlbergpass 10
Arnoldstein 54
Arthurhaus 154, 157
Asparn 106
Attersee 137, 147
Au im Bregenzerwald 18

B
Bad Aussee 136, 138
Bad Goisern 138
Bad Ischl 135, 147
Bad Reichenhall 145
Baden 102
Bäderdreieck 129
Bayerischer Wald 126
Bayrischzell 30
Berchtesgaden 145, 157
Birkfeld 85
Bischofshofen 151 f., 157
Bludenz 16
BMW Motorrad Days 24
Bodental 69
Böhmerwald 126
Brandnertal 17
Bregenz 12
Brennerpass 36
Burg Hardegg 107
Burg Heidenreichstein 109
Burg Lockenhaus 94
Burg Oberwallsee 127
Burg Ottenstein 110
Burgenland 89
Burghausen 129, 143

C
Chiemsee 143
Chräzerenpass 15

D
Dachstein 73, 139
Damüls 18
Defereggental 42
Deutsche Alpenstraße 12, 25
Deutschlandsberg 87
Dientnersattel 154
Dobratsch 56
Donau 98
Dornbirn 11
Drautal 44, 50

E
Edelweißspitze 41
Eggenburg 107
Eisenerz 83
Eisenstadt 99
Eisenwurzen 80, 113
Engtal 29
Erzberg 81, 118
Erzberg-Rodeo 83
Ettal 26
European Bike Week 59

F
Faaker See 59
Faschinajoch 13, 17
Feistritzsattel 94
Feistritztalbahn 86
Felbertauern 42
Feldkirchen 62 f.
Fernpass 23
Flattnitzer Höhe 65, 78, 150
Flexenpass 10, 18
Fluchtstraße von Andau 98
Freilichtmuseum Plöckenpass 49
Freistadt 122
Fronleiten 86
Furkajoch 13
Fürstenfeld 90
Fuschlsee 144, 148
Füssen 25

G
Gailbergsattel 47
Gailtal 46, 56
Gailtaler Alpen 49
Gaming 113
Gasteiner Tal 154
Geografischer Mittelpunkt Österreichs 138
Gerlitzen Alpenstraße 62
Gerlos Alpenstraße 33
Gloggnitz 95, 116
Gmunden 130
Goldene Landl 27
Göstling an der Ybbs 118
Graz 85
Greifenburg 45
Gröbming 72
Großarl 153
Großer Ahornboden 29
Großglockner-Hochalpenstraße 41
Großvenediger-Gruppe 156
Grundlsee 136
Gschnitztal 37
Gurk 78
Gurktal 65, 150
Güssing 91

H
Hahntennjoch 10
Hallein 148
Hallstatt 136
Halspass 81
Heiligenblut 41
Helfenberg 126
Hengstpass 80, 119, 132
Hermagor 45, 55
Hermannshöhle 95
Heutal 156
Hintersee 157
Hinterstoder 80, 119
Historama-Museum 69
Hochrindl 62, 150
Hochkönig 154
Hochpustertal 43
Hochrindl Almenregion 78
Hochtannbergpass 18
Hohe Dachstein 139
Hohe Tauern 33, 41, 74, 150, 154
Hohlwegwirt von Hallein 145
Hollabrunn 105
Höllengebirge 137, 147
Hollenstein an der Ybbs 116
Holzleitensattel 35
Hutterer Höss-Bergstraße 80

I
Imst 23, 35
Inn 129
Innsbruck 34
Innviertel 129
Irrsee 144
Iselsbergpass 41

J
Jaufenpass 36
Jedenspeigen 106
Jenbach am Inn 28
Jennersdorf 91 f.
Judenburg 76, 83

K
Kaiser Friedrich Barbarossa 132
Kaiser Friedrich II 91
Kaiser Glocknerstraße 42
Kaiser Maximilian I 130
Kaiser-Franz-Josef-Höhe 41
Kapfenberg 81, 115
Karawanken 58, 69
Karnische Alpen 49
Kärnten 44, 53
Kartitscher Sattel 46
Karwendel 29
Käsestraße 12
Kaunertaler Gletscherstraße 23
Kellergassen 107
Kindberg 85
Kirchberg ob der Donau 125
Kirchdorf an der Krems 136
Kirchschlag in der Buckligen Welt 93
Kitzbühel 156
Klagenfurt 58, 66
Klippitztörl 67, 76
Klosterneuburg 104
Knittelfeld 83
Kölnbreinhütte 61
König Ludwig II 24
Königssee 145, 157
Koralpe 87
Kötschach-Mauthen 46 ff., 50
Kranjska Gora 55, 58
Krimmler Wasserfälle 33
KTM 129, 143
Kufstein 30
Kühtaisattel 35

L
Lahnsattel 115
Landeck 23
Lavanttal 67, 87
Lech 8
Leibnitz 86
Leithagebirge 99
Leoben 81 f.
Lesachtal 46
Liebenau 123
Liechtensteinklamm 153
Lienbachhof 148
Lienz 40
Lienzer Dolomiten 47, 51
Liezen 74, 79
Linz 124, 133
Loiblpass 58, 69
Loser Panoramastraße 138
Lungau 65, 73, 149
Lunzer See 118

M
Maltatal 61, 151
Maria Alm am Steinernen Meer 154
Mariazell 81, 115
Markt Aspang 94
Mattersburg 95, 97
Mattighofen 129, 143
Mattsee 143, 145
Melk 112
Micheldorf 119, 132
Mieminger Plateau 27, 35
Millstätter See 44, 61, 151
Mistelbach 106

Mittenwald 27
Mondsee 137, 144, 147
Montafon 19
Mörbisch 97
Mostviertel 104, 112
Motorradmuseum,
　1. Österreichisches 107
Mozart, Wolfgang Amadeus
　142
Mühlviertel 110, 124, 133
Murau 75
Murtal 86
Mürztal 85
Mürzzuschlag 114

N
Nassfeldpass 55
Nationalpark
　Bayerischer Wald 126
Nationalpark Gesäuse 80
Nationalpark Thayatal 107
Naturpark Ötscher-Tormäuer
　113
Navistal 37
Nepal Österreichs 51
Neuschwanstein 25
Neusiedl am See 96
Neusiedler See 91, 97
Niedere Tauern 150
Niederösterreich 101
Niederösterreichische
　Eisenstraße 134
Nockalm-Panoramastraße 61,
　64, 151
Nockberge 62, 65

O
Obdacher Sattel 76
Oberdrauburg 47
Oberjoch 25
Obernbergtal 37
Oberösterreich 80, 121
Oberösterreichisches Sensen-
　schmiedenmuseum 119
Oberstdorf 9
Oberwart 92
Obir-Höhle 68
Ossiacher See 62
Ossiacher Tauern 59
Ostarrichi 119
Österreichring 76
Osttirol 39
Ötscher 113
Ötztal 36

P
Panoramastraße
　Bartholomäberg 19
Pass Thurn 33, 156
Passau 127
Passo del Predil 55
Perchauer Sattel 77
Perg 133
Pinkafeld 94
Pinkelstein von Raschala 106
Pitzal 23
Plansee 24
Plöckenpass 49, 51
Poderstorf 97
Pöggstall 110
Postalm 148
Poysdorf 106
Preiner Gscheid 116
Pressegger See 45
Puch Museum 76
Purgstall an der Erlauf 111
Pustertal 50
Pustertaler Höhenstraße 43, 50
Pyhrnpass 132
Radenthein 60

R
Radstädter 73
Radstätter Tauern 139
Rankweil 13
Red-Bull-Ring 76
Rettenschöss 32
Reutte 9, 22
Ried im Innkreis 128
Riedbergpass 12
Roßfeld-Panorama-
　straße 145, 157
Ruhpolding 145
Rust 97

S
Saalfelden 155
Salzach 143, 153
Salzastausee 139
Salzburg 141 f.
Salzburger Land 148
Salzkammergut 130, 136,
　141, 146 f.
Samichlaus 130
Sankt Gallen 14
Sankt Gilgen 146, 148
Sankt Johann im Pongau 153
Sankt Margarethen
　im Lungau 151
Sankt Pölten 104, 112
Sankt Veit an der Glan 67
Sankt Wolfgang 147 f.
Säntis 15
Sappadapass 49
Scharnsteinhammer 134
Scheibbs 113
Schladminger Tauern 73
Schliersee 30
Schloss Feistritz 116
Schloss Linderhof 26
Schloss Millersill 156
Schloss Petronell 93
Schloss Waldenfels 124
Schmirntal 37
Schneizlreuth 145
Schöpfl 103
Schwarzer Grafen 132
Seebergsattel 69
Semmering 94, 115 f.
Semmering-Bergrennen 95
Sensenmuseum
　Geyerhammer 134
Sigmundsherberg 107
Silvretta Hochalpenstraße 19
Slowenien 55, 68 f., 86
Soboth 87
Soderzinken-Alpenstraße 139
Sölkpass 73 f.
Sonntagsberg 134
Sopron 97
Spitzingsee 30
Stadtschlaining 92
Stainzer Falscherlzug 86
Staller Sattel 42
Steiermark 71
Steinpass 157
Steirischer Brotlaib 118
Sterzing 36
Steyr 131
Strobl 147
Stubaier Alpen 37
Sudelfeld 30
Südtirol 44
Sylvensteinsee 29

T
Tamsweg 149
Taupiltzalm 74
Tayatal 109
Tegernsee 30
Tennengebirge 139
Therme Loipersdorf 91
Timmelsjoch 36
Tirol 18, 21
Toplitzsee 138
Totes Gebirge 136
Trattberg-Panoramastraße 148
Traunsee 136 f.
Triebener Tauern 74, 83
Trofaiach 118
Trzic 69
Tschechien 123
Turracher Höhe 64, 78, 150

U
Ulrich von Lichtenstein 77
Ungarn 91 f., 97
Ursprungspass 32

V
Valsertal 37
Velden am Wörthersee 59
Villach 56 f.
Villacher Alpenstraße 56
Villgratental 43
Virgental 42
Völkermarkt 68
Vorarlberg 7

W
Wachau 104, 112
Waginger See 143
Waidhofen an der Thaya 108
Walchensee 27
Walchsee 32
Waldhofen an der Ybbs 134
Waldkirchen 126
Waldviertel 107, 123
Waldviertler
　Schmalspurbahnen 109
Wallersee 143
Warth 8
Weinviertel 106
Weiße Rössl 137
Weiz 86
Wels 130
Wendelstein 32
Weyer 80
Weyern 119, 134
Wien 99, 101, 103
Wiener Neustadt 95, 103
Wienerwald 103 f.
Windischgarsten 80, 119, 132
Wolfgangsee 147
Wolfsberg 67, 87
Wolkersdorf im
　Weinviertel 106
Wörgl 31, 33
Wörthersee 58
Wurzenpass 55

Y
Ybbs an der Donau 112

Z
Zauchensee 153
Zell am See 41, 154, 156
Zillertaler Höhenstraße 33
Zugspitze 24
Zwettl 110, 123

Impressum

Unser komplettes Programm:
www.bruckmann.de

Produktmanagement: Claudia Hohdorf
Lektorat: Martin Distler, München
Layout: Elke Mader, München
Herstellung: Anna Katavic
Kartografie: Kartographie Huber, München
Repro: Cromika s.a.s., Verona
Printed in Italy by Printer Trento S.r.l.

Bildnachweis:
Alle Abbildungen inklusive Titelbild: Heinz E. Studt

Umschlagvorderseite: Rojental mit Blick auf die Sesvenna-Gruppe auf der Grenze zwischen Tirol, Südtirol und Engadin
Umschlagrückseite: Frühling am Grundlsee

Alle Angaben dieses Werkes wurden vom Autor sorgfältig recherchiert und auf den aktuellen Stand gebracht sowie vom Verlag geprüft. Für die Richtigkeit der Angaben kann jedoch keine Haftung übernommen werden.

Für Hinweise und Anregungen sind wir jederzeit dankbar. Bitte richten Sie diese an:
Bruckmann Verlag
Postfach 40 02 09
D-80702 München
E-Mail: lektorat@verlagshaus.de

Die Deutsche Nationalbibliothek verzeichnet diese Publikation in der Deutschen Nationalbibliografie; detaillierte bibliografische Daten sind im Internet über http://dnb.d-nb.de abrufbar.

© 2011 Bruckmann Verlag GmbH, München
ISBN 978-3-7654-5640-4